이상한 재판의 나라에서

# 이상한 재판의 나라에서

우리 사법의 우울한 풍경

정인진 지음

교양인
GYOYANGIN

# 5장 　우리 사법의 풍경

# '이상한 재판'의 나라

나는 실패한 법관이었다. 법정에서 실패하고, 판사실에서 실패하고, 집에서 실패했다. 이 글은 그래서 썼다. 그리하여 이 책은 실패의 기록이고 패배의 서사다.

2004년에 법원을 나오면서, 나는 같은 재판부에서 배석판사로 일했던 이들에게 보낸 편지에 이렇게 썼다. "열병은 나았고, 싸움은 졌습니다." 재판 잘하고 싶은 열병을 판사 생활 내내 앓았고, 그래서 나 자신과 싸우고 당사자와 싸우고 변호사, 검사와 싸우고 또 세상과 싸웠지만 이길 수는 없었다. 어느 날 나는 열병에서 몸을 일으켰고, 패배를 인정하며 물러났다.

법원을 나와선 힘들고 옹색한 생활일랑 다 때려치우고 이제 돈 잘 벌고 몸 편하고 그래서 사람마다 너그럽게 대하며 흐뭇한 마음으로 살고 싶었다. 착각이었다. 열병은 잠복했을 뿐이었고, 싸움은 상대가 조금 달라졌을 뿐 끝난 게 아니었다. 이 글을 쓴 또 하나의 이유다.

사전적 풀이로 '사법(司法)'은 "구체적인 쟁송에 공권적인 법률 판단으로 법을 적용하는 국가 작용"이라고 되어 있다. 일반 사람 들에게 쟁송이란 평생 한 번도 있기 어려운 일이다. 그런데 판사 는 그런 쟁송을 해결하는 일을 밥 먹듯 해야 한다.

법정에서 어떤 당사자가 느닷없이 내게 물었다. 자기가 낸 서 류를 판사인 내가 다 읽어보냐는 것이었다. 어딘지 '너, 안 읽어 보지?' 하는 비아냥이 섞여 있는 느낌이었다. "걱정 마세요. 판사 는 사무실에서도 기록을 보고 집에서도 기록을 봅니다. 낮에도 보고 밤에도 보고 어떤 땐 오밤중에도 봅니다. 주중에도 보고 주 말에도 봅니다. 죄 많은 놈이 판사 하는 겁니다." 발끈해서 대답 해놓고 곧 후회했지만 거짓말은 아니었다. 아내가 23시간에 걸쳐 뇌 수술을 받던 날에도 나는 법정에 앉아 재판을 하고 관사로 돌 아와 기록을 봤다. 서울 올라가느라고 형사재판 기일을 변경하면 피고인들이 기일이 늦춰진다고 얼마나 초조할까 생각해서였다. 지금은 후회하지만 당시에는 그럴 수밖에 없다고 생각했다. 그게 내가 판사 노릇을 한 방식이었다.

판사 생활 내내 보따리에 기록을 싸 가지고 집에 갔다. 미국에 가 있던 1년과 강릉지원에 가 있던 11개월만이 예외였다. 책상을 떠나서도 습관처럼 머릿속에서 사건을 생각하고 머릿속에서 판결 을 썼다. 하루는 친구가 날 만나러 집으로 찾아왔다가 딸아이에 게 물었다. "너희 아빠는 집에서 뭐 하니?" "타자 치는데요." "타자 안 칠 때는 뭐 하고?" "책 보는데요." "아니, 그런 거 말고 텔레비전을 본다든지 뭐 그런 거 있잖아. 책 다 보면 뭐 하니?" "우리 공부 가르치는데요." 물론 이런 판사는 나뿐이 아니다. 판사는 죽어라 기록을 보고, 죽어라 판결을 쓴다.

그런 시절을 보내면서 정작 내가 하는 일이 무엇인지, 어때야 하는지 깊이 생각할 여유조차 없었다. 사건은 넘쳤고 기록은 늘 쌓여 있었다. 한번은 밤늦게 기록을 보다가 꾸벅꾸벅 졸고 있는 내게 아내가 혀를 차며 말했다. "당신이 고3이유? 이게 뭐 하는 짓이유?" 하루는 이런 말도 했다. "나나 알지, 누가 당신 속을 알겠수?" 딸아이는 판사란 직업이 어떠냐고 묻는 내 말에 이렇게 답했다. "빛 좋은 개살~구!" 그런 아이가 대학 졸업 때까지도 가장 가까운 친구에게조차 아빠 직업이 무엇인지 말한 일이 없다고 했다. 아들은 아들대로 초등학교 2학년 때 엉뚱한 질문을 했다. "아빠, 아빠가 '땅!' 하고 재판하면 그 돈은 아빠 돈으로 물어주는 거야?" 어린 마음에도 훈기 없는 살림살이가 아빠의 직업 때문이라고 생각했던 것일까. 나는 집안에까지 열병을 퍼뜨리고 있었다.

울산에서 수원에서 서울에서 나는 재판 정말 잘한다는 말과 악질이라는 말을 동시에 들었다. 내가 부장판사가 되어 부임해 간 90년대 초반의 울산은 사법 환경이 낙후된 도시였다. 현장 검증을 나가보면 변호사가 아니라 사무장이 나오기도 했다. 말은 법정외 서증 조사(재판부가 문서가 있는 곳에 직접 방문하여 하는 증거조사)였지만, 멀리 출장을 갈 만한 곳이 아니면 판사도 변호사도 조사 장소에 나가지 않았다. 사건의 주심판사에게 변호사 사무실로 전화를 해서 소송 관계로 뭘 문의하거나 부탁하게 하면, 늘 변호사가 아니라 민사 사무장이나 형사 사무장을 찾아 전달하는 식이었다. 왜 그러느냐고 물으면 변호사는 아무것도 모르기 때문이라고 했다.

작업하던 노동자가 프레스에 손가락이 잘려 손해배상을 청구한 사건이 있었다. 산재 보험금이 적다고 해서 제기한 소송인데 울산 지역에서는 아주 흔했다. 문제는 사고 경위가 아리송한데도 전임 재판장에게서 사건을 이어받아 기일이 10회나 되도록 변호사가 증거를 내지 않는 것이었다. 법정에서 변호사가 또 연기 신청을 하기에 알았다고 하고 다음 기일을 지정했는데, 그다음 사건으로 넘어가기 전에 방청석에서 웬 중년 여성이 일어나서 항의를 했다. 도대체 무슨 재판이 이 꼴이냐는 것이었다. 사연을 들어보니 사건의 원고는 그 여성의 친정 조카였다. 대학생인 조카가 여름방학에 아르바이트를 하려고 고모가 다니던 공장에 나와서 소개된 뒤 바로 그 자리에서 작업반장이 배정해준 프레스 앞에 앉아 첫 작업차 재료를 손으로 넣다가 손가락이 잘렸다. 안전 교육이고 뭐고 없이 간단한 작업 요령만 몇 마디 일러준 뒤 작업반장은 사라졌고, 원고 혼자 일을 시작하다가 변을 당한 것이었다. 소장이나 사고 보고서에는 전혀 적혀 있지 않은 이야기였다. 법정에 나와 있던 변호사도 그런 이야기를 처음 듣는 표정이었다. 당장 변호사에게 그 여성을 증인으로 신청하라고 이르고 다음 사건을 진행했지만(본래 판사는 소송법상 구체적으로 증거 방법을 지정해서 알려줄 수 없다), 사건을 심리하다 보면 변호사들의 이런 무책임한 태도에 속이 뒤집히기 일쑤였다.

나는 엉터리 변호사가 미웠고, 엉터리 변론이 미웠다. 그러면서 점점 화를 잘 내는 재판장이 되어 갔다. 법정에서 나는 숙제 안 해 온 학생을 나무라는 선생처럼 변호사를 채근했다. 내가 생각하는 사건의 승패, 내가 욕구하는 정의에 정작 당신들은 왜 이리 무심하고 게으른가. 이게 내 생각이고 내 태도였다. 순진하긴. 지금 생각하면 딱한 일이다. 그렇게 한다고 해서 세상이 바뀔 리 있는가. 성마른 성미라서 나는 숱하게 실수를 저질렀다. 악평이 돌았다. 지치고, 외롭고, 괴로운 시절이었다. 돌이켜보면 내 잘못은 법정 언어의 위치성에 무지하면서 열정만 앞섰던 데 있지만, 변명할 생각은 없다. 다만 나는 이 책에 그 반성적 성찰을 담고 싶을 뿐이다.

아직도 가끔 이런 질문을 받는다. "판사 할 때하고 변호사 할 때하고 어떻게 다른가요?" "판사 할 때가 좋으세요, 변호사 할 때가 좋으세요?" 나와 같은 재판부에서 일했던 판사 한 사람은 내가 그리도 판사 일을 지겨워했다고 일깨워준 일이 있다. 그렇다. 지겨웠다. 정말이지 지긋지긋했다. 사람들은 끊임없이 싸웠다. 서로 억울하다며 상대방을 원인 제공자로 지목했다. 천사와 악마가 싸우는 것이 아님은 분명히 알 수 있었지만, 누가 더 억울하고 누가 덜 억울한지, 누가 나쁘고 누가 그보다는 나은지 알기 어려웠다. 사람들은 고통과 분노 속에서 소리 지르고 몸부림쳤다. 이 재판에서 지면 자살하겠다는 편지(진정서)를 당사자 쌍방이 보내온 일도 있었다. 남매간이었다.

사람들은 그저 예사로 죽겠다고 말했다. 한번은 돈 300만 원을 청구한 사건에서 원고였던 여성이 그 돈 못 받으면 죽는다며 법대(法臺) 아래 칸막이를 붙들고 쓰러져 울기에, 돈 받고 살아야지 왜 죽느냐며 나무란 일도 있었다. 누구나 다 서럽게 사는 거라고, 나는 소리까지 질렀다. 쓸데없는 짓이었다. 위태롭게도, 그 자리에서 내게 법관의 위엄 같은 건 없었을 게다. 나는 인간의 고통 앞에 어찌할 줄 모르며 쩔쩔매는 책상물림이었을 뿐이다.

사건 당사자들은 중환자였고, 나는 서투른 의사였다. 비유하자면 기껏 재판(변론과 증거 조사)이라는 시원치 않은 검사를 마친 후 법이니 판례니 하는 불완전한 수술 도구를 들고 사건이라는 이름의 환자 내장을 열어보았다가 판결이라는 서투른 판단으로 환부를 잘라내고 봉합하는 느낌이랄까. 이상하게도 나이 들고 경력이 쌓일수록 재판은 더 어려워졌다. 고등법원 부장판사가 되어 서울고등법원에 가자, 내 재주로는 주문(판결의 결론)을 못 내겠다 싶은 사건이 태반은 넘는 것 같았다. 나는 무책임한 운명론자가 되지 않으려고 미친 듯이 기록을 봐야 했다. 그러면서 서서히 운명론자가 되어 갔다. 이래도 안 되니 이건 당신 팔자지 내 잘못은 아니지 않겠느냐는 수상쩍은 변명을 뇌며, 사람들도 나도 모두 고통에 잠겨 허우적거렸다.

재판은 예사로운 일이 아니다. 밥과 벌이라는 인간의 가장 원초적인 욕구를 놓고 목숨이라도 건 듯 싸우는 일이다. 지금 다시 생각해도 끔찍하다. 개업했던 해 우연히 김천지원에서 만난 어느 변호사가 내게 말했다. "부장님, 뭐 하러 그렇게 목숨 걸고 재판하셨습니까?" 당사자가 목숨 건 듯 덤비는데, 판사도 목숨 건 듯 재판해야 옳지 않을까. 그는 개업하기 전 나와 같은 재판부에서 배석판사로 일했다.

홀륭하지 않은 사람도 종종 판사가 된다. 사람은 때로 불완전함을 증명하기 위해서인 듯 제 길을 간다. 그 무명(無明)함이라니. 나는 그 기제를 알지 못했다. 다만 겪었을 뿐이다. 그러면서도 어떻게든 도와주고 싶었다. 어떻게든, 누가 됐든. 답은 모르면서도 잘하고 싶다는 열망, 힘은 부치면서도 견뎌내려는 결기로 나는 보고 또 보고(기록을) 쓰고 또 썼다(판결을). 하지만 더는 나아갈 수 없었다. 한편으로 어찌어찌하여 억지로 견딜 수 있었지만 집안 사정은 나날이 나빠져 갔다. 결국 나는 법대를 내려왔다. 무명이 그칠 것을 기대하며, 사면의 은총을 바라며. 이제 열일곱 해가 지났다.

아직도 그날의 광경이 눈에 선하다. 이종상의 그림 〈근원형상〉이 저 앞에 보이는데 어색하게 꽃다발을 들고 서 있던 내 모습. 그 순간의 초현실적인 느낌을 잊을 수 없다. 법대를 내려오던 그날 나는 내가 정치적 자살을 저지른 것이라고 생각했다. 그것도 오만이었다. 법원을 떠난 후에야 나는 법을 보는 내 나름의 정치학에 눈뜨고 그것을 다듬을 수 있었다. 그것이 정녕 정치적 자살이었다면, 그 후 나는 정치적 부활을 시도했던 셈이다. 그게 아니라면 법대를 떠난 후의 내 삶은 그저 황잡한 돈벌이에 지나지 않았을 게다. 구원은 뜻밖에 온다.

변호사가 되고 나서 맨 처음에 의뢰인으로 날 찾아온 사람은 중년 남성이었다. 사건 내용을 대충 이야기한 그가 삐딱하게 앉아 고개만 돌린 채 내게 물었다. "빼줄 수 있어요?" 그가 말한 '빼주기'는 뇌물죄로 구속되어 있는 친구의 보석 결정을 받아내는 것이었다. 잘 모르겠다고, 한번 해보겠다고 하자, 그는 몇 번 같은 질문을 하더니 대답이 시원치 않았는지 가버렸다. 그다음에 온 의뢰인도 비슷한 질문을 했다. 사문서 위조와 무고 사건이었다. 나는 피해자와 합의 보기 전에는 절대로 못 나올 거라고 이야기해 주었다. 그도 가버렸다. 반년쯤 지나 그가 다시 찾아와 알았는데, 나는 그 사람이 일곱 번째로 만난 변호사였다. 앞의 여섯 사람이 모두 빼줄 수 있다고 했지만 미덥지 않았는데, 나는 미덥긴 해도 빼줄 수 없다고 하기에 사건을 맡기지 못했다고 했다.

세 번째로 온 의뢰인으로부터 처음으로 사건을 맡았다. 수재액이 7000만 원 정도인 배임수재(공무원은 아니지만 남의 일을 해주는 사람이 부정한 청탁을 받고 재물이나 재산상 이익을 취득하는 행위) 사건이었다. 상담을 마치자 의뢰인이 내게 보수로 얼마를 주어야 할지 물었다. 친구인 동업자에게 물어서 기억해 둔 대로 돈의 액수를 말하는데, 그 순간 뜨거운 것이 목구멍에서 올라왔다. 내가 배운 법을 팔며 돈을 입에 올리다니. 순결한 마음이라도 망친 듯한 느낌에 얼른 창가로 가서 울음소리를 죽이며 눈물을 훔치는데, 의뢰인이 다가왔다. 그는 구속된 남편의 지난 세월 이야기에 내가 우는 줄로 알았는지 등 뒤에서 말했다. "변호사님이 마음을 단단히 자셔야 제 남편을 잘 도와주실 수 있습니다." 기대와는 달리

나는 그 사건의 피고인을 빼주지 못했고, 울고불고하는 그의 아내에게 혹시 위로가 될까 싶어 착수금을 돌려주었다. 끊었던 담배를 다시 피우게 됐다.

그러고 나서 맡은 행정사건에서는 의뢰인이 받은 행정 처분에 대한 집행정지 결정을 재판부가 해주지 않았다. 판사일 때 내 판단이 변호사로 만난 판사들의 판단과 다르다는 걸 뼈저리게 느낀 첫 사건이었다. 6개월이 지나서야 본안소송*에서 승소했지만, 집행정지를 받지 못한 사이 내 젊은 의뢰인의 사업체는 좁은 시장에 경쟁 업체가 뛰어들면서 망해버렸다. 고등법원 특별부(지금의 행정부) 재직 시 나는 보통으로 해주었던 집행정지 결정에 변호사들이 그리도 고마워한 이유를 그제서야 알게 되었다.

이상한 일들이 계속 터졌다. 피고인 신문이 끝나자 판사가 구형도 최후진술도 듣지 않고 판결 선고 기일을 지정하던 일, 판사가 화의사건을 종결하면서 기업의 노 회장을 불러 셔츠 바람으로 큰 은혜라도 베푸는 양 훈계하던 일 따위를 겪으면서, 나는 처음엔 놀라고 나중엔 우울해졌다. 어느 날엔 형사사건 변론을 마치고 법정을 나오는데 마침 같은 법정에 있던 대학 동기 변호사가 오랜만이라며 따라 나와 걱정을 해주었다. "저 재판장, 행정처 출신이잖아. 근데 행정처 출신 판사들은 행정처 출신 변호사 아니면 이런 사건 잘 안 봐줘. 괜찮겠냐?" 무슨 말인가 싶었지만, 그의

---

**본안소송** 민사소송에서 소송의 목적인 권리관계의 존부를 판단하는 본래의 소송. 보통 이에 부수하여 생기는 가처분·가압류 소송 등과 구별하기 위해 쓰이는 용어다.

예언 아닌 예언이 적중하여 1심의 무죄 판결이 깨지고 실형이 선고된 날엔 소름이 끼쳤다.

판사의 사법 철학은 왜 이리 다양하고 때로 이상할까. 이상한 재판장을 만나고 와서 내가 한탄을 늘어놓자 한번은 듣고 있던 대학 동기 변호사가 한마디 했다. "너는 판사가 재판을 이상하게 하면 불만을 터뜨리는데, 그러면 안 돼. 그런 판사를 이용해서 돈을 벌 생각을 해야지. 다른 변호사들한테는 그렇게 해도 너한테는 잘하게 할 방법을 찾으란 말이야. 아니면 그 판사한테 누가 약인지 찾아내든지. 그게 돈이 되는 거야." 아닌 게 아니라 그는 누구를 상대해서도 원만하게 사건을 처리하는 듯했다. 엉터리 변호사가 밉더니, 이젠 엉터리 판사가 미운 날들이 왔다. 싸움은 상대가 달라졌을 뿐, 끝난 게 아니었다.

어느 지인이 변호사업에 도움이 될지 모른다고 생각해서인지 나를 불러주어 멋모르고 갔던 자리였다. 여러 분야에서 각자 자기 세계를 이룩했다는 사람들이 모여 있었다. 사회자가 그들에게 한 사람씩 나와 자기소개를 하라면서 이렇게 말했다. "겸손은 이 자리에서 절대로 미덕이 아닙니다." 첫 번째 발언한 사람은 자기를 "유명한 정신과 의사"라고 소개했다. 과연 그는 방송에서 여러 번 본 이름난 의사였다. 다른 이는 어떤 사업이든 손만 대면 큰돈을 벌어 지금은 유수한 호텔의 사업주가 되었다고 했다. 돌아가며 다들 자랑거리가 많았지만, 내 차례가 다가오는데 되새겨보니 도무지 자랑할 게 없었다. 그래서 "공직에 있었지만 벼슬이 높았던 것도 아니고, 변호사가 되었지만 시원하게 돈을 벌거나 무슨 유명한 사건을 맡아보지도 못했고, 공부를 제대로 해서 학문적 업적을 쌓은 바도 없고, 투철한 사상이나 신념을 키워 사회에 공헌한 일도 없다."고 내 가난한 과거를 고백하고 말았다. 다만 사사로움을 공의(公義)에 앞세우는 일이 없다는 평은 들어보았다고 덧붙였다. 그러고 보니, 판사였을 때 가끔 들은 말은 내가 판사 같지 않다는 것이었다. 변호사가 되고 나니 이번엔 변호사 같지 않다는 말을 종종 들었다. 나는 자리에 맞는 사람이 못 되는 모양이었다.

얼마간이라도 자존감을 찾은 것은 글쓰기를 시작하면서였다. 글쓰기 말고는 변호사라는 직업을 이어 갈 아무런 정치학도 내겐 없었다. 글을 처음으로 쓴 것은 판사 시절인 2003년이었다. 김훈의 《칼의 노래》를 읽고 나서 〈대한변협신문〉에 쓴 독후감이었다. 몇 차례 글을 올리자 나를 아끼는 선배에게서 전화가 왔다. "글을 왜 쓰나? 글 쓰는 사람은 판사 자리에 오래 있지 못하고 나오는 법이야. 걱정이다." 나는 내가 판사 노릇을 도중에 그만두리라는 것을 젊은 시절에 이미 알고 있었다. 걱정은 없었다.

다른 이들도 그렇겠지만 내게 글쓰기는 고통을 치유하는 과정이었다. 나는 변호사가 된 후 추사, 다산, 사마천, 공명에 관해서 짧은 글을 썼다. 그들도 모두 고통스럽게 살았다. 그 밖에도 이런저런 글을 썼다. 내 글은 아마 다음 차례의 물질을 위해 해녀가 들이쉬는 깊은 숨 같은 것이었을 게다. 그러다가 2013년에 판사의 법정 언행을 주제로 한 칼럼 〈명상표 이야기〉를 썼다. 배석판사가 새로 오면, 판사가 하는 일은 '공적 서비스(public service)'임을 명심하라고 애써 가르쳤던 지난날들이 떠올랐다. 법원에서 맡은 보직 때문에 내가 공부를 제법 해본 분야는 조세법이었지만, 좋아서 연구한 분야는 법관 윤리였다. 거기에서 일면을 보았던 사법 철학이 변호사가 되어 만난 '이상한 재판'의 문제를 해석하는 실마리가 되어주었다.

예를 들어 사건 심리에서 보이는 조급성이나 부실은 대체로 법원의 구조적 문제다. 판사 개인이 죽어라 일하는 것으로는 해결이 나지 않는다. 미담이 재난을 이기지 못하는 것과 같다. 사법 자원의 확충만이 올바른 방책이다. 그러나 마구잡이식이거나 편향된 심리와 판결은 대개 개인적 일탈, 자질 부족, 사법 철학의 부재가 문제다. 연임 심사를 철저히 하고 법관 재교육과 징계 등 제재를 강화하는 것이 문제 해결의 길이다. 자신들을 '불멸의 신성가족'으로 보고, 판결에 대한 비판이 사법권 독립의 침해라고 강변하고, 판결은 그 자체로 존중받아야 한다는 도그마에 빠져 있는 법조인들의 인식과 그런 도그마에 자발적으로 순응하는 사회적 인식부터 바로잡아야 한다. 누구든 법률가들의 이런 문제에 목소리를 내놓아야 할 일이다. 아니면 이 오만한 법조 카르텔이 영속할 것이다.

변호사는 영미식으로 말해 '법원의 역원(an officer of the court)'이지만 다른 한편으로는 장사꾼이다. 남의 돈을 먹는 장사꾼은 눈치가 빨라야 한다. 살아남기 위해 변호사는 사건을 생긴 대로 생생하게 보고, 거기에 맞추어 온갖 해결책을 궁리하고, 늘 실용적으로 사고한다. 외국어를 배워야 모국어를 제대로 알 수 있듯이, 나는 변호사가 되어서야 법이나 법원이란 것을 제대로 이해할 수 있게 되었다. 법대에 앉아서도 법의 한계를 알고 그 너머 세계가 있음을 안다고 생각했지만, 내려와보니 세상은 훨씬 깊고 넓었다. 그리고 황폐함이나 황잡함에도 끝이 없었다. 정글에서 아만(我慢)과 오만은 죽는 길이다. 법과 판사 자리에 대한 내 존숭(尊崇)이 실은 아만을 낳은 원인이었음을 깨달았고, 아만이 걷히자 실체가 보였다. 먼저 사법 과정과 사법 작용이 사건 당사자와 일반 국민에게 어떤 영향을 주는지 실감하게 되었다. 판사는 오만으로 망하고 검사는 공명심으로 망하고 변호사는 탐욕으로 망한다는 언설이 현실로 펼쳐지는 모습을 보았고, 판사·검사·변호사의 욕망과 윤리가 어떻게 상호 작용을 하는지 보고 듣게 되었다. 쟁송 속에서만 보던 법과 정의를 넘어 공동체 전체의 광의적 관점에서 그 위치와 기능을 생각하게 되고, 나아가서 법, 정의, 국가, 권리와 의무, 책임과 이익이 얽히고 작용하는 기미를 조금이나마 알게 되었다. 미셸 푸코가 말하는 '지배 도구로서 감옥'이나 마사 누스바움의 '정의를 위한 사랑'을 관념을 넘어 현장의 상황으로 이해하게 된 것도 변호사가 되고 나서다.

2019년부터 〈경향신문〉에 고정 칼럼을 쓰게 되었다. 일단 쓰고 보니 할 말은 많았다. 그러면서 점점 촉각이 예민해졌다. 칼럼은 전문 지식과 통찰력을 갖추지 않으면 쓰기 어렵다. 덕택에 나는 계속 공부하는 태도를 유지할 수 있었고 법적 이슈에 대한 성찰과 시각을 버릴 수 있었다.

내년이면 칠순의 나이다. 이제야 생애 최초로 책을 내다니 좀 남사스럽다. 하긴 모차르트 해석의 대가인 지휘자 카를 뵘은 쉰 살이 되기 전까지 모차르트의 곡을 지휘하지 않았다고 한다. 감히 그럴 수가 없었다는 게다. 글과 책에 대한 내 마음도 비슷했다. 이렇게 귀한 책인데 여기에서 청승맞고 궁상스럽기까지 한 이야기를 늘어놓는 것 같아 부끄럽다. 하지만 인간의 고통과 그 고통을 덜어내는 일은 내 삶의 핵심 주제다. 고통을 바라보고 또 겪는 일은 슬프지만 슬픔은 정직하다는 것, 없는 말을 지어내거나 모르는 말을 하지는 않았다는 것, 사람 사는 세상에서 법이 꼭 정의와 연대의 도구가 되는 데 이 책이 작은 도움이라도 되기를 희망한다는 것으로 책을 내는 부끄러움을 덮는다.

글 쓸 용기와 기회를 주신 전 대법관 전수안 님, 편협한 법률가에게 인문학의 넓은 지평을 열어 보여주신 여성학자 정희진 님, 서툰 글에 출판의 기쁨을 주신 교양인 출판사에 감사드린다.

2021년 4월
정인진

1장

변호사가 된 판사

# 판결이라는 글쓰기

법관은 판결로만 말한다고 한다. 그 말이 맞다면 판결은 법관이 지닌 유일한 언어다. 법관은 사법권이라는 권력을 행사하는 방식으로 판결이라는 기호 체계만을 부여받은 셈이다. 즉 법관의 글쓰기는 기이하게도 그 행위를 권력의 행사 방식으로 삼는 특징이 있다.

시사만화에서는 종종 법관을 머리에 문양이 그려진 모자를 쓰고 법대 뒤에 앉아 방망이를 내리치는 사람으로 그린다. 그러나 법관에게는 그런 모자도 없고 방망이도 없다. 법정에 앉아 있기도 하나, 그건 일주일에 하루나 이틀뿐이다. 법관은 대부분의 시간을 사무실에 앉아 판결을 쓰는 사람이다. 법관은 '판결 써야 하는데' 왜 회의를 이렇게 오래 하느냐고 동료에게 투덜대고, '판결 쓸' 시간도 없는데 무슨 여행이냐고 가족들을 나무라고, '판결 쓰다가'

다 보내버린 세월이 억울하다며 친구에게 하소연한다. '판결은 잘 쓰지만' 인간성이 글러 먹었다고 욕을 먹는 법관이 있는가 하면, 사람은 좋은데 '판결이 좀 시원치 않은' 법관도 있다. 법관에게 판결은 그의 직업적 모습의 대부분이라 할 수 있다.

법관 생활은 3인 합의부의 배석판사로서 부장판사를 만나 판결을 쓰는 것으로 시작된다. 부장판사는 배석판사를 판결로 지도한다. 새로 짜인 재판부에서 처음 만난 배석판사가 어떤 사람인지, 제대로 공부를 했는지, 제대로 된 법관 경력을 쌓아 왔는지는 그가 맨 처음 써내는 판결을 보면 바로 알 수 있다. 경력 높은 법관들은 다소 과장을 섞어, 가장 쓰기 쉽다는 자백간주 판결(피고가 원고의 주장을 다투지 않아 원고의 일방적 주장을 그대로 받아들여 내리는 판결) 하나만 읽어보아도 판사의 실력을 판단할 수 있다고 말한다. 반대로 새로 짜인 재판부에서 만나게 된 부장판사가 어떤 사람인지는 배석판사가 써낸 판결의 초안이 돌아올 때 그 모습이 어떤지를 보면 바로 안다. 전혀 손을 안 대는지 아니면 손을 대는지, 손을 댄다면 꼭 필요한 곳만 고치는지 아니면 완전히 자기 스타일로 만드느라고 난도질을 해놓는지, 이런 것을 보면 부장판사와 보낼 앞날의 윤곽이 잡힌다.

법관의 일과는 법정에 나가는 것을 빼면 대부분 기록을 보고, 판결문을 작성하고, 작성된 판결문을 검토하는 것이다. 거의 모든 법관은 주중뿐만 아니라 주말에도 일을 하고, 매일 사무실에서 야근을 하거나 퇴근하더라도 집에서 일을 하는데, 그 일의 내용이 판결문 작성이거나 기록 검토다. 법관 재직 중에 나는 소속

법원의 판사들 전원에게 보자기를 나누어주는 법원장을 본 일이 있다. 기록을 싸 가지고 가서 집에서도 일을 하라는 뜻으로 준 보자기였다. 그래서 법관 생활은 '보따리 장사'다.

법관들은 과중하다 못해 살인적인 업무에 시달린다. 이 과중한 업무량은 피할 수 없는 고통의 원인이다. 법관의 경력 중에서도 가장 고생스러운 때는 고등법원의 배석판사 노릇을 할 때인데, 대부분의 고등법원 판사들은 고등법원 재직 기간 중 한 번이나 두 번쯤 몸에 심각한 고장이 난다. 그래서 서울고등법원의 별명은 서울고생법원 또는 서울고등학교다.

나는 변호사가 된 후에, 이미 40대에 들어선 어느 고등법원 판사에게서 받은 문자 메시지에 가슴이 아팠던 일을 잊지 못한다. 그 내용은 이랬다. "몸이 부서지도록 아픕니다. 아직 판결을 다 못 썼는데……." 판결을 다 못 썼다는 말은 기말고사가 내일인데 아직 책 한 장도 읽지 못했다는 것쯤 된다. 아니, 그보다 더하다. 시험은 제 일이니 못 보면 그만이지만, 판결을 제 날짜에 선고하지 못한다는 것은 법관에게 있을 수 없는 일이다. 써도 써도 기록은 끝없이 올라오고, 떼어도 떼어도 사건은 한없이 배당된다. 담배꽁초는 재떨이에 수북한데, 밤은 이미 지나 동이 훤히 터오는데, 몸은 파김치가 되다 못해 이제 가슴이 저릿저릿 아파 오는데, 아직도 완성하지 못한 판결을 놓고 기록을 읽는 심정은 참담하기만 하다. 그것도 모자라 어떤 법관들은 야근이 아니라 '조근'을 한다. 밤새 사무실에서 기록을 보고 판결을 쓰다가, 아침이 되어서야 퇴근해서 옷 갈아입고 밥 먹은 뒤 다시 출근하는 것을 가리키는 신조어다.

내 경험으로 말하면, 판결 쓰기는 정해진 시간에 하는 노동이 아니었다. 무슨 화두 같았다. 몽중일여(夢中一如), 오매일여(寤寐一如)까지야 갔겠는가마는, 동정일여(動靜一如)에 비슷하기는 했을 게다. 낮에도 밤에도, 판사실에서도 집에서도, 주중에도 주말에도 판결 중 어려운 대목을 놓고 머릿속에서 복잡한 검토가 끊이질 않았다. 아침에 산책길을 걷다가도, 출근길 전철 속에서 광고를 바라보다가도, 심지어 세수를 하다가도 그랬다. 기록을 다 읽고 판결은 내일 쓰자며 잠자리에 누웠는데 머릿속에서 무슨 자동 기계라도 돌아가듯 판결문이 줄줄 쏟아지기에, 혹시 그걸 잊어버릴까 싶어 도로 일어나 판결을 쓴 일도 여러 번 있었다. 부장판사가 되고 나면 자기 주심사건의 수가 적어서 판결을 쓰기보다는 대개 배석판사가 써 오는 판결을 검토하는데, 어느 날엔 기록을 너무 열심히 보고 나자 판결문이 대강 머릿속에서 완성되기에 그게 아까워서 그 자리에서 판결을 써버린 일도 있었다. 주심인 배석판사로서는 횡재를 한 셈이었을 게다.

판결은 당사자에 대한 권력 행사다. 당사자에게 중요한 것은 판결의 결론이다. 그런데 판결의 이유는 그다지 쓰기 어렵지 않은데도 결론을 내리지 못해 망설이는 경우가 있다. 나는 단독판사 시절에 법정에 나가기 5분 전까지도 주문(판결의 결론)을 쓰지 못하고 고민한 일이 있었다. 그날 판결을 선고받을 피고인 중 한 사람에게 집행유예를 선고할지 실형을 선고할지 결심을 못 해서였다. 그러다가 결국 어려울 땐 관용의 길을 따르라는 법언을 따랐다. 한 이혼 청구 사건에서는 한 달 넘게 매일 고민하곤 했다. 한센병에 걸린 아내를 수용소로 보낸 남편이 20년이 훨씬 지나 아내를 상대로 이혼을 청구한 사건이었다. 이미 다른 여자를 얻어 그 사이에 낳은 자식이 결혼할 나이에 이르자 부득이 호적을 정리해야 한다는 것이 제소 이유였는데, 과연 나라면 한센병 아내를 버리지 않고 평생의 반려자로 남을 수 있을지 도저히 자신이 없었기 때문이었다. 마침내 입을 앙다물고 이렇게 써 내려갈 수밖에 없었다. "신청인(남편)의 청구는 받아들일 수 없다. 이것은 혼인 서약을 한 배우자의 일방이 타방에 대해 지켜야 할 윤리적 기대치에 미치지 못한다." 나는 아직도 그 사건의 결론이 옳았는지 자신이 없다.

판결 쓰기는 글쓰기 중에서도 여느 것과는 다른 독특한 성격을 지닌다. 판결은 공문서다. 그것은 내면의 고백도 아니고 사실을 기술하는 보고서도 아니고 허구적 갈등을 그려내는 문학 작품도 아니다. 판결에서 보이는 갈등은 허구가 아니라 피가 튀는 현장의 다툼이며 승부를 놓고 벌어지는 싸움이다. 소송은 다툼이다. 다툼은 보통 밥을 놓고 벌어지지만 신분이나 자리나 명예나 자유를 놓고 일어나기도 한다. 지면 돈을 내놓거나 신분이 바뀌거나 자리를 잃거나 불명예를 안거나 교도소로 가야 하는 것이 소송이다. '시시한 소송' 같은 것은 애초에 없다. 송사를 한 번이라도 해 본 사람은 그게 얼마나 괴로운 일인지 안다. 판결은 그 괴로운 일의 최종 결과물이다. 판결은 국가권력을 대변하여 다툼을 공적으로 해결 짓는 법원의 의사표시다.

판결은 항상 결론이 있다. 판결은 당사자 중 누가 옳고 누가 그르다고 선언하는 문서다. 그 결론이 지니는 무게 때문에 법은 판결에 반드시 이유를 붙이도록 규정하고 있다(민사 소액 사건에서는 예외가 있다). 이 점에서 판결은 다른 공문서와 많이 다르다. 판결의 이유는 대부분 길고 복잡하다. 때로는 이해하기 어렵다. 판결 쓰기가 어려운 것은 결론을 내기 어려워서고 다시 그 결론을 정당화할 이유를 붙이기 어려워서다. 권력을 행사하되 글로 설득하라는 이 어려운 주문 앞에서 법관은 늘 전전긍긍한다. 마지막을 매번 도장 찍기로 마감하는 이 독특한 글쓰기 방식은 법관의 고민을 단적으로 드러낸다. 이런데도 법관이 판결 앞에서 중압감을 느끼지 않는다면 그는 비양심적이거나 신선이 되었거나 둘 중 하나일 것이다. 그리하여 말하거니와, 법관의 글쓰기는 법관의 천형이다.

판결의 복잡한 구문은 악명 높다. 좀 오래된 것이긴 하나 1969년도에 나온 다음 판결문을 한번 읽어보시라.

직권으로 살피건대 기록에 의하면 원심이 피고의 원고의 적법한 소원 절차를 거쳤음을 다투지 않았음을 뒤집고 다시 한 본안전 항변을 물리치며, 그 자백이 진실에 반하고 착오에 기인되었다는 입증이 따르지 않는다고 판단했음이 명백하니 이는 행정소송(무효선언의 의미의 취소를 구한다고 하더라도) 제기에 있어서 소원 제기의 유무가 그 소송 요건이 되며 그 소송 요건은 법원의 직권 심사 사항에 속하며 당사자의 자백의 대상이 될 수 없음을 원심이 보아 넘긴 위법을 일으켰거나 아니면 이로 인하여 이유 불비의 허물을 남겼다고 아니할 수 없어……

이 글의 뜻은 대충 이러하다. "(당사자가 상고 이유로 내세운 문제는 아니지만) 직권으로 살피겠다. (이 사건에서) 피고는 당초에 적법한 소원(지금의 행정심판) 절차를 거쳤다는 원고의 주장을 인정했다. 그러더니 나중에 가서야 '원고가 소원 절차를 거치지 않았다'라면서 이를 본안전 항변(원고가 제기한 소의 요건이 갖추어지지 않아 소가 적법하지 않다는 피고의 주장)으로 내세웠다. 원심은 '피고의 당초 인정 행위(자백)가 진실과 다르고 또 착오에 빠져 한 것이라는 증거가 없다'고 판단하여 피고의 본안전 항변을 물리쳤다. 그런데 행정소송을 제기하려면 절차상 그에 앞서 소원 제기라는 요건을 갖추어야 하고, 법원은 원고가 이러한 소원을 제기했는지 아닌지에 관하여는 피고가 인정을 하든 않든 가리지 말고 직권으로 심사해야 한다. 그런데도 원심은 그 심사를 간과했으니 이는 법을 어겨 판결한 것이거나 아니면 판결에 이유를 제대로 붙이지 못한 허물이 있는 셈이다."

우습게도 이렇게 복잡한 문장은 훈련의 결과다. 멀쩡한 문장을 쓰던 사람도 사법연수원 과정을 거치면서 법조계의 그 복잡한 문장 쓰기를 배우게 되고, 마침내 그것을 자기의 문체로 받아들인다. 겨울날 사무실에서 판결을 쓰다가 문득 창밖에 눈이 내리는 광경을 보며 법관들은 농담을 던진다. "오늘같이 첫눈이 내리는 날, 우리는 각 밖으로 나가서 각 애인을 만나야 하는데 왜 이렇게 각 일을 하고 있는지 모르겠다." 판결문에 적힌 동사의 주어 또는 목적어가 한 개가 아니라 여러 개일 경우 그 주체나 객체에 대한 법률 요건의 충족이나 법률 효과의 귀속이 각각 이루어진다는 것을 표현하기 위해서는 '각(各)'이라는 관형사를 빠뜨리지 않아야 한다는 말을 귀에 못이 박히도록 듣다가, 급기야 아무 데나 '각'을 붙이게 되는 것을 넌지시 자조하는 농담이다.

　도대체 판결은 왜 그렇게 복잡하고 긴가? 판결은 상식으로 뒷받침되기 때문이다. 상식이 복잡하다고? 그렇다. 법관이 알고 있는 상식은 법 공동체 내의 누구든지 승인하는 이치다. 판결은 복종되기보다는 승복되어야 한다. '칼도 지갑도 없는' 사법부가 내리는 판결의 권위는 오직 논리와 상식으로 뒷받침될 뿐이다. 그러기 위해서는 판결의 결론에 이르는 단 하나의 사유 과정도 판결문에서 빠뜨릴 수 없다. 지는 쪽의 주장은 단 한 개도 남김없이 전부 배척해야 한다. 네 말이 전부 틀렸다고 설명해야 한다는 것이다. 이기는 쪽의 주장도 다르지 않다. 그의 주장을 받아들여 어떤 결론에 이르기 위해서는 그 과정에서 단 한 개의 벽돌, 단 한 발자국의 걸음도 생략할 수 없다. 진 쪽의 변호사가 눈이 밝은 이라면, 그는 판결을 이리저리 살피다가 허투루 세운 논리의 구멍을 찾아낸 다음 전동 드릴이라도 들이대듯 무자비하게 공격하여 판결을 깰 것이다. 그래서 법관은 판결에서 펴는 논리에 조그만 흠이라도 없애려고 사력을 다한다. 그러니 판결이 간단해질 리 없다.

판결은 논리다. 그런데 어떤 사건에서 법관들은 이유를 찾아 결론을 내기보다 먼저 결론을 내린 다음에 이유를 찾아간다. 아마 이 진술에 사건의 당사자들은 펄쩍 뛸 것이다. 뭐? 법관이 결론부터 먼저 내린다고? 종종 그렇다. 어떤 사건에서는 논리가 결론을 위한 포장물이 되는 일이 있다. 미국 대법원의 위헌법률심사권(입법부에서 제정한 법률이 헌법에 위반되는지 여부를 심사하여 법률의 효력이나 적용을 거부할 수 있는 권한)을 세운 최초의 선례는 '마버리 대 매디슨 사건'*의 판결이다. 그 사건에서 존 마셜 대법원장(1801~1835년 재임)은 누구나 수긍할 만한 것으로 보이는 논리를 내세워 그의 정적(政敵)이 원하는 결과를 주면서 그 반대급부로 법원의 위헌법률심사권을 얻어냈다. 그는 먼저 법원이 위헌법률심사권을 지닌다는 결론을 내리고 이어서 이유를 써 내려간 것이다. 그의 논리적 연금술은 궤변이지만 그 궤변은 사법사에 길이 남을 이정표가 되었다. 무릇 글의 두 기둥이 진실과 논리라면, 판결은 때로 논리로 포장된 진실이기도 하고 때로 논리 없는 진실

---

**마버리 대 매디슨 사건**(Marbury v. Madison) 1803년 미국 연방대법원이 연방 헌법에 위배되는 법률을 무효화할 수 있다고 판결한 사건으로, 최초로 사법부의 위헌법률심사권을 선언했다. 미국의 제2대 대통령이자 연방파였던 존 애덤스는 제3대 대통령으로 주권파 토머스 제퍼슨이 당선되자, 대통령직을 물려주기 직전 새로운 '법원조직법'을 통과시켜 연방법원 판사 수를 늘린 후 그 자리를 연방파 사람들로 한꺼번에 채웠다. 그중에는 윌리엄 마버리도 포함되어 있었다. 이 사실을 알게 된 제퍼슨은 새 국무장관인 제임스 매디슨에게 임명장을 교부하지 말라고 지시했고, 마버리 등은 매디슨이 임명장을 교부하도록 강제하는 소송을 연방대법원에 제기했다. 마셜 대법원장은 임명장 교부의 권한을 부여한 법률이 위헌이므로 연방대법원은 그 교부를 명할 수 없다고 판결했으며, 더불어 법률을 심사하여 위헌적일 경우 무효화할 수 있는 권한이 연방대법원에 있다고 선언했다.

이기도 하다. 재판에 진 이들 중 몇 사람은 판결을 진실 없는 논리 또는 진실도 논리도 없는 헛소리라고 욕하겠지만.

판결에서 인정하는 사실, 법적인 효과가 나오는 전제로서 사실을 인정하는 과정은 어떻게 이루어질까? 우선, 알쏭달쏭하게 들리겠으나 나는 이렇게 말하겠다. 사건의 진실이 무엇인지, 그것은 실상 알 수 없다. 법관에게 진실이란 증거법의 테두리 내에서 인정되는 한정된 사실일 수밖에 없기 때문이다. 적어도 소송법적으로는, 증거라는 도구로 진실이라는 화석을 캐는 것이 이른바 사실 인정 작업이다. 그러나 실제 사실은 화석으로 새겨져 있는 것이 아니다. 증거가 없는 경우도 있고 증거를 믿기 어려운 경우도 있다. 증거가 없는 경우 누가 책임을 지도록 할 것인지, 이런저런 증거가 있을 경우 어느 증거를 더 믿을 것인지를 논하는 것이 증거 법칙인데, 이는 상식과 확률의 법칙일 뿐이다. 그리하여 법관이 증거와 증거 법칙에 따라 파악한 사실과 그야말로 객관적인 사실로서 진실은 필연적으로 어긋나게 된다. 그렇다고 해서 법관이 자기 자신의 직관적 판단만을 믿어, 증거와 증거 법칙을 바탕으로 삼아 형성되어야 마땅한 심증의 금을 벗어난다면 그 순간 법관은 위험한 독단의 세계, 상식을 벗어난 아집의 세계로 빠질 위험에 노출된다. 그러므로 법에서 말하는 '실체적 진실'이란 일종의 가상적 관념에 불과하고 이념적 도구에 가깝다. 어쩌면 의도적 오류라고 할 수도 있다. 판결은 이런 위악적 태도로 최소한의 상식과 논리를 지켜 가는 것이다. 구체적 타당성의 대척점에 서 있는 법적 안정성이란 아마 이러한 상식과 논리의 세계일 것이다.

법 공동체의 질서와 안정은 이렇게 지켜지는 것이라고, 법관들은 믿고 있다.

이 심증 형성의 자유는 법으로 보장되어 있다. '자유심증주의' 원칙은 심리 과정에서 형성된 사실심(1심, 항소심) 법관의 심증은 탓할 수 없다는 내용이다. 달리 말하자면 법관에게 사실 인정에 관한 절대적 권한을 부여하는 것이다. 여기에 걸어놓은 견제 장치라고는 경험칙과 논리칙밖에 없다. '경험칙(經驗則)'이란 세상을 살면서 경험하게 된 원칙이고, '논리칙(論理則)'이란 논리적인 사고의 법칙을 말한다. 예를 들어 1억 원의 채무를 말 한마디로 면제해주었다는 주장이나 증언 따위를 법관은 믿지 않는다. 경험칙이란 알고 보면 인간이 가장 이기적인 행동 방식을 가지고 있다는 인식을 말한다. 이기적인 인간이 이유 없이(이타적 이유 같은 것은 이유가 아니다) 1억 원의 권리를 포기할 리 없다는 것이 경험칙이다. 뭐라도 그럴 만한 대가 관계가 있어야 면제를 인정해주겠다는 태도다. 논리칙이란 참말로 1억 원의 거금을 포기했다면 그 사실을 적은 문서가 없을 리 없다는 추단이다. 그리하여 진실과 사실은 때로 어긋날 것이다. 그래도 할 수 없다.

판결에는 부사와 형용사의 사용이 늘 절제되어 있다. 수사법 따위는 들어올 틈이 없다. 원고가 피고에게 준 돈의 액수는 정확해야 한다. 막연히 "막대한 액수의 돈을 주었다."라고 해서는 안 된다. 가슴을 저미는 사랑 따위도 판결에서는 묘사하는 일이 없다. "원고와 피고는 서로 사랑했다." 따위의 문장은 판결에 존재하지 않는다. 그들은 교제하거나 통정하거나 혼인할 뿐이며, 그게 아니면 교제를 중단하거나 통정 관계를 끊거나 이혼할 뿐이다. 어떠한 사랑에도 진실은 있다고? 그럴 것이다. 그러나 그 사랑의 상대가 다른 사람과 혼인 관계에 있을 경우 어쩌면 생애 최대의 결단이었을지도 모를 그의 행위는 판결에서 "1회 성교하여 간통했다."라고 건조하게 표시될 뿐이다. 거기에 은유와 직유의 자유 같은 것은 허용되지 않는다. 생략이 주는 강한 암시적 효과 따위도 의도할 수 없다. 만약 그럴 경우 그 판결은 이유 불비의 위법을 저지른 것이며, 파기를 면할 수 없다. 이것은 판결과 판결이 표상하는 법률 생활이 인간의 가장 원초적인 기반을 지키려는 노력이기 때문이다. 그러기에 아무리 아름다운 말을 하던 사람, 아무리 아름다운 행동을 보여주던 사람도 법적인 분쟁에 이르면 모두 어눌하고 초라한 모습을 보일 뿐이다.

이렇게 피도 눈물도 보이지 않을 것 같은 판결의 세계에도 가끔은 예외가 있다. 1977년의 한 대법원 판결에서 다수 의견에 맞서 어느 대법관이 소수 의견을 밝히며 그 의견의 마지막에 빚어놓은 문장은 두고두고 화제가 되었다. "한 마리의 제비로서는 능히 당장에 봄을 이룩할 수 없지만 그가 전한 젊은 봄은 오고야 마는 법, 소수 의견을 감히 지키려는 이유가 바로 여기에 있는 것이다." 하지만 그 정도의 수사도 필자가 대법관이었기에 양해되었던 것이 아닐까 싶다. 하급심에서 그런 언사를 썼다면 아마 그는 '튀는' 법관, 돌출 행동을 할 위험이 있는 인물이 되고 말았을 터다. 엄혹한 시절이었던 1985년 비상계엄군법회의의 재판권에 관한 문제를 두고 대법원이 다수 의견과 소수 의견으로 갈렸을 때 소수 의견을 집필한 이일규 대법관(1973~1985년 재임, 1988~1990년 대법원장 재임)은 글 끄트머리에 썼다. "나로서는 다수 의견이 헌법 정신에 눈을 뜨지 못하여 헌법적 감각이 무딘 점을 통탄할 따름이다." 그때 법관들은 한편으로 군사 정권을 향해 위헌성을 지적한 그 일침에 무척 고소해하면서도 다른 한편으로 무척이나 놀랐다. 판결에서 다른 법관들에게 그 정도의 말을 하는 것도 거의 금기 사항인 법원의 분위기 때문이었다. 법관의 판결은 그토록 조심스러운 것이다.

오래전 한번은 이혼 사건의 판결에서 우리 재판부의 배석판사가 "피신청인은 '여호와의 증인'이라는 종교를 믿었고, 이를 이유로 제사를 지내지 않아 시부모와 갈등을 일으켜 그 결과 신청인(남편)과 불화하게 되었다."라고 쓴 것을 보았다. 나는 그 문장을 "피신청인은 '여호와의 증인'이라는 종교를 믿는다는 이유로 제사를 지내지 않아 시부모와 갈등을 일으켰고 그 결과 신청인과 불화하게 되었다."라고 고쳐놓았다. 앞의 문장처럼 문제 된 사실의 설명을 중문으로 구성하면, 특정 종교를 믿는 것이 이혼 사유가 되는 듯이 읽힐 것 같기에 그걸 피하기 위해서였다. 어느 종교에 대한 사회적 인식이 어떻든 간에 또 누가 무슨 종교를 믿든 간에, 법원은 중립적인 입장을 지키고 있음을 보여야 한다는 것이, 헌법상 기본권인 종교의 자유를 염두에 둔 내 견해였다. 다만 그로 인하여 제사 문제를 놓고 시부모와 갈등을 일으키고 나아가 남편과 불화한다면 그것은 이혼 사유에 해당할 수도 있다는 것이 우리의 결론이었다. 판결의 문구 하나하나에 극도로 신경을 쓴다는 것은 바로 이런 것을 말함이다.

경우는 조금 다르지만, 이렇게 신경을 쓰는 것도 본 일이 있다. "원심은 그 판시(判示)의 이유로 피고인의 판시 행위가 그 판시의 법조에 해당한다고 판단했는바, 기록에 대조하여 보면 원심의 판단은 옳고 거기에 논지가 주장하는 위법이 없다." 이 판결은 그대로 읽어서는 피고인이 무슨 행위를 했고 그것이 어떤 법을 위반했다는 것인지, 원심 법원이 그렇게 판단한 이유가 무엇인지, 나아가 대법원은 왜 원심 법원의 판단이 옳다고 하는지, 도무지 짐작조차 못 하게 한다. 그 배경에는 문제의 처벌 법규가 악명을 떨친 긴급조치였다는 사정이 있다. 피고인의 행위를 구체적으로 판결문에 적어놓기가 껄끄러웠던 어느 대법관이 '적당히 넘어가는' 방식으로 쓴 판결의 예다. 이런 것도 조심성이라고 할 수 있을까. 모를 일이다. 남의 말을 자꾸 해서 미안하지만, 아무리 조심을 해도 그렇지, 읽고 있자면 법관인 나마저도 답답해지는 판결이 있었다. "비록 민주주의의 원론을 이야기한다고 하더라도 그 이야기를 하는 여건에 따라서는 범죄가 될 수 있다." 계엄령이 선포된 상황에서 민주주의가 무엇인지 예배당에서 설교를 하던 목사가 계엄법 위반죄로 기소된 사건이었다. 다행히도 지금은 그런 억지 판결을 쓰는 시대가 아니라고, 나는 믿는다.

남의 판결 이야기를 하나만 더 하련다. 2006년에 나온 어느 고등법원의 판결은 이런 문장을 담고 있었다. "홀로 사는 칠십 노인을 집에서 쫓아내 달라고 요구하는 원고의 소장에서는 찬바람이 일고, 엄동설한에 길가에 나앉을 노인을 상상하는 이들의 눈가엔 물기가 맺힌다. 우리 모두는 차가운 머리만을 가진 사회보다 차가운 머리와 따뜻한 가슴을 함께 가진 사회에서 살기 원하기 때문에 법의 해석과 집행도 차가운 머리만이 아니라 따뜻한 가슴도 함께 갖고 하여야 한다고 믿는다." 아름답지 않은가. 나도…… 그런 판결을 쓰고 싶었다. 그러나 그러지 못했다. 소심한 내겐 따뜻한 가슴으로 자칫 법을 어길 수 있을 위험이 더 두려웠기 때문이었다.

밥과 돈과 벌이는 필요불가결한 삶의 조건이다. 법정은 그걸 움켜쥐려고 벌어지는 피 튀는 싸움의 현장이며, 판결은 그 싸움에 나선 인간의 벌거벗은 모습을 드러내는 문서다. 이렇게 원초적 문제를 앞에 둔 처절한 다툼에 끝장을 내야 하는 판결 역시 에누리 없는 원초성을 띨 수밖에 없다. 그리하여 판결이라는 글쓰기는 법관의 천형이다.

# 나는 왜 판사를 그만뒀나

정의와 밥은 재판의 주요 주제다. 밥은 벌이로 얻는 것이다. 벌이란 일생의 대업이다. 소설가 김훈은 어디에선가 이렇게 썼다. 일언이폐지하고 남자가 할 일이란 밖에 나가서 밥을 벌어 오는 일이라고. 나는 이렇게 고쳐 쓰고 싶다. 누구든지 사람이 하는 일이란 결국 제 밥을 버는 것이라고. 직업인이 아닌 모든 사람에게도 이 말은 유효하다. 하물며 직업인에게서랴.

벌이는 엄숙하다. 그 수고로움은 이루 말할 수 없다. 때론 위험하고 때론 눈물겹다. 사람마다 지닌 자존의 바탕이자 사람이 겪어내야 하는 온갖 굴욕의 원천이다. 자산 소득의 안온함에 몸을 맡겨도 좋을 만한 이들에게는 하잘것없어 보일지 몰라도, 몸뚱이로 벌어먹어야 하는 사람에게 세상 모든 일 가운데 제 벌이만큼 소중한 것은 없다. 그리고 그 소중함으로 인해 벌이는 고통이다.

벌이란 밥을 버는 일인데, 벌이가 엄숙한 것은 밥이 엄숙해서다. 엄숙함을 넘어, 밥은 어쩌면 신성할지도 모른다. 밥 없는 목숨은 없다. 밥이 없으면 온 세상이 무너진다.

제 밥을 빼앗긴 사람들은 내 밥 내놓으라며 누군가의 멱살을 잡고 가끔 법정에 선다. 그들이 하는 말은 옳을 수도 있고 아닐 수도 있다. 어찌 됐든 판관 된 이는 그 다툼 앞에 엄숙해야 한다. 밥이든 그걸 벌어 오는 벌이든 모두 엄숙하기 때문이다. 웃어서도 안 되고 울어서도 안 된다. 비웃는 것은 더더욱 안 된다. 혹 가슴이 뜨거워지더라도 그걸 드러내서는 좋지 않다. 싱거워 보이는 것도 바람직할 리 없다. 특히 성을 내서는 안 된다. 근심이 어린 듯 진지하고 그러면서도 부드러운 표정을 지어야 하지 않을까. 그런데 난 이게 잘 안 됐다. 실수도 했다. 성마른 성격으로 판관 노릇하기는 참으로 어렵다. 내 자신에 대한 성찰이 없지는 않아 한번은 그 모자람으로 인해 시를 쓴 일이 있다.

20여 년 전 울산에서 재판하던 어느 날이었다. 증인으로 나온 해녀가 위험한 데로 헤엄쳐 가던 이야기를 하는 걸 듣다가, 현장 검증을 나가서 보았던 울산만의 검푸른 바다가 눈앞에 떠오르더니, 도대체 몇 푼이나 더 벌겠다고 그런 위험한 짓에 목숨을 걸었을까 싶은 마음에 가슴이 답답해졌다. 아마 그때 나는 아직 나이가 덜 들었을 것이다. 예의 그 성마름이 도지면서 나도 모르게 성을 내며 따지듯 소리쳤다. "도대체 왜 그렇게 위험한 델 간 거예요? 네? 죽으러 간 겁니까? 죽으러 간 거냐고요." 그날 증인과 같이 헤엄쳐 가던 다른 해녀는 어업 금지 구역으로 넘어갔다가 발전소 해수 흡입구로 빨려 들어가 죽었고, 나는 그 죽은 해녀의 유족들이 발전소를 상대로 낸 소송을 심리하던 중이었다. 그때, 증인이 이렇게 소리쳤다. 나만큼 큰 목소리로, 그리고 내가 낸 것과 같은 분량의 성을 담아서 대들 듯이. "우리는 죽으러 간 기 아입니더. 살라꼬 갔십니더."

그 말이 늘 고의와 과실, 책임과 의무의 틀 속에서 사건을, 사람들이 겪어 간 그 고통의 흔적을 보고 있던 나를 후려쳤다. 이를테면 선사(禪師)의 방할(棒喝)이었음을 깨달은 건 여러 해가 지나서였지만, 아무튼 그 순간 나는 아무 말도 못하고 등신처럼 앉아 있었다. 사과도 할 수 없었다. 미안하다고만 해서는 제대로 그릴 수 없는 어떤 정서적 충격 상태, 먹먹함 말고는 달리 말하기 어려운 그 무엇인가는, 이상하게도 일곱 해가 지나서 시가 되어 나왔다.

### 살라고 갔소

1

아주머니,
살아야 합니까 죽어야 합니까
넘실대던 울산만의 검푸른 물
방파제 너머 한 물결 한 물결 헤어 나갈 때
당신은 살려고 갔습니까 죽으러 갔습니까

검은 법전의 말씀을 새긴

검은 법의의 마음인들

망령이 떠돌며 우는 곳

망령이 탄원하는 곳

그곳에 앉아 들어야 하는 상엿소리

끓어오르듯 번져오듯 들리는 통곡소리

세상살이 다 그렇다며 그냥 흘린답디까


기나긴 인고의 세월

숨 가쁜 노동의 나날

더는 견딜 수 없도록 지쳤던가요

언제나 가슴 앓게 하던 자식들

언제나 고달프던 한 몸

그만 던지고 싶었나요


아주머니,

죽으러 갔습니까 살러 갔습니까

당신은 왜 그곳에 갔습니까

난 그저 흰 팔목, 수척한 이마의 책상물림

세상 사는 이치 몰라 골 썩는 먹물인데

오늘

답답고 애달픈 송사에

왜 이런 어질머리 앓아야 합니까

죽으러 간 그 길, 당신네 재판은 이제 지는 재판입니다
이 일을 어쩝니까


2


높은 법대에 앉은 나으리
내 말 좀 들어보소

사람이란 살려고 태어난 것
죽고 싶어도 죽을 수 없는 것
사람은 죽을 자리에서만 죽는 법이라오
그날
난 살라고 갔소
가쁜 숨 참아내며 헤어 갔소
허파가 터지도록 잠겨 갔소
한 쪽의 전복을 찾아
한 장의 지폐를 찾아
서른 해도 더 잠겨든 바다
그날도 목숨을 걸어 헤어 갔소
차가운 물, 언제 잠겨도 겁나던 그 바다 밑
그날도 난 살라고 들어갔소
발전소 해수 흡입구라 카는 거, 그기 저승사잔 줄 모른 건 아니
어도

총 든 군인들 지키던 기나긴 방파제 너머 그 바다 속, 물살 소용
돌이치는 줄 모른 건 아니어도
　내사 살라고, 살라고 들어갔소


　갑자기 멀어지던 물끝
　헤어도 헤어도 감겨 오던 물살
　저승의 문턱으로 말려 들어가며
　어처구니없는 절망의 아가리로 빨려 들어가며
　내 알았소
　물질하는 해녀의 무덤은 바로 물속인 줄
　내 노동의 터가 곧 죽음의 터인 줄
　허파 속을 채워 가던, 가슴을 메워 가던 짠물
　뿜어내며 삼켜 가며
　찬물에 퉁퉁 불었던 몸
　발버둥치며 늘어져 가며
　내 알았소
　사는 곳이 바로 죽는 곳인 줄


　아직 장가 못 든 큰아들
　이제 고등학교 마치고 노는 작은아들
　온산공단에 다니는 딸아이
　자꾸 눈에 밟혀
　법이란 억울한 사람 편든다 하여

천도받지 못한 내 혼령이나마 이 법정에 서성거리니
높으신 법관님네요, 살펴주소
왜 위험한 델 갔냐고 그놈의 성 좀 그만 내고
그날 나와 함께 물질하다 살아 돌아온 영숙 엄마
증인 서주며 한 그 말, 그거 좀 들어보오
"우리는 죽으러 간 기 아입니더. 살라꼬 갔십니더."

그렇지 않겠소
사람이란 살려고 태어난 것
죽고 싶어도 죽을 수 없는 것
나야 때 돼 갔겠소마는
그래도 그날, 살라고 나는 갔소
가슴이 메어지도록 허파가 터지도록
짠물 뱉으며 들이키며
늘 겁나던 바다, 그 컴컴한 터로 잠겨 갔소
살라고 갔소


서울지방법원에서 일할 때 이야기다. 머리를 온통 붉게 물들인 어떤 젊은 여성이 아기를 안은 채 원고석에 선 일이 있었다. 지금 생각해도 다시 미안한 일이지만, 나도 모르게 쿡하고 웃음이 나왔다. 어쩌면 그 웃음은 불안감의 표출이었을지 모르겠다. 문제는 그가 낸 소장에 담긴 사연에 있었다. 소장에 피고로 오른 사람은 그를 고용한 포주였다. 원고는 매일 받은 화대를 모아 부어 넣은 일수계의 계원이었고, 피고는 그 계의 계주였다. 계가 깨지자 계금을 돌려 달라면서 건 소송이 내가 있던 재판부로 배당된 것이었다. 소장을 읽으면서, 분명 나는 사람 사는 일에 새삼 눈물 겨워했지만, 그래도 법대 아래 선, 그 글의 주인공이 하고 온 머리 꼴이 우스웠던가 보다. 싱겁긴. 그리고 또, 불안했던 것이다. 그 순간의 멋쩍은 웃음이야말로 내 사람됨의 모자람과 동가치였다는 반성이 일고서, 며칠 가슴앓이를 하다가 시를 썼다. 시 속에 등장하는 아기에게도 나는 미안했다. 그 아기는 원고의 가슴에 안겨 방긋방긋 웃고 있었다. 기독교 신자가 아닌 나는 시 속에 밀어 넣은 '무염시태'란 낱말을 두고 기독교에 미안했지만, 그래도 그 아기에게만큼 미안하지는 않았다.

## 누이야

누이야
물들인 네 머리에 그날 멋쩍게 웃은
내 서투름을 나무라지 말아 다오
남자란 건 법대(法臺) 타고 앉은 것마저 어쩜 하나같다고
혈랑 차지 말고

차마 제 색깔로는 견딜 수 없어
붉게 물들인 머리에도

밑동으론 어쩔 수 없이 검은 머리칼 늘 자라 올라오던 걸
원고석 엄마 품에 안겨 기적같이 웃던 네 아가가
세상 구정물로 잉태한 또 하나의 무염시태(無染始胎)
오, 참을 수 없는 소망인 걸
내 모르지 않으니


누이야
웬수같이 사랑한 이 삶에서
네 살꽃 한 점 한 점
일수계 장부에 붉은 도장으로 남긴 것처럼
네 눈물 한 방울 한 방울
소장에 검은 탄원으로 찍은 것처럼
드디어는
미아리텍사스의 끝 간 삶에서
법대 앞에 꿋꿋한 의지로 섰던 것처럼
그렇게 살 일이다


네 이름은 첫 자리에 내 이름은 끝 자리에
지워지지 않을 검은 빛으로 찍을 판결문
그 위로 다시 남을 붉은 도장 빛처럼
그렇게
진하게 살 일이다
선명히 살 일이다

시가 되지 못한 이야기도 있다. 한번은 산재 손해배상 사건을 심리하다가, 사고 경위에 관한 증거가 좀 부족하다 싶기에 원고 본인의 진술을 들으려고 소환한 날이었다. 그런데 이 젊은 친구, 호명받아 법대 앞에 나와서도 호주머니에 오른손을 쑤셔 넣곤 당최 뺄 생각을 하지 않는 것이었다. 법정 안에서고 밖에서고 간에 무례한 언동을 잘 보아 넘기지 못하는 성미라서, 그날도 꽤 씸하다는 생각이 들었다. 증언대에 오른 그에게 말했다. 오른손을 들고 소리 내서 선서서를 읽으라고. 그러면서, 어디 그래도 손을 안 빼는지 두고보자, 하고 내심 별렀다. 이상스레 그가 꾸물거렸다. 내가 재촉하자, 그럼 그렇지, 머뭇거리던 그의 호주머니에서 오른손이 빠져나왔다. 그런데…… 치켜든 그 손의 네 손가락이 하나같이 도토리만큼이나 짧고, 끄트머리를 잇는 선이 비스듬하면서 칼로 자르기라도 한 듯 깔끔했다. 아니었다. 그 손가락들은 칼날에 잘린 것이었다! 아차, 그러고 보니 기계에 네 손가락이 잘린 사람이 건 소송이었던 것을. 덜된 만큼 또 여린 성격이라 가슴이 덜컥 내려앉더니, 도대체 눈을 어디에 두어야 할지 몰라 하다가 "양심에 따라 숨김과 보탬이 없이……"라는 글귀가 다 끝나자, 앉으라고 권하던 내 목소리가 떨리고 있었다. 판사 노릇을 그만두기 전까지도 나는 그 사람에 대한 미안함을 씻지 못하고 있었다. 그리고 그때의 또 다른 먹먹함도.

이런 이야기를 어찌 다 할 것인가. 사건 하나로도 한참 걸릴 이야기를. 글로 써도 치유의 효과는 없었다. 글을 쓰고 있을 그때 이미 나는 이 끔찍한 일을 그만두자는 생각을 굳힌 뒤였다. 지금도 그 절박했던 시절을 생각하면 마음속 한구석에 휑한 바람이 분다. 분노, 좌절감, 무력감이 오늘에도 생생한 그날들. 그리고 또 하나. 알 수 없는 눈물. 이 신새벽에 나는 울고 있다. 아직.

# 명상표 이야기

명상표(가명)는 착해 보였다. 장난꾸러기 얼굴의 청년이 구치소 접견실 책상 너머에 앉아 있었다. 여드름이 보였고 볼에 홍조가 떠올라 있었다. 청년이 말문을 열었다. 사장님이 어렵게 내주신 가겐데. 걱정이에요. 그는 짝퉁 명품을 일본 관광객에게 파는 가게를 열었다가 구속되었다. 국민학교(초등학교) 1학년 때 아버지가 돌아가시고 어머니도 집을 나가셨어요. 할아버지는 중풍으로 누워 계셨고 누이동생이 하나 있지요. 학교를 그만두고 길가에서 고철 같은 걸 주워다가 고물상에 팔아서 먹고살았습니다. 내가 물었다. 그걸로 먹고살 돈이 되었을까? 쌀은 동사무소에서 주었고요, 고물 판 돈으로 반찬 사고 할아버지 약도 샀습니다. 그래도 누이동생은 고등학교까지 마쳤습니다. 할아버지가 돌아가셔서 간병하는 일에서 벗어날 수 있게 되자 멍텅구리배(새우잡이

배)를 탔지요. 그때 번 돈으로 동생 학비를 마련해주었습니다. 동생이 취직한 후 저는 일본으로 건너가서 지하철 공사장에서 일했고요. 이야기에 빠져 들어가던 내가 어느 순간 눈이 그렁그렁해지자 외려 그가 안되었다는 표정을 지었다. 변호사님도 고생을 많이 하셨나 봐요. 아니, 난 판사 노릇 하면서 편하게 살았단다.

명상표는 서울로 돌아와서 일거리를 찾다가 일본 말 할 줄 아는 사람을 구한다는 전봇대 구인 광고를 보고 이태원의 짝퉁 가게를 찾아갔다. 성실하게 일하는 것을 본 주인이 몇 해 만에 가게를 따로 내주었다. 밑천은 명상표가 전세금을 빼서 마련한 돈이 반, 주인이 빌려준 돈이 반이었다. 그러다가 몇 달 안 돼 같은 업종의 경쟁자가 신고하는 바람에 붙잡혔다.

나는 보석 신청을 내고는 다음 날 판사실에 팩스로 면담 신청서를 보냈다. 하필 그러자마자 공판 기일 통지서가 송달되어 왔다. 왜 만나자는 겁니까? 판사가 전화를 해 왔다. 공판 기일이 일주일 후로 잡혔는데, 어제 보석 신청서를 냈습니다만……. 공판 기일이 다가오면 굳이 보석을 허가해주기보다는 집행유예 선고가 붙은 판결로 피고인을 석방하는 수가 있고 그러면 보석 신청이 헛일이 되므로, 그러지 말고 공판 기일 전에 보석 허가를 받을 수 없겠냐는 게 내 말에 담긴 뜻이었다. 그렇게 말끝을 흐리자, 이런 대답이 들렸다. 보석은 해줄 만하면 해주고 아니면 안 해줍니다. 딸깍.

공판 기일에 변호인 신문은 간단히 끝났다. 가게를 연 지 얼마 안 되었고 규모도 작았다는 것, 내국인에게는 물건을 팔지 않아

매출액이 많지 않았다는 것, 배운 게 없어서 이런 일을 하게 되었다는 것을 묻고 대답한 것이 전부였다. 신문이 끝나자 판사가 빈정대는 목소리로 물었다. 어이, 피고인, 피고인은 좋은 일 했네. 그렇지? 명상표가 영문을 모르겠다는 표정을 지었다. 그렇잖아, 일본 사람에게만 팔았다며? 게다가 외화 벌지, 국가 경제에 도움되지, 피고인은 잘못한 거 없잖아? 애국자네, 애국자. 명상표가 대답했다. 아닙니다. 잘못했습니다. 판사가 다시 물었다. 뭘 잘못했는데? 저는 법을 어겼습니다. 무슨 법? 명상표가 난감한 표정을 지었다. 간신히 제 이름자나 쓸 정도밖에 배우지 못한 그는 자기가 어긴 법의 이름이 뭔지 몰랐다. 그걸 생각해내느라 안간힘을 쓰던 그가 점점 울상으로 변해 갔다. 법정은 잠시 거북한 침묵에 잠겼다. 판사가 재촉했다. 법 이름이 뭐냐니까? 명상표가 머뭇거리다가 결심한 듯 입을 열었다. "저는 법에 저촉되었습니다." 아마, 그 말은 학력이 짧은 그가 자신이 지닌 지력을 최대한 짜낸 것이었으리라. 뜨거운 것이 목구멍으로 올라왔다. 일어서서 뭐라도 한마디 하고 싶었지만 참았다. 판사의 비위를 거스르지 않아야 명상표가 석방될 것 같아서였다.

결심, 몇 월 몇 일 판결 선고. 판사가 짧게 말하고 다음 사건을 호명했다. 증거 조사도 않고 구형도 변론도 듣지 않은 채였다. 변론도 못 하고 나가야 하나. 우물쭈물하다가 하릴없이 변호사석을 나서려는 참이었다. 구원은 뜻밖에도 검사에게서 왔다. 재판장님, 구형하겠습니다. 판사가 어쩔 수 없다는 듯 말했다. 하시죠. 구형이 끝나자, 내 차례였다. 긴말할 상황이 아니었다. 보석 신청서를 변론으로 대체하겠습니다. 보석이요? 무슨 보석? 판사가 기록을 들어 보이는데, 철끈에 매달린 것은 공판 기록과 수사 기록뿐임이 분명했다. 뭔가 착오가 있었나 본데, 혹시 보석 기록이 나오면 읽어주시기 바랍니다. 내게 냉소를 보낸 판사가 고개를 돌렸다. 어이, 피고인, 하고 싶은 말 있어? 명상표가 고개를 떨구었다. 잘못했습니다.

법정을 나오자 가게 주인의 아내가 내 옷깃을 붙잡으며, 정확하게는 멱살을 쥐며 소리쳤다. 왜 보석 신청을 안 했어요? 나중에 사무실 직원의 말을 듣고 알았지만 가끔 '기름을 치지 않으면' 보석 기록이 한동안 판사실로 올라가지 않는 수도 있다는 것이었다.

명상표는 집행유예 선고로 풀려났다. 2004년 4월이었다. 그는 내가 변호사가 된 후 처음으로 석방된 의뢰인이 되었다. 그 후론 명상표를 보지 못했다. 그가 구치소에서 나왔다는 소식을 들은 그날, 나는 그 판사에게 되돌려줄 수 있는 것이 이 글뿐임을 직감했다. 그리고 다산의 《목민심서》에 쓰인 대로 청송(聽訟)의 근본은 성의(誠意, 정성스러운 마음)에 있다고 외쳐보았자 코웃음만 돌아올 것도 물론 알았다. 그래도 나는 다짐했다. 언젠가는 이걸 글로 쓰리라. 이런 식의 형사 사법도 있다고 세상에 알리리라. 그것이야말로 그 젊은이의 변호만큼이나 중요한 일이라고, 나는 믿었다. 지금도 변함없다.

# 판사는 훈계할 수 있다?

 

 

어느 대기업이 근거 없는 투서로 '우지파동'*이란 고초를 겪었다. 결국 무죄 판결은 받았지만 경영상 타격으로 법원의 화의절차(채무자가 채무의 상환 방법을 제시하여 다수 채권자들이 수락하면 소수 채권자들의 반대에도 불구하고 법률상 구속되게 하여 기업 등의 회생을 도모하게 하는 절차)에 들어간 지 10년 만에 절차가 종결되었다. 절차의 특성상 종결에 어떤 결정이 따로 있어야 하는 것은 아니었는데, 담당 판사로부터 경영주인 회장이 꼭 판사실로 와야 한다는 연락이 왔다. 그와 함께 출석해서 절차 종결을 확인한다

---

**우지파동(牛脂波動)** 1989년 11월 일부 식품 업체가 라면에 공업용 쇠기름을 사용한다는 익명의 투서를 받고 검찰이 수사를 벌이면서 사회적으로 크게 논란이 일어난 사건. 삼양식품, 오뚜기식품 등이 식품위생법 위반으로 재판에 넘겨졌고 8년 만에 대법원에서 무죄 판결을 받았다.

는 내용의 서류를 한 장 받은 것까지는 좋았다. 그런데 준엄한 목소리로 판사의 일장 훈시가 이어졌다. 경영에 만전을 기하여 다시는 이런 일이 없어야 하며 어쩌고 하는 내용이었다. 백발의 회장이 마냥 조아리며 듣고서 판사실을 나오더니 법원 마당 벤치에 주저앉았다. 미안하다고 하자 그가 한 말은 "내가 죄인이지요."였다. 도대체 판사에게 무슨 권한이 있어 그런 훈계를 했던 것일까.

형사소송규칙이 1982년에 제정되면서 그 제147조는 '판결 선고 시의 훈계'라는 제목으로 "재판장은 판결을 선고함에 있어 피고인에게 적절한 훈계를 할 수 있다."라고 규정했다. 언뜻 보기에 무해한 규정 같지만, 그렇지 않다.

우선 이렇게 볼 수도 있다. 스콧 피츠제럴드의 소설 《위대한 개츠비》는 아버지가 아들을 타이르는 말로 시작된다. "누구를 비판하고 싶으면, 언제나 세상 사람들이 모두 너만큼 혜택을 받고 살아왔던 것은 아니라는 사실을 명심해라." 일종의 상상력을 주문하는 것인데, 새겨볼 만하지 않은가. 내가 법대 아래에서 재판을 받다가 판사에게서 훈계를 들으면 기분이 어떨까 한번 생각해보자는 것이다.

달리 보는 방법도 있다. 사법관이 내리는 판결은 권력 작용이고 판결은 소송 당사자인 국민을 구속한다. 그러나 사법의 역사는 불행히도 오판으로 얼룩져 있다. 일일이 열거하기도 어려울 정도다. 예를 들어 드레퓌스 사건*의 재판은 악명 높은 오판이다. 그런 유의 오판까지는 몰라도, 혹시 내가 보지 못하는 사정이 있었을지도 모를 가능성, 내 판단이나 세계관이 꼭 옳지 않을 수도 있다는 생각을 해볼 수는 있을 것이다. 그런데도 훈계할 마음이 날까.

나는 여기에서 판사 자신도 부도덕할 수 있으니 피고인에게 훈계하지 않는 게 좋겠다고 말하는 것이 아니다. 또 판결에는 오판의 위험이 있으므로 판결 선고 시에는 훈계를 하지 않는 게 안전하다고 주장하는 것도 아니다. 다시 말해서 훈계의 배경인 도덕적 권위가 생래적으로 또는 후발적으로 상처를 입을 위험성을 걱정하는 게 아니라는 것이다. 국가권력이 국민을 구속하는 것과는 별개의 차원에서 국민에게 도덕적 정당성에서 우월하다고 주장할 수 있는가라는 의문을 제기하는 것이다. 미셸 푸코의 주장을 인용할 것도 없이, 범죄와 형벌의 본질이 무엇이고 과연 어떤 행위가 사회 공동체에서 처벌받아야 할 죄가 되었고 그것이 시대가 지나면서 어떤 평가를 받고 어떤 변화를 거쳤는지 생각해보면, 결코 국가권력이 피고인보다 도덕적 우위에 선다고 할 수는 없을 것이다. 이것은 어느 권력이 부도덕한가 아닌가의 문제가 아니다. 권력이 스스로 도덕적 우월성을 확신하는 순간, 그것이 가져올 자제력의 결여 내지 부족, 선을 넘은 과격성 등 끔찍한 폐해를 생각해보자는 것이다. 상대가 범죄자라고 하더라도 다르지 않다.

---

**드레퓌스 사건**(L'affaire Dreyfus) 19세기 말 프랑스에서 일어난 간첩 조작 사건. 프랑스 군법정이 유대계 장교 알프레드 드레퓌스에게 독일 간첩 혐의로 종신형을 선고하자, 에밀 졸라를 비롯해 군부의 부정을 비판한 드레퓌스파와 군부를 옹호한 반(反)드레퓌스파가 대립하며 프랑스 사회가 극심하게 분열했다. 1906년 드레퓌스는 무죄가 확정되어 군에 복직했다. 그로부터 100년이 지난 2006년 자크 시라크 프랑스 대통령은 드레퓌스 사건에 대해 프랑스 정부 명의로 공식 사과했다.

헤겔 식으로 말하자면 국가는 최고의 윤리체여야 하지만, 국가 권력은 합법적이긴 해도 폭력인 것은 변함이 없다. 국가권력이 지닌 정당성의 근거를 반드시 도덕성이라고 하기도 어렵다. 라인홀드 니버는 그의 명저《도덕적 인간과 비도덕적 사회》에서 국가의 도덕적 이상은 정의라고 했다. 그러나 정의라는 것이 개인에게 요구되는 도덕과 같지는 않다. 다시 말해서 정의는 국가 공동체 내 모든 사람에게 타당한 것이 아니다. 이것을 망각하면 우리가 두려워하는 전체주의의 음습한 얼굴이 나타난다.

그러니 판사가 도덕적 훈계를 할 근거는 없는 것이다. 판사는 법을 선언하는 사람이지 도덕이나 윤리나 기업의 경영 철학을 설파하는 사람이 아니다. 미국의 법관 윤리 논의에서는 판사가 법정에서 훈계를 해서는 안 된다는 게 정설이다. 한번은 어느 재판장이 뇌물과 정치자금 수수로 기소된 국회의원에게 판결을 선고하면서 "부정을 범하는 것보다 차라리 굶어주는 것이 더 명예롭다."라고 한 초대 대법원장 가인 김병로(1948~1957년 재임)의 말을 인용하여 그를 준엄하게 질타했다는 보도가 있었다. 가인의 말씀은 공직자가 새겨들어야 할 말이기는 하다. 그러나 공직자 누구나 그대로 행할 수 있는 말은 아니다. 몸 받아 살게 된 목숨, 아무렴 사는 게 낫지 죽는 게 낫겠는가. 물론 뇌물을 받지 못해 죽기야 하겠는가마는, 뇌물 받은 사람을 법으로 처벌하면 되지 그 자리에서 도덕적 훈계를 할 일은 아니라는 것이다. 예가 마땅치 않은가? 그러면 정치범은 어떨까. 5공 시절 어느 공안검사가 반정부 시위를 한 학생을 기소한 일을 두고 내게 이렇게 말했다. "아무리 '순화'시키려고 해도 그 애는 틀려먹었더라고. 이런 애들은 기소해서 하다못해 집행유예 딱지라도 붙여야 해. 그렇지 않아?" 그 사건의 담당 판사도 피고인에게 쓸데없는 짓 그만두고 공부나 하라고 훈계를 했다면, 글쎄, 그게 옳았을까.

판사의 의견 표명이 문제 되는 경우는 또 있다. 판사는 판결에 다시 해설을 붙이지 않는다. 그런 해설이 필요하면 판결문에 써 넣으면 된다. 판사는 판결하기에 앞서 사건의 결론을 예단하게 할 발언도 하지 않는다. 판사가 내릴 결론이 뻔한 재판을 받는 당사자의 입장을 생각해보라. 다만 절차상 사건의 적정한 심리를 할 필요에서 판사가 심증을 드러낼 수는 있다. 그러나 그런 게 아닌 이야기를 늘어놓아서는 안 된다.

그뿐이 아니다. 판사는 구체적인 사건이나 법률 문제에 대해 의견을 달라는 사적·공적 부탁을 받아도 응하지 못한다. 만약 그의 의견과 다른 판결이 어느 법원에서든 나온다면 당사자가 그 판결에 승복하지 않는다. 판결을 신뢰하기 어렵기 때문이다. 판사는 여럿이어도 법은 하나일 것이라고 믿는 게 잘못일 수는 없다. 알렉산더 해밀턴의 말처럼 '칼도 지갑도 없는' 사법부가 권위 있게 존립할 수 있는 기초는 오직 신뢰다.

판사는 자기가 담당하지 않는 사건에 관해서는 담당 판사의 부탁이 없는 한 의견을 표명하지 않아야 한다. 법관윤리강령의 규정도 같다. 판사의 신문 기고나 방송 출연도 바람직하지 않다. 사회적으로 논란의 대상이 된 이슈에 관하여 소셜미디어 등에 의견을 올리는 것도 자제해야 한다. 2001년에 열린 세계사법관협의회에서 캐나다의 대법원장은 "판사의 공개적 의견 표명은 대법원장이나 사법 행정을 책임지는 지위에 있을 경우라면 사법 제도에 관한 사항에서는 필요하지 않겠는가?"라고 말했다. 판사의 의견 표명은 이 정도로 조심스러운 것이다.

법정에서의 의견 표명은 어떨까. 내가 내 담당 사건에서 하는 말에 웬 시비인가 할 일이 아니다. 심리와 직접적으로 무관한 의견 표명도 해서는 안 된다. 의견 표명이 판결의 결론을 암시한다는 불필요한 오해를 낳고 판사들이 그토록 싫어하는, 심리에 대한 논란의 빌미가 될 수 있다. 판결은 쌍방의 주장과 증거를 모두 살핀 다음 숙고 끝에 내리는 결정이다. 그러기 위해 판사는 말하기보다는 들어야 한다.

이런 이야기는 기실 판사에게나 일반인에게나 상식에 가까울 것이다. 그런데 이 상식에 어긋난 일이 자꾸 일어난다. 얼마 전 언론에 보도된 사례로는 이런 게 있다. 어느 판사가 정치자금법 위반죄로 기소된 시장에게 "이런 윤리 의식을 가진 분이 인구 백만 대도시 시장으로서의 인지 능력을 가졌는지 의문"이라며 "따끔한 질책"을 가했다고 한다. 또 어떤 판사는 증뢰 등의 죄로 기소된 대기업 회장에게 "어떤 방식으로 미국의 회사들이 범죄를 예방하고 이스라엘 기업들이 어떤 개혁으로 혁신을 추구했는지 배우라. 과거 피고인의 부친은 1993년 51세에 시대에 뒤떨어진 관행을 버리고 혁신을 통해 위기를 극복하겠다고 선언했는데, 피고인은 2019년 51세의 나이에 어떤 선언을 할 것인가?"라고 했다. 블룸

버그통신은 그 모습을 "당사자가 판사의 '강의(lecture)'를 '견뎠다(endure)'."라고 평했다.

어떤 논자는 해당 판사의 언설이 '회복적 사법'을 실제의 재판과 접목하려는 노력이라면서 긍정적으로 보기도 한다. 그러나 회복적 사법이란 가해자에 대한 처벌을 기본으로 삼는 사법 체계에 대한 반성의 바탕 위에서 피해자의 고통에 주목하자는 것이다. 여기에서는 가해자와 함께 범죄에 이해관계가 있는 피해자도 문제 해결의 주체로 절차에 참여하는 것, 그리하여 피해를 회복하고 가해자와 화해와 용서를 이루어 관계성을 회복하는 것이 주된 목표다. 하지만 기업 경영에 대한 강의는 회복적 사법의 개념과 거리가 멀다. 담당 판사 자신이 "이 말이 재판 진행이나 결과와는 무관함을 분명히 한다."라고 했다니 그 사건 절차에 피해자가 등장할 여지도 없을 것이다.

재판하던 사람들 중 최고의 직위에 있던 사람들이 이제는 법대 아래에서 재판을 받고 있는 초유의 사태가 진행 중이다. 세상사란 항상 돌고 도는 법이다. 아무도 자기 자신의 도덕성을 확신할 수 없다. 회의(懷疑)할 줄 아는 사법 철학의 정립은 판사의 영원한 과제다. 혹시 이렇게 물을지 모르겠다. 훈계든 의견 표명이든 정작 사건 당사자는 내내 겸손하게 "네"라고 대답하며 고개를 끄덕이는 자세를 보였는데 무엇이 문제인가고. 답은 이렇다. 형사 법정에 선 당사자는 판사 얼굴만 봐도 두려워 숨이 막힌다. 무슨 설명이 더 필요한가.

# 변호사의 딜레마

연전에 본 어느 텔레비전 프로그램에서는 이런 재미있는 장면이 나왔다. 가짜 경찰관이 수갑을 채운 가짜 범인을 만들어 길가에 나서서, 지나가는 시민에게 이렇게 말하며 수갑 열쇠와 함께 그 범인을 맡긴다. "이 범인은 도둑놈입니다, 급한 일이 있어 잠시 다녀와야 하니, 도망가지 못하도록 붙들고 있어 주십시오." 부탁을 받은 시민의 모습을 몰래 촬영했다.

내가 놀란 것은 중년의 어떤 신사가 한 행동이었다. 그는 범인이 제발 놓아 달라고 여러 차례 애원하자 그때마다 거절하더니 결국 수갑의 한 쪽을 푸는 것이었다. '어, 놓아주네' 싶었던 순간 그 신사는 풀어놓은 수갑 한 쪽에 자기 손을 밀어 넣고는 다시 수갑을 채워버리는 것이 아닌가. 두 사람이 백주 대로에서 한 손씩 수갑을 나누어 찬 채 경찰관이 돌아오기를 기다리는 희한한 장면

이 화면에 비치는 순간, 전율이 왔다. 당시 나는 판사 노릇을 하고 있었지만 도저히 그 사람처럼 할 수 있을 것 같지가 않았다. 나라면 인정에 호소하는 청을 거절하면서 준법 의지를 다짐하며 아예 수갑 속에 내 손을 밀어 넣을 수 있을까. 과연 그 신사만큼 나는 법의 엄정함을 체화하고 있는가. 두려움도 호의도 없이, 사람을 외모로 보지 않으며 오직 법과 양심에 따라, 말하자면 목석같이 법을 지켜 갈 수 있는가.

다음엔 경찰관이 그 가짜 범인을 어떤 할머니에게 맡겼다. 범인 노릇을 한 청년이 할머니에게 애원한다. 할머니, 한 번만 놓아주세요. 다신 안 그럴게요. 흑흑, 저는요, 홀어머니가 너무 편찮으세요. 청년의 청을 몇 번이나 거절하던 할머니가 갑자기 들고 있던 가방으로 청년을 때리기 시작했다. "아이구, 이놈아, 네가 그런 형편이면 왜 도둑질을 해, 응? 이 나쁜 놈아." 수갑을 찬 청년이 가방을 피해 이리 뛰고 저리 뛰는 걸 할머니가 쫓아가며 계속 때리는 것이었다. 웃음을 참을 수 없으면서도 나는 다시 숙연해졌다. 나 같으면 저렇게 젊은이를 자식처럼 나무라며 매를 들 수 있을까. 아무런 이해관계 없이 오직 안타까운 마음만으로. 법과 양심만으로 재판하되 인간의 고통에 공감하고 연민을 잃지 않는 사람, 나는 그런 사람인가.

이젠 홀가분한 심정이 된 지 오래다. 법의 엄정함을 제3자의 위치에서 온몸으로 지켜야 하는 처지도 아니고, 애초부터 인간에 대한 연민으로 매를 들 정도의 인품도 아니다. 나는 변호사다. 변호사는 의뢰인의 이익을 최대한으로 지켜야 하고, 또 그러면 된다. 교과서의 설명에 따르면 변호사는 의뢰인 자신이 만약 법률가였다면 자기 이익을 위해 택했을 것으로 생각되는 행동의 경로를 의뢰인에게 가르쳐주어야 하는 것이다. 그런데 어디까지가 그 의무의 한계인가? 다시 말해서 의뢰인을 위한 변호사의 행위가 공익에 부딪히더라도 직업 윤리상 용인되는 범위는 어디까지인가?

변호사 윤리 중에는 '진실 의무'라는 것이 있다. 변호사윤리장전 제11조는 변호사가 의뢰인의 범죄 행위나 위법 행위에 협조하지 않으며 위증을 교사하거나 허위 증거를 제출하게 하는 행위를 하지 않는다고 되어 있고, 제36조는 재판 절차에서 의도적으로 허위 사실에 관한 주장을 하거나 허위 증거를 제출하지 않는다고 되어 있다. 더욱이 제35조는 변호사가 공정한 재판과 적법 절차를 실현하기 위하여 노력한다고 규정한다. 그런데 예를 들어 의뢰인이 말하는 사실 중 의뢰인에게 불리한 것이 있을 경우 변호사는 법정에서 이를 사실대로 밝혀야 하나, 아니면 밝히지 않아야 하나? 윤리 규칙만으로는 해결이 나지 않는다. 여러 견해가 있으나, 통설은 변호사가 적극적으로 거짓말을 하거나 허위 증거임을 알면서 그런 증거를 제출해서는 안 되지만 그렇다고 해서 판사가 묻지 않는 사실을 일부러 밝히거나 판사가 제출을 명하지 않은, 의뢰인에게 불리한 증거를 자진하여 제출할 의무까지는 없다는 것이다.

쌍방의 말이 같으면 재판을 할 이유부터 없지만, 그래도 재판이 거짓말 대회라는 우스갯소리는 가끔 웃어넘길 수 없는 현실을 반영한다. 이런 일이 있었다. 상대방 변호사가 증거 서류로 내 의뢰인 명의의 각서를 내는데, 두툼한 서류 뭉치 중간에 슬쩍 끼워 넣은 것인 데다가 하필 그날이 항소심 마지막 변론 기일이었다. 1심 재판에서 그런 게 나왔다면 진즉에 상대방에 유리하게 승부가 났을 텐데, 내 의뢰인이 소송 중 갑자기 사망한 다음에 열린 기일에서 느닷없이 튀어나온 것이어서 위조된 것임을 직감했다. 그런가 하면 이런 일도 있었다. 건설회사 사건을 맡아 처리하는데 회사가 어떤 사실을 입주자들이 보는 게시판에 공지했는지가 문제 되었다. 회의 중에 "그 게시문이 남아 있고, 게시한 걸 본 증인도 있습니까?"라고 물었더니, 회사 관계자가 한 대답은 "아, 그거 가져다 드릴게요. 증인도 한 사람 대고요."였다. "알아보겠습니다."라는 대답을 기대했던 나는 꺼림칙한 표정을 지을 수밖에 없었다. 이런 수상한 증거가 법정에 얼마나 난무할까. 그렇다고 당신 거짓말하는 거 아니냐고 추궁할 수는 없는 일이어서 "잘 모르는 사람 말고, 제대로 본 사람이어야 합니다."라고 이르는 정도로 끝냈지만 찜찜하기 짝이 없었다. 혹시 나는 의뢰인의 이익을 최대한도로 보호해야 한다는 변호사 윤리 뒤에 숨어서 진실을 가리는 것은 아닌가 하는 고민을 하지 않을 수 없었던 것이다.

진실 내지 공익과 의뢰인 이익 보호가 충돌하는 상황은 변호사의 비밀 유지 의무에서도 일어난다. 형사재판에서 의뢰인인 피고인이 자신의 무죄를 주장할 경우, 변호사는 설령 피고인의 유죄를 확신하더라도 무죄 변론을 하여야 한다는 원칙은 아무 의심 없이 받아들여지고 있다. 미국에서는 의뢰인으로부터 그가 어떤 살인죄의 진범이라는 비밀을 들은 변호사가 억울한 누명을 쓰고 옥살이를 하고 있는 수감자를 석방시키려고 진실을 밝힐 수 있는지 여부를 두고 여러 차례 논란이 일었다. 법률가들의 견해는 대체로 부정적이다. 심지어 의뢰인이 사망한 경우라도 의뢰인의 명예나 민사 책임 부담 가능성, 가족이나 친지에 대한 위해 가능성을 고려하여 변호사에게 비밀 유지 의무가 있다는 것이 1998년에 선고된 연방대법원 판결의 견해다.

내가 퇴직 후 법무법인 바른으로 갔다는 것을 알게 된 어떤 기업인 친구가 이런 충고를 했다. "법인 이름이 '바른'이라고? 이름 바꿔라. 변호사에게 사건을 맡기는 사람은 무슨 수로든 이기기를 바랄 뿐이야. 바르게 하는 걸 바라는 게 아니야." 의뢰인이 법에 어긋난 일을 할 경우 이를 지적하고 시정을 요구하는 것이 변호사의 의무라고는 하지만, 세태가 이러니 말이 그렇지 그게 결코 쉬운 일은 아니다. 이런 딜레마라니……. 의뢰인의 이익만을 옹호하기에는 우리가 살아가는 이 세상의 속악함이 때로 좀 지나쳐서 그렇다.

# 보수냐 진보냐 묻는
# 이들에게

　법원에서 근무하던 시절, 칠판에 "소신 없는 판사가 되자."라고 써놓은 일이 있었다. 방에 들어오는 사람마다 그걸 보고는 고개를 갸우뚱했다. 판사는 대쪽 같은 소신을 가져야 할 게 아닌가, 그런데 소신 없는 판사가 되자니 그게 웬 말이냐는 것이었다. 그러나 판사가 한번 소신이라는 똬리를 틀고 앉아 있으면 그것만큼 고약한 일이 없다. 소신이라는 명분으로 사건을 선입관이나 편견으로 보게 될 우려 때문이다. 예를 들어 근로자가 사용자를 상대로 하는 소송이나 납세자가 세무서를 상대로 하는 소송에서, 어느 일방이 늘상 잘못을 저지르거나 나쁘다는 식으로 인식하는 판사가 사건의 결론을 낸다면 끔찍하지 않겠는가.

　가끔 이런 질문을 받는다. "너는 보수냐, 진보냐?" 글쎄, 그런 단선적 질문에 단순한 답을 내놓기에는 내 머리가 좀 복잡하다.

아니다. 고쳐 말해서 이 시대의 현실이 지독하게 복잡하다. 우리 사회에서 누군가의 정치적 성향을 정의하는 일은 근본적으로 곤란하다. 우선 북쪽에 왕정의 변종에 가까운 사회주의 정권이 들어서 있다. 내가 보기에는 그들이야말로 보수적이고 때로 반동적이다. 하지만 보수와 진보, 우파와 좌파라는 말이 내포하는 복잡성과 상대성을 인정하지 않는 한, 누가 내 견해에 찬성하겠는가. 이런 분석은 어떨까. 정치학 원론의 풀이에 따라 박정희의 이념적 성향을 보면, 그는 우리 사회의 정치 경제적 구조에 변화가 있어야 한다고 생각하고 정부의 개입에 의한 급진적 개혁을 꾀했으니 진보적이라고 보아야 하지 않을까. 하지만 이 견해에 동조할 사람도 많지는 않을 듯싶다. 이렇게 보수와 진보, 좌파와 우파의 개념은 단순명료하지 않은 것이다.

내가 보수나 진보라는 낱말을 쓸 때, 그것은 당장의 편의를 고려한 것일 뿐이다. 특정 문제에 대해 어떤 사람의 견해나 행위가 진보적인지 보수적인지를 가르는 것은 필요할 수 있다. 하지만 누군가를 보수주의자나 진보주의자라고 규정짓는 것은 다른 문제다. 그것은 그를 어느 개념의 범주에 넣어버리는 것이다. 이렇게 자기나 타인을 한쪽으로 밀어 넣고, 거기에서 연역하여 자기의 말과 행동을 결정짓거나 남의 말과 행동을 평가한다면 과연 그게 옳을까. 더욱이 우리의 불행한 역사적 경험을 생각하면, 누군가를 좌파나 우파로 일컫는 일은 매우 조심스러울 수밖에 없다. 좌파란 말은 광복 직후 좌우익 대립을 연상시키고, 그에 이어지는 한국전쟁이라는 처절한 비극과 이에 대한 책임 문제를 떠올리게 한다. '빨갱이'는 물론이고 좌파라고만 불려도 벌써 안전치 않은 것이다. 반대로 엄혹한 군사 독재를 경험한 우리에게, 우파란 말은 사실 여부를 차치하고 독재에 부역하거나 동조한 세력이라는 이미지를 떠올리게 한다.

진영 논리란 바로 자신이든 남이든 누군가를 이런 분류 방식에 따라 규정짓는 태도다. 그 태도는 무지하다. 일본이 2019년에 한·일 경제 전쟁을 도발해 오기 전 대일청구권 문제에 관한 정부의 조치가 미숙했다는 견해에 동조하면 보수적이고 반대하면 진보적인가. 거꾸로 이 문제를 놓고 보수주의자라면 정부를 비난해야 하고 진보주의자라면 정부를 옹호해야 하는가. 대북 관계, 경제 정책, 노동 문제, 교육 정책 등의 모든 이슈에서 사람들은 자기의 고유한 입장과 이해관계에 따라 견해를 달리한다. 이것을 보수와 진보의 틀로만 이해하거나 결정지을 수는 없다.

그런데도 종북좌빨이니 강남좌파니 극우꼴통이니 하는 말을 동원하며, 그 말을 듣는 본인이 수긍하지 않을 분류법을 남에게 들씌우는 사람들의 의도는 무엇일까. 특히 강남좌파라는 말에서는, 흑인에 대한 차별에 반대하는 백인을 '니거 러버(직역하면 '깜둥이를 좋아하는 자'라는 뜻의 비칭)'라고 부르며 빈정대던 인종주의자들의 음험한 악성을 떠올리게 된다. 그런 유의 악성은 오늘날 상당수 인터넷 댓글의 무지막지한 파당성에도 나타난다. 한번은 보수를 자처하는 자들의 댓글이 북한 언론 매체의 말투를 닮아 있어 실소했던 일도 있다. 그렇게 양쪽의 댓글들은 상대 진영 흠집 내기와 욕설로 가득 차 있다. 진영 논리란 그런 것이다. 스스로의 정견과 양식을 부정한다. 그 근저에는 자기 자신도 주체하지 못할 증오심이 자리 잡고 있다.

어쩌면 정작 큰 문제는 다른 데 있을지도 모른다. 보수주의자 됨의 뜻도 모를 것 같은 자들이 보수적 견해라면서 무식한 이기주의를 드러내는 모습이 그렇다. 자기희생이나 공적 책임감 따위는 눈곱만큼도 찾아볼 수 없는 상스러움이 보수의 탈을 쓰고 있는 것이다. 삐뚤어진 냉소주의와 증오심에 빠져 있거나 싸가지 없고 부도덕한 자가 진보를 자처하는 모습도 한심하긴 매일반이다. 병역을 면한 이유가 아무리 보아도 수상쩍은 자가 보수라며 설치고, 여성의 성적 자기결정권을 우습게 아는 자가 진보라고 나서는 현실을 보라. 그들의 관심사는 오직 지지층의 결집이나 자기 진영의 이해관계다. 그리하여 허튼 말이 제멋대로 온 세상을 헤집고 다닌다.

세상엔 회색지대의 지성과 양심이 있음을 기억하라. 정치적 성향에서 연역적 사고를 버리자. 인간과 사회와 문명은 단순하지 않다. 생긴 대로 보라. 덧붙이건대, 어느 쪽이든 이념적 증오는 반지성적이다. 그리고 악이다. 증오는 개인과 사회를 모두 소진시킨다.

# 프로페셔널과 빌어먹기

나는 1953년에 태어났다. 내가 어릴 적에 본 거지들은 대개 전쟁고아였는데 모두 깡통을 들고 다녔다. 대부분 반찬통이 따로 있지 않아서 밥통이 늘 밥과 김치 국물로 벌겋게 범벅이 되어 있었다. 도대체 저걸 어떻게 먹을까. 어린 눈에도 보기 딱했다. 내가 거지가 아닌 것이 참으로 다행스러웠다.

사법시험 합격자 발표 날, 하숙집에 들어가니 하숙생들이 당사자도 없는 축하 술자리를 벌이고 있었다. 그중 가장 나이 많은 이는 평소 접대 술을 매일 마셔야 하는 것이 제일 괴롭다고 하던 터였다. 그가 경상도 억양으로 내게 말했다. "정 형은 이제 생전 더러운 꼴은 안 보고 살게 된 거라예."

판사 노릇 한 지 몇 해 되었을 때 부모님께 목돈 드릴 일이 있어 아내에게 돈 있느냐고 묻자, 난처한 표정과 함께 이런 대답이 돌아왔다. "당신 판사 해서 우리가 6년간 모은 돈이 200만 원이에요." 치과의사를 하는 고교 후배를 만난 자리에서 그 이야기를 했더니 그가 이렇게 타일렀다. "형, 그래도 우리는 야단맞고 사는 직업은 아니잖아요. 야단을 치기만 하면 된단 말입니다. 그거면 됐습니다." 소견이 멀쩡했지만, 어딘지 개운치 않았다. 살면서 더러운 꼴을 보지는 않았는데, 그래도 좀 억울했던 것이다.

판사 노릇 하는 내내 그것이 벌이라는 생각은 하지 않았다. 이건 소명이라고 생각했다. 그러면서 매일 밤늦도록 그리고 주말도 없이 일해야 하는 처지가 억울했고 그에 비해 월급이 적지 않은가 싶어서 또 억울했다. 그게 얼마나 아집에 사로잡힌 생각이었는지 안 것은 나이 들어서였다. 나는 억울해할 처지가 아니었다. 판사 자리도 벌이였고 판사가 받는 월급도 적지 않았다.

벌이란 고귀한 것이다. 실은 인간 활동의 핵심이다. 그런데 벌이 중에 다소 특이한 것이 있다. 일컬어 프로페셔널인데, 본래 서양이 밟아 온 역사의 산물이다. 신사가 할 공부는 신학, 철학, 법학, 의학 네 가지였고, 신사가 가질 직업은 성직자, 교수, 법률가, 의사 네 가지였다. 프로페셔널은 이를테면 이런 자리다. 공부 못하는 학생이 선생을 나무라거나 원망하지 않는다는 것, 다시 말해서 교육 서비스의 수요자가 되어 돈을 내는 학생이 그 공급자가 되어 돈을 받는 선생에게 외려 자기가 공부를 못해서 죄송하다고 하는 것, 이런 짜임새가 바로 프로페셔널의 특권이다. 성직자나 교수나 법률가나 의사는, 그 역무의 소비자에게서 야단을 맞지 않는다. 외려 신도나 학생이나 의뢰인이나 환자를 야단치는 일이 많다. 내게 밥을 먹여주는 사람들과 부딪히면서도 더러운 꼴 일랑 보지 않아도 되는 것이다. 이 구조가 아만을 키우는 것임을 안 것도 나이 들어서였다. 내 직업은 남과 다르다는 인식, 내가 하는 일은 고귀하다는 인식은 아만이다. 돌이켜 생각하면 그 잘 못된 인식에 사로잡혀 살아온 세월이었다. 오십 넘어 변호사 개업 을 하고 한참을 지나서야 그걸 깨달았다.

변호사가 상인인지 아닌지를 놓고서는 대법원 판례까지 나왔 을 정도로 논란이 있다. 그런데 내 보기에 변호사가 스스로 장사 치보다 낫다고 생각하는 것은 제 직업의 공익성을 생각해서라면 가상하지만 자칫 그런 인식은 아상을 키운다. 장사치보다 낫다면 그것은 변호사의 사회적 책무를 고려해서일 뿐이고, 벌어먹고 산 다는 점에서는 변호사가 더 나을 이유가 없는 것이다.

미국 연방대법원의 해리 블랙먼 대법관(1970~1994년 재임)은 변호사의 광고 금지를 깬 역사적 판결(베이츠 대 애리조나주변호사 협회 사건*)의 집필자로서, 변호사라는 직업의 특성상 광고를 해서 는 안 된다는 변호사 단체의 주장을 이렇게 반박했다. "오늘날 우 리는 누군가가 생계를 이어가는 방도로 팔뚝을 쓰든 머리를 쓰든 간에 그 이유로 그를 비하하지는 않는다. 변호사 노릇이 장사보

---

**베이츠 대 애리조나주변호사협회 사건**(Bates v. State Bar of Arizona) 미국에서 변호 사의 광고 금지의 위헌성을 두고 다툰 사건. 1976년 존 베이츠와 밴 오스틴은 일 간지 〈애리조나 리퍼블릭〉에 자신들의 법률 서비스와 비용을 광고했고, 이로 인 해 변호사의 광고 금지를 정한 애리조나주변호사협회로부터 징계를 받았다. 그 들은 징계에 불복하여 소송을 제기했고, 1977년 연방대법원은 5 대 4로 변호사 의 광고 금지가 위헌이라고 판결했다.

다 윗길이라고 믿는 것은 시대착오적이다."

실은 밥을 비는 것, 그것이야말로 사람이 살아가는 방식이다. 부처님도 밥을 빌었다. 일하기 싫어서였을까. 중국의 선사들은 일하지 않으면 먹지 말라고 일렀지만, 부처님이 그런 이치를 모르진 않았을 것이다. 밥을 빌어먹는다는 것, 그 찜찜한 기분, 어쩔 수 없이 모욕적인 상황 속에서 부처님은 자기 자신이나 비구라는 이름의 수행자들에게 아상을 버리도록 매일 일깨운 것이었으리라. 이것이 바른 자세다. 나 잘나서 잘먹고 잘사는 것이 아니다. 실인즉 프로페셔널은 얻어먹고 사는 것이다. 그가 사회의 상부 구조에 있다는 것이 그의 밥벌이가 고귀하다고 증명해주지는 않는다.

사람으로 생겨난 이는 모두 얻어먹고 산다. 밥 한술에도 인간이 이 세상에 나와 살기 시작한 이래의 모든 역사가 담겨 있다. 과학은 우리의 몸을 이루는 성분이 태양에서 왔다고 가르친다. 입에 들어가는 모든 것은 근본적으로 햇빛으로 이루어지는 광합성 작용에서 생겨난 것이며 광합성 작용이야말로 생명 유지의 기본적 메커니즘이다. 천지는 불인(不仁)이려니와 그 천지가 사람을 낳고 키우고 살리는 것이며, 그리하여 사람은 천지에서 그리고 서로에게서 모두 얻어먹고 산다. 사람으로 태어나 먹고사는 이는 그러므로 모두 고맙고 겸허한 마음으로 살 일이다.

밥을 빌어 살아가는 이 모든 인연에 감사하면서, 감사하지 못했던 아만의 날들에 나는 부끄럽다. 어려서 나는 거지가 아니어서 다행이었지만, 이제 나는 이나마 깨쳐 다행이다. 프로페셔널인 나, 얻어먹고 산다, 아니 빌어먹고 산다는 깨침이다.

2장

법을 채우는 상상력

# 법과 상상력

정치적 삶과 상상적 삶은 다르다. 아마 그 다름은 본질적이리라. 둘은 대략 벌이와 놀이, 현실과 꿈의 거리만큼 떨어져 있다. 상상은 일탈이다. 법률사무소의 작은 방에서 일상을 견딜 때, 일망무제(一望無際)의 저 벌판과 일월성신(日月星辰)의 저 하늘을 바라보지 않고는 정신이 무너지고 감각이 흩어진다. 어쩌면 독서도 상상력의 세계로 진입하는 행위일 것이다. 그것은 내가 처한 이 작은 우물을 벗어나 인간이 자연과 사회를 교접하는 바깥 세계로 눈을 돌리는 일이다. 시공을 넘고 내 몸뚱이에 대한 집착을 넘는 길이 여기에 있다.

법에서의 상상적 삶이란 개념 규정조차 어렵다. 미국의 로스쿨 중에는 '법과 상상력' 또는 '법과 문학'이라는 제목의 강의를 마련하는 곳이 있다. 예일대학교 로스쿨 교수였던 켄지 요시노는 이 분야에서 흔치 않은 저서인 《셰익스피어, 정의를 말하다》에서 법학자 로버트 커버의 말을 인용한다. "헌법의 모든 조문에는 대서사시가 담겨 있다. 조문 하나하나에 십계명을 갖고 내려온 모세 같은 사람들의 이야기가 숨어 있는 것이다." 요시노는 이런 연원을 알지 못하는 법률 해석은 불가능하다고 말한다. 멀리 볼 것도 없다. 대한민국 임시정부가 만든 헌법인 '임시헌장'은 제1조에서 "대한민국은 민주공화정으로 함."이라고 선언했는데, 그 제정에 담긴 서사를 모르고 이 조항을 제대로 해석할 수는 없다. 요시노는 위 책에서 《오셀로》의 하얀 손수건'과 'O. J. 심슨 사건*'의 검은 장갑'을 비교하면서 시각적 증거는 모든 유무죄의 증거를 압도하는 공통점을 지닌다고 분석하기도 했는데, 이들 증거가 유무죄 판단에 영향을 끼친 점이나 두 사건이 오판이거나 오판의 혐의를 받고 있는 점을 생각하면 이런 비교는 흥미롭기 짝이 없다.

셰익스피어의 희곡은 이 분야에서 단골 메뉴다. 미국의 극단 '셰익스피어 시어터 컴퍼니'는 매년 셰익스피어 희곡 중 법에 관련된 주제가 담긴 작품을 모의재판으로 구성하여 공연한다. 여기엔 검사, 개업 변호사, 로스쿨 학생들이 배우로 출연한다. 2020년에

---

**O. J. 심슨 사건**(The People of the State of California v. Orenthal James Simpson) 1994년 유명한 미식축구 선수였던 O. J. 심슨이 전처와 전처의 친구를 살해한 혐의로 기소된 사건. 다음 해 심슨은 형사재판에서 배심원의 무죄 평결을 받아 풀려났다. 당시 사건 현장에서 발견된 것으로 보이는 '검은 장갑' 한 짝에서 심슨, 전처, 친구의 DNA가 검출되고 나머지 한 짝이 심슨의 집에서 발견되었기에 장갑은 심슨의 혐의를 입증할 주요 증거였다. 그러나 재판 과정에서 실제로 심슨이 착용해 본 장갑은 심슨의 손에 비해 너무 작았고, 이는 심슨이 무죄로 풀려나는 데 결정적 역할을 했다.

타계한 미국 연방대법관 루스 베이더 긴즈버그(1993~2020년 재임)가 여러 차례 재판관으로 출연했고, 다른 미국 연방대법관들과 캐나다, 영국의 대법관들도 출연한 일이 있다. 모의재판에 등장하는 작품으로는 《리어왕》, 《햄릿》, 《로미오와 줄리엣》, 《오셀로》 등이 있고, 심지어 《돈키호테》, 《피터 팬》, 《엘렉트라》, 《리시스트라테》, 《민중의 적》 등도 올라 있다. 개념 법학의 눈으로 보면 신기하다.

그런데 사건이든 그 사건을 놓고 벌이는 재판이든 간에 그것을 문학적 상상력의 힘을 빌려 바라보는 것이 도대체 법과 무슨 관계가 있을까. 우리의 법률 실무가들은 우선 "법에서 상상력이라니, 괜찮을까?"라고 걱정부터 할 듯싶다. 과거에 일어난 사실의 정확한 재구성과 법률의 적정한 해석이 필요하다는 법률 실무에서 상상력을 동원한다면 위험하지 않겠느냐는 거다.

다시 셰익스피어로 돌아와보면, 켄지 요시노는 희곡 《베니스의 상인》에서 재판관 포샤가 샤일록에게 바사니오의 살 1파운드를 떼어 가도록 허가하는 장면을 이렇게 해석한다. "힘없는 소수 민족에 불과한 고리대금업자가 베니스 공국 유지(有志)의 목숨을 좌지우지하게 된 것이다. 법이 권력을 이긴 의미심장한 순간이다. 하지만 한편으로는 법이 정의마저 이겨버린 순간이기도 하다." 법학도는 여기에서 과연 법과 권력과 정의의 관계는 무엇이고 어떠해야 하는지 생각하지 않을 수 없을 것이다. 이것은 단순히 그 사건에서 계약을 어찌 해석해야 하는가의 문제를 넘어선다. 상상력은 전복적 사고에 닿아 있다.

이런 질문을 해보자. 사회적 약자와 강자 사이에서 판관은 어떤 자세를 취할 것인가? 그런 원초적 강약 관계가 소송에 와서 가혹한 채권자와 무력한 채무자로 뒤바뀐 경우에는 어쩔 것인가? 공동체와 경제 활동에 필수적인 계약 행위의 엄중함이 희생되는 것은 어떻게 보아야 하나? '법적 사고(legal mind)'는 포샤가 '1파운드의 살'을 그 살을 떼어낼 때 흘릴 피와 분리해서 생각하는 것이라는 요시노의 설명을 놓고 보건대, 그 발상은 창조적인가 궤변인가? 오늘날의 소송 현실에서 법에 따라 누군가를 엄하게 처벌한다면서 교도소로 보내면 그가 사업주인 대기업이 국가 경제에 기여하는 바를 침해하므로 그럴 게 아니라 집행유예를 붙이는 것이 옳다는 주장이 나올 때, 그 논리는 포샤의 논리를 닮은 것일까 아니면 두 논리는 다른 차원의 문제일까?

상상력이란 무엇인가. 이것은 감각 앞에 현존하지 않거나 실재하는 것으로 생각되지 않는 것에 관해 심리적 이미지를 만들어내는 능력이다. 한편으로 상상력은 마음이 지닌 창조적 힘으로 현실을 바로잡는 능력이기도 하다. 사건을 문학적 상상력으로 보아 얻는 소득은 현실을 전복적으로 인식하면서 그 전복의 도구로 법적 상상력을 동원하는 데 있다. 상상력은 법률가의 인식 지평을 열어 타자성의 고정관념을 깨고 고통받는 이들에 대한 공감능력을 키운다. 시카고대학교 교수로서 로스쿨에서 고전 문학 작품을 놓고 토론하는 강의를 개설한 마사 누스바움은 그의 명저《시적 정의》에서 문학적 상상력이 어떻게 정의로운 공적 담론에서 필수

요소가 되는지를 밝힌다. 사회 현상에 문학적 상상력으로 접근하는 방식은 사회 불평등에 처한 사람들의 특수한 곤경과 거기에 따르는 무력함에 대한 공감과 감정이입에 긴밀하게 연결되어 있다는 것, 그러한 문학 작품을 통해 판관은 '분별 있는 관찰자'가 되어 사람마다 처하는 '입장의 비대칭성'을 고려하게 되며 여기에서 얻는 통찰력이 법적 판단에 반영된다는 것이다. 누스바움은 인종 차별, 특정 집단에 대한 억압, 범죄자나 동성애자 등에 대한 편견, 성희롱 등이 문제 된 사건에서 상상력이 발휘하는 기능을 세세히 분석한다.

실제로 법학의 역사에서도 상상력은 문밖의 존재가 아니었다. 독일의 법학자 귄터 하우프트가 제창한 '사실적 계약 관계' 이론\*은 전통적인 계약 법리만 금과옥조로 알았다면 그야말로 상상도 못했을 것이다. 사실적 계약 관계를 들먹일 것도 없다. 법은 본질적으로 언어라는 자의적 기호 체계인데, 실은 인간의 언어 자체가 상상력에서 나온 것이다. 그뿐인가. 근대적 소유권 개념은 로마법의 소유권에서 연유한 것이려니와 소유권의 본질적 성격이라는 절대성, 영원성 등도 상상력의 소산이다. 사법부가 입법부의 법률을 헌법에 합치하지 않을 경우 무효로 선언할 수 있다는 사법 심사론은 미국의 제4대 연방대법원장 존 마셜의 '마버리 판결'에서 나온 것이다. 마셜의 뛰어난 법적 상상력이 없었다면 이 이론은 태어나지 못했을 것이다. 또한 통치 구조에서 사법권 독립의

---

**사실적 계약 관계 이론** 집단적 거래 관계에서 전형적인 행태로 일정한 행위가 있을 때 당사자 사이의 의사표시에 관계없이 계약의 성립을 인정하는 것.

원리, 심신장애인을 비장애인과 동일하게 처벌할 수는 없다는 원칙, 회복적 사법의 이념, 소송이 2인의 대립 당사자를 기본 구도로 함을 넘어 다중 당사자 사이에서도 가능한가라는 논의, 개별 사건의 이해관계를 넘어 공익적 관점에서 소의 이익*을 인정할 수 있는가라는 논의 등도 근본적으로는 상상력을 바탕으로 하고 있다. 그리고 이런 점에서는 법률을 제정하는 입법부야말로 법적 상상력이 가장 필요한 곳이다.

그런데 우리 법조는 혹시 개념 법학의 도그마에 갇혀 생생한 사실을 굳어진 법리 속에 구겨 넣으려고 용을 쓰는 것은 아닐까. 강을 건너려고 배가 있는 것이지, 배가 있으려고 강을 건너는 것이 아닌데도 말이다. 정의를 찾는 일은 화석이 된(실은 그렇게 믿을 뿐인) 사실을 캐어 법률과 판례라는 틀에 맞추기만 하면 되는 작업이 아니다. 현실은 역동체고 논리는 도구다. 누스바움은 문학적 상상력이 훌륭한 심판을 위한 충분조건이 아님을 인정한다. 전문적 법률 지식, 법의 역사와 판례에 대한 이해, 적합한 법적 공평성에 대한 세심한 주의 등 비문학적 장치들이 물론 필요하다는 것이다. 그러나 그의 말대로 "충분히 이성적이기 위해 판관들은 공감에 또한 능해야 한다."

---

**소의 이익** 소송 제도를 이용하여 판결을 구할 만한 정당한 이익 또는 필요성. 소의 이익이 없으면 소를 각하한다.

# 법관은 재판을 할 때
# 재판을 받는다

오래전 어느 일간지에 '이틀 전 일을 당신은 얼마나 기억하시나요'라는 제목의 칼럼이 실렸다. 기억력 약화를 늦추는 방법으로 일본의 어느 학자가 제안한 '이틀 전 일을 기억해 일기 쓰기'를 해보려니까, 이틀 전 점심을 같이 먹은 동료가 누구인지 도무지 기억할 수 없었다는 내용이었다. 그런데 재판을 받다 보면 수년 전의 일을 기억하지 못한다고 판사가 당사자나 증인을 야단치거나 의심스럽다는 투로 힐난하는 일을 종종 보게 된다. 당신의 서명이 있는데, 도장이 찍혀 있는데 왜 그때 일을 기억하지 못하느냐는 것이다. 그런데 나도 이런 경험이 있다. 증거로 나온 판결문을 읽으면서 무슨 판결문을 이렇게 썼을까 하며 혀를 차다가 끄트머리에 있는 재판장 서명란에 내 이름이 적혀 있는 것을 보고 기겁한 일이다.

내가 말하는 법정에서의 상상력이란 이렇다. 판사가 자리를 바꾸어 법대 아래에서 사건을 보는 것이다. 대법원 판결 중 읽으면서 통쾌했던 문장으로 이런 게 있다. "이렇게 법은 멀고 주먹은 가까운 상태하에서, 피고인에게 유죄를 인정할 것이 아니라 형법 21조 소정의 정당방위나 동법 20조의 정당행위에 관한 법을 적용하여 피고인에게 무죄를 선고하여야 하고 그러기 위하여 위와 같은 조문이 있음을 명심하여야 할 것이다." 폭행사건에서 유죄를 인정한 원심 판결을 가볍게 꾸짖는 문장이었다. 내가 당사자라고 가정하여 그 자리에 서보기, 이것이 법관이 지녀야 할 상상력의 요령이다. 세상 사람들이 살아가는 그 눈물겨운 이야기를 내 이야기로 환치하고, 그러고 나서 비로소 어떤 행위를 평가하라는 것이다. 소설가 이청준의 표현대로라면 낮은 데로 임해보는 것쯤 될 것이다.

어떤 사람이 놓인 처지나 상황에 대한 이해심을 판사가 지닐 수는 없는 것일까. 요즘엔 성 인지 감수성을 강조하는 대법원 판례가 나왔기에 이런 일이 있을 것 같지는 않지만, 과거에 어떤 여직원이 상사의 강권에 못 이겨 저녁 식사를 같이 하고 노래방에 같이 가고 급기야는 여관에 같이 들어가게 되었는데, 왜 상사의 의심스러운 행동을 보고서도 그 자리에서 도망가지 않았느냐, 여관 종업원에게 도움을 청하지 않았느냐 등등의 질문으로 피해자를 다그치는 재판장을 본 일이 있었다.

한편으로 판결에서는 늘 경험칙상 어떻다 하여 어떤 사실을 인정하거나 반대로 부정하는 것도 본다. 하지만 세상사에 대한 경험칙이라는 것이 과연 사실 인정에 얼마나 올바른 조력을 하는지 한번쯤 다시 생각해보아야 할 필요도 있다. 변호사가 되어 사건을 살펴보면, 일이 경험칙대로 안 된 것이 분쟁이 되고 범죄가 되어 소송으로 번진 경우가 부지기수다. 그런데 저 판사는 왜 저리도 자기만의 좁은 경험을 들이대며 그것을 경험'칙(則)'이라고 하면서 당사자의 말은 들어보려고 하지 않는 것일까 싶어 답답한 때도 있다.

어느 대법관이 퇴임 기념 논문집을 받는 자리에서 이렇게 답사를 했다. "그 후로 저는, 재판 기록 이면에 맥박 치는 서민들의 꿈과 절망을 법관의 시각으로 재단하여서는 안 된다, 그 절실한 꿈과 절망을 함께하지는 못하더라도 적어도 이해하려고 노력하는 열정이 법조인의 기본이다라는 생각을 내려놓지 않았습니다." 재판 기록의 이면을 보려는 노력, 아마 그것은 상상력일 게다. 왜인가. 상상력이란 본질적으로 결핍의 산물이다. 현실은 동태(動態)다. 때로 답답하고 갈 데 없다. 그런데도 이미 완고해진 질서는 고개를 외로 꼬고 서서 모든 불협화음을 가로막는다. 그 벽을 뛰어넘으려는 의식 작용, 그것이 상상력이다. 법이라는 제도와 기록이라는 서물(書物)을 넘어 살아 들끓는 현실을 바로 보려면 상상력 말고 기댈 곳이 없다.

과거 사법연수원의 법관 연수 과정에는 변호사를 불러다가 '법대 아래에서 본 재판'이라는 특강을 듣는 시간이 있었다. 법대 위의 자기 모습이 어떤지 알려면 법대 아래에서 보는 시각의 도움을 받아야 한다. 즉 내가 재판을 받는 자리에 있었다면 어떻게 했을까, 나라면 그런 상황에서 어떻게 행동했을까, 그 상황에서 내가 얻게 되었을 이해와 인식은 어떤 것이었을까 생각해보는 것이다. 아집과 선입관은 닫힌 마음이고 상상력과 가장 거리가 멀다. 오만도, 빈정거림도, 달통한 듯한 태도 속의 무신경과 무관심과 무대응도 다르지 않다.

이스라엘의 대법원장을 지낸 아하론 바락은 이렇게 말했다. "법관은 재판을 할 때 재판을 받는 것이다(When we sit at trial, we stand on trial)." 이 말은 상상력의 소산이 아니라 사실 그대로다.

# 법 형식주의를 넘어서

우리나라 사람들은 종교 문제에서 다른 나라 사람들보다는 대체적으로 관대하다. 다행이다. 적어도 현대에 와서는 종교를 이유로 삼은 가혹한 탄압이나 종교 분쟁으로 수많은 사람들이 죽는 일은 없다. 구한말 기독교 선교사가 어느 무당에게 기독교 교리를 설명하자 무당이 "앞으로는 당신네 신령님도 다른 신령님과 함께 잘 모시겠다."라고 했다는 이야기가 있을 정도다.

그래서인지 대법원이 2018년에 '여호와의 증인' 신도의 병역 거부 문제와 관련하여 내린 판결이 있기는 하나, 헌법상 종교의 자유가 대법원 판례로 남은 사건은 드물다. 종교의 자유가 학내에서 문제 되어 대법원이 최초로 판결을 내린 예로는 1998년의 숭실대학교 사건이 있다. 숭실대학교는 기독교 재단이 설립한 사립대학인데 학칙으로 대학 예배의 6학기 참석을 졸업 요건으로 정하고 있었다. 어느 학생이 그 요건을 충족하지 못하여 학위를 받지 못하고 소송을 제기하자, 대법원은 문제의 학칙이 헌법상 종교의 자유에 반하는 것이 아니라고 보았다.

그러다가 2010년에 강의석 사건에 관한 대법원 판결이 나왔다. 강의석은 종립 학교인 대광고등학교 학생이었다. 학내에서 종교 행사와 종교 교육이 자신의 종교의 자유를 침해했다는 등의 이유로 학교 법인 대광학원과 서울특별시를 상대로 손해배상(위자료)을 청구했다. 그는 최종적으로 대광학원에 대한 청구에서는 승소하고, 서울특별시에 대한 청구에서는 패소했다. 대광학원에 대한 청구에서는 종교 교육에 관련된 판단에서 대법관 13인 중 3인이 반대 의견을 내고, 징계 처분에 관련된 판단에서 5인이 반대 의견을 냈다. 서울특별시에 대한 청구에서는 3인이 반대 의견을 냈는데, 이들은 대광학원에 대한 청구에서 다수 의견을 냈던 대법관들이다. 전원합의체 판결에서 다수 의견과 소수 의견의 구성이 이렇게 복잡한 예는 드물다.

강의석은 무슨 일을 하고 무슨 일을 당한 것인가. 특이하게도 이 사건에서는 다수 의견이 판단의 근거로 삼아 설시한 사실과 소수 의견이 설시한 사실이 다르다. 둘 다 원심 판결에서 인정된 사실이지만, 각각 다른 부분을 인용한 것이다. 종교 행사와 종교 교육 부분에 한해 각각의 인용 사실을 옮겨보면 이렇다.

먼저 대광학원에 대한 청구에서 다수 의견이 인용한 사실을 보자. 문장의 어미와 띄어쓰기를 고친 것 외에는 판문 그대로 옮긴다.

원고는 학교 강제 배정에 따라 피고 대광학원이 기독교 정신을 건학 이념으로 하여 설립·운영하는 대광고등학교에 입학했으나 평소 종교를 가지지 않았다. 대광고등학교에서는 수업이 있는 매일 아침에 담임 교사의 입회 아래 5분 정도 찬송과 기도 등을 실시하는 경건회 시간을 가졌고, 매주 수요일 정규 교과 시간에 강당 등에서 한 시간가량 찬송과 목사의 설교, 기도 등을 하는 수요 예배를 진행했는데 원고는 입학 이후부터 위 경건회 시간 및 수요 예배에 참석했다. 위 학교는 학생들에게 매년 3박 4일에 걸쳐 합숙하면서 각종 기도와 성경 읽기 등을 하는 생활관 교육을 받게 했고, 부활절에는 정규 교과 시간에 부활절 예배를 진행했으며 그로부터 3일간 정규 수업 시간 일부로 심령수양회라는 시간을 편성하여 설교 및 기도 등을 진행했다. 또한 매년 반별 성가 대회를 개최했고 추수감사절에도 정규 수업 대신 감사 예배를 진행했으며 성탄절에는 학생들을 교회에 출석하도록 했다. 원고는 2003년에 위 생활관 교육, 부활절 예배, 성가 대회, 추수감사절 예배에 참석했고 성탄절에는 교회로 출석했다. 대광고등학교는 위와 같은 종교 행사를 거행함에 있어 원고를 포함한 학생들에게 자율적 참여를 보장하지 않고 동의를 구하지도 않은 채 학생들이 경건회 시간에 참석하지 아니하면 지각으로 처리하고 주의를 주기도 했으며 수요 예배가 있을 때에는 교사들이 학급을 돌아다니며 참석하지 않는 학생이 있는지 확인하여 참석하지 않는 학생들에게는 청소를 시키는 등 불이익을 주고 성탄절에 교회에 출석했는지 여부를 확인하기도 했다. 원고는 2002년 1학기 말 학생회 부회장 선거에 출마하면서 '교회에 1년 이상 다녀야 한다.'는 학생회 회칙상의 자격 요건을 시정하여줄 것을 교목 교사에게 건의한 적이 있고, 2002년 말과 2004년 초경에는 교목 및 담임 교사에게 예배 참가에 대한 거부감을 표시했으나 교사들로부터 자중하고 학교 방침에 따르라는 취지의 답변을 들었을 뿐이고 학교의 정책에는 아무런 변화가 없었다. (중략) 대광고등학교는 주당 한 시간씩 정규 수업으로 종교 과목을 부과함에 있어 대체 과목을 편성하지 않았고, 그 수업 시간에 기독교 경전인 성경을 읽고 그에 관한 토론 등을 진행했으며 학생들에게 십계명이나 사도신경을 써 오도록 과제를 부과하기도 했다. 학생의 생활기록부에 그 종교 과목 이수에 대한 교사의 평가 의견을 기재하도록 했다.

다음은 소수 의견이 인용한 사실이다.

원고는 2002년 입학 당시 대광고등학교에서 이루어지는 기독교 교육과 함께 모든 교과 교육을 충실히 받겠다고 선서했고 학생회장으로 취임하면서도 학교의 교육 방침에 따르겠다는 내용의 서약을 했다. 원고는 2004년 6월경 교내 방송을 하기까지 2년이 넘는 상당한 기간 동안 몇 차례 종교 행사에 관한 불만을 나타내기는 했으나 곧 교사의 권유에 따라 기독교 의식이 포함된 각종 학교 행사에 적극적으로 참여했고 종교 과목 수업에 대하여는 아무런 이의 제기를 하지 않았으며 원고의 부모도 위 교내 방송 이전까지는 종교 교육에 대해 아무런 이의 제기를 하지 않았다. 원고와 같은 학년의 학생 한 명이 종교 행사를 거부하고 전학을 간 사례가 있었음에도 원고나 그의 부모는 전학을 요구한 일이 없었고 위 교내 방송 이후에는 학교 측에서 오히려 전학을 적극적으로 권유했는데도 이를 거부했다. 대광고등학교는 종교 과목에 대해 별도의 시험 평가를 실시하지 않았고, 따라서 이를 성적 등에 반영한 일이 없었다.

다수 의견과 소수 의견은 각각 인용한 사실을 근거로 삼아 법적 효과의 판단에 나섰다. 같은 사실을 놓고서도 판사가 어느 부분을 자기 판단의 근거로 삼는지에 따라 결론이 달라지는 것을 보여주는 아주 좋은 예다. 사법 과정론을 배우는 학생들의 교재로 쓰기에 딱 좋다. 한 가지 덧붙이자면, 사실심(1심과 항소심)에서는 최종적인 법률 판단의 근거로 삼기에 적당치 않은 사정은 아예 인정 사실에서 빼버리는 것이 보통이라는 점이다. 그러면서 그런 사실의 주장은 "～ 주장에 부합하는 증거는 믿기 어렵고 달리 이를 인정할 만한 증거가 없다"고 배척해버린다. 대법원은 원칙적으로 항소심에서 인정한 사실만을 바탕으로 삼아 법리 판단을 하는 것이므로, 사실심이 한번 이렇게 판시해버리면 그 사실에 기초한 법리 판단이 틀리지 않는 한 상고는 대개 기각되기 마련이다. 그런데 강의석 사건에서는 특이하고 고맙게도, 항소심 판결에서 원고에게 유리한 사실과 불리한 사실이 모두 설시되어 있었다. 1심에서는 강의석이 일부 승소하고 항소심에서는 전부 패소하여 두 법원의 결론이 달랐는데, 아마 항소심이 이를 의식하여 그렇게 한 것이 아닌가 싶다.

복잡한 법리 판단 소개는 그만두고, 대법원의 판결문 중 '공교육 체계에 편입된 종립 학교의 학교 법인이 가지는 종교 교육의 자유 및 운영의 자유의 한계'라는 점에 한정하여, 대법관들의 판단 내지 세계관이 서로 다른 부분을 발췌하여 인용해보겠다.

먼저 다수 의견을 보자.

대광고등학교가 실시한 종교 행사는 보편적인 교양으로서 종교 교육이 아니라 기독교라는 특정 종교의 교리를 기도와 설교, 찬송 등의 방법으로 전파하는 종파적인 행사라고 할 것임에도 위 학교는 이에 참석하지 아니하는 학생들에게 일정한 불이익을 줌으로써 참석을 거부하는 것이 사실상 불가능한 분위기를 조성하여 아무런 신앙을 갖지 아니한 원고가 그러한 행사에 대한 참가 여부를 자유로운 상태에서 결정할 수 없도록 했다고 보이므로, 이는 신앙을 가지지 아니한 원고의 기본권을 고려한 처사라고 보기 어렵다. 또한 대광고등학교가 원고에게 종교 행사의 내용과 방식에 대해 사전에 어떠한 설명을 하거나 동의를 받는 등의 조치를 취하지 않고 심지어는 수차례에 걸친 이의가 있었음에도 별다른 조치 없이 계속하여 기독교 교리에 입각한 여러 종류의 종교 행사를 오랜 기간 동안 빈번하게 반복하여 실시한 행위는 그러한 종교 행사가 학생의 올바른 심성 함양에 도움이 된다는 점을 고려하더라도 원고에 대한 관계에서는 종립 학교에서 허용되는 종교 행사의 한계를 넘은 것으로 보지 않을 수 없다. (중략) 오히려 원고가 수차례 종교 행사 등에 대해 부정적인 의견을 밝혀 왔던 점, 원고가 성년에 이르지 못한 고등학생으로 학교의 교육 방침에 대해 일일이 명시적인 반대 의사를 밝히는 것이 우리의 교육 현실에서 용이하지 아니할 것이라는 점 등을 고려하면, 이와 달리 볼 것이 아니다.

이어서 소수 의견을 보자.

또한 우리나라는 다양한 종교와 이를 믿는 사람들이 서로를 존중하며 살아가는 사회이고 우리나라 국민은 종교적 관용을 자랑스러운 전통으로 여기고 있다. (중략) 더욱이 종교가 없는 사람이나 다른 종교를 가진 사람이라고 하더라도 선교를 통하여 종교를 가지게 되거나 개종을 할 수도 있다. 이러한 종교 선택이나 개종은 한 번의 선교로 바로 이루어지는 것이 아니라, 지속적인 선교와 그에 따른 내면에서의 진지한 성찰과 반성 심지어는 내적 갈등을 통하여 그 특정 종교에서 말하는 신이나 피안의 세계 등에 대한 종교적 확신을 가질 때 비로소 이루어진다는 특성이 있다. 그러므로 종교 선택이나 개종을 위하여는 당연히 어느 정도의 기간 동안 내면적인 갈등이나 혼란이 생길 수 있고 오히려 그러한 갈등 등이 생기는 것이 일반적이다. 물론 종립 학교에서 종교 교육을 실시할 경우 생길 수 있는 이러한 갈등이나 혼란 등을 학생이 원하지 아니할 수도 있다. 그러나 무릇 인간이 종교적 정체성을 비롯한 자신의 정체성과 가치관을 정립하려면 이미 자신이 가진 것과는 다른 세계관·가치관·종교관 등과 부딪히며 숱한 내면적 갈등과 심적인 고민의 과정 등을 겪어야 하고, 이러한 과정 속에서 다양한 세계관·가치관·종교관에 대한 자신 나름의 검증과 비판의 기회를 가지게 되며, 이를 통하여 자신의 정체성을 형성하거나 더욱 공고하게 다지는 것이다. 특히 고등학생 시절은 아직 성년에 이르지 못한 학생들이 자신의 종교적 정체성을 탐색해 가는 중요한 성장기라는 점을 감안하면, 그 과정에서 어느 정도의 내면적인 갈등과 혼란 등을 겪는 것은 오히려 정신적으로 건강한 성인으로 성장하기 위해서 반드시 거쳐야 할 과정으로 볼 수도 있다. 따라서 종립 학교가 시행하는 종교 교육이 개인의 성장 과정에서 겪을 수도 있는 종교적 갈등이나 혼란 등을 야기했다거나 이에 대해 학생이 다소간 불만을 표시한 것만으로 섣불리 이를 한계를 벗어난 종교 교육으로 보아 제한할 것은 아니다.

대법원은 본래 서류 심사로 결론을 내는 곳이다. 변론 절차는 공개 법정에서 당사자 쌍방이 구술로 자기 주장과 입증을 하는 절차를 말하는데, 대법원에서는 변론 기일을 열지 않는 게 관례였다. 그러다가 2003년부터 공개 변론 기일을 열었다. 대법원의 설명으로는, 주로 사회 각층의 이해가 충돌하는 중요한 사건과 국민 생활에 중대한 영향을 미치는 사건에서 공개 변론을 실시한다고 되어 있다.

내가 공개 변론 기일에서 변론을 한 것은 강의석 사건의 상고심에서 상고인(강의석)측 소송대리인이 된 덕이었다. 2010년 1월의 일이다. 당시까지만 해도 1년에 한 건 정도만 공개 변론을 하던 때라, 변호사로서는 드문 기회를 얻은 셈이었다. 나는 대법관들의 질문 여부, 질문의 내용 등을 보면서 대광학원에 대한 청구에서 파기환송 의견에 가담할 대법관의 수 대 상고기각 의견에 가

담할 대법관의 수를 7 대 6이나 8 대 5로 예측했다. 앞서 말한 대로 대법관들 중 이 청구에서 다수 의견을 낸 이는 8인 또는 10인이었다.

우리나라 대법원 판결 중에는 적절하게 선례로 삼을 만한 것이 없었기 때문에, 상고 이유서에서 나는 미국 연방대법원의 판결 중 학내 종교의 자유에 관한 판례 둘을 인용했다. 하나는 1992년에 나온 '리 대 와이즈먼 사건' 판결이다. 공립 학교 졸업식에 유대교 성직자인 랍비가 축복 기도와 설교를 하기 위하여 초청되자 여기에 학생과 학부모가 반대하면서 이것이 헌법상 정교분리 원칙을 위반한 것이라고 주장한 사건이다. 연방대법원은 "학생의 졸업식 참석이 자발적이므로 학교 측의 종교적 강요가 없다."라는 학교 측 주장을 배척했다. 그 이유로 연방대법원은 "연구 결과에 의하면 사춘기 학생들은 또래 친구들로부터 동조화에 대한 압력을 쉽게 받으며 집단으로부터 일탈하여 혼자 행동하는 것에 대해 미묘한 심리적 압력을 느낄 수 있고, 이는 비록 미묘하고 간접적이지만 외부로 드러난 어떠한 강제만큼이나 현실적인 것이다."라고 판시했다. 이어서 학생들의 참여가 자발적이라고 한 학교 측의 항변을 배척하면서 판결문에 담은 말은 이렇다. "10대 학생이 졸업식에 참석하지 않을 선택권을 현실적으로 가진다고 말하는 것은, 극단적인 형식주의이다. 규칙으로 참석이 강요되지 않을 수는 있으나, 그렇다고 해서 학생이 '자발적'이라는 말의 진정한 의미에서 졸업 행사에 자유롭게 불참할 수 있다고 할 수는 없다."

다른 하나는 고등학교의 미식축구 경기에서 학생 대표가 경기 전에 기도를 하는 데 학생과 학부모가 반대하면서 이를 헌법상 정교분리 원칙을 위반한 것이라고 주장한 2000년의 '산타페 교육구 대 도우 사건'의 판결이다. 연방대법원은 학교 측의 "풋볼 경기 참석은 특별 활동이므로 여기에 강제성이 없다."라는 항변을 배척하면서 다음과 같이 판시했다. "참가하고 싶은 대다수의 학생들에게는 미식축구 경기에 참석하면서 개인적으로 기분 나쁜 종교 의식을 감수할지 아니면 아예 경기에 참석하지 않을지를 선택하기가 쉽지 않다. 그러므로 위와 같은 선택을 강요하는 것 자체가 정교분리 원칙을 규정한 헌법 조항에 위반된다."

우리나라에서처럼 교사와 학교 방침 내지 정책에 대한 순종과 준수가 미덕으로 되어 있을뿐더러 그것이 성적이나 인성 평가에 반영될 수 있는 교육 환경에서, 학생들의 자발성이란 것을 이유로 들어 종교적 강제의 존재를 부인하는 것은 피상적이고 형식적인 견해다. 강의석은 전교 1등을 놓치지 않은 학생이었으나, 그의 항의로 학교로부터 아예 시험에 응시하지 못하는 제재를 받아 그 시험에서는 졸지에 전교 꼴찌가 되었다.

최후 변론에서 나는 "자발적이라니, 뭐가 자발적입니까? 어른들이 아이에게 무슨 짓입니까? 학교가 학생에게 이렇게 해도 되는 것인지요?"라고 말하려다가 참았다. 변론이 감정적으로 흘러 부정적 인상을 줄까 싶은 우려에서였다. 리 대 와이즈먼 판결에서 집필자인 앤서니 케네디 대법관이 극단적인 형식주의를 설명하기 앞서 써놓은 짧은, 그러나 판결문을 읽어 가던 나를 전율케

한 문장은 이렇다. "법은 형식주의를 뛰어넘는다(Law reaches past formalism)." 대법관에게 가장 행복한 순간이 있다면 이런 명문이 활자화되어 세상에 나가는 것을 볼 때가 아닐까. 지구 저편의 어느 나라에서 누군가가 이런 글에 감동하는 것을 알았다면 그 판결의 집필자는 어떤 표정을 지을지 궁금하다. 대광학원에 대한 청구에서 다수 의견에 가담한 대법관들은 고등법원 판결의 형식주의를 뛰어넘었다. 사법에 대한 나의 믿음을 잃지 않게 해준 귀중한 경험이었다. 모든 사건에서 우리 법원이 이렇게 사건의 실체를 꿰뚫어 보는 혜안을 가지면 얼마나 좋을까.

# 사법 철학으로서
# 민주주의

　법관의 사법 철학이란 사건에서 법관이 판단을 내리는 데 바탕이 되는 사상이나 신념 체계를 말한다. 달리 말하면 법관이 법을 해석하는 방식이다. 영미에서는 사법 철학을 지칭할 때 정치 용어를 이용하여 보통 보수적이라거나 진보적이라는 표현을 사용하는데, 우리나라에서도 이제는 법관의 성향을 이렇게 나누는 데 익숙하다.

　근래에 들어 '사법의 정치화'나 '정치의 사법화'와 관련하여 법관의 정치 성향이 어떤지에 관심이 높아지고 있다. 여기엔 문재인 정부의 대법관과 헌법재판관에 대한 인사가 편향적이라는 비판도 등장해서 문제를 조금 복잡하게 만든다. 하급심 법관도 사회적 파장이 큰 사건을 맡게 되면 언론이 담당 판사의 성향을 분석하기도 한다. 예를 들어 우리법연구회 또는 국제인권법연구회 출신이라든지 민사판례연구회 출신이고 행정처 근무 경력이 있다는 것 따위를 들추어내는 것이다.

법관의 사법 철학은 정치 성향만을 구성 요소로 삼는 것이 아니다. 사법 적극주의(judicial activism), 사법 소극주의(judicial passivism)도 여기에 포함된다. 또 주로 헌법의 해석과 관련된 것으로 정치 문제(political question)를 둘러싼 사법 자제론(judicial self-restraint)이 있고, 여기에 원문주의(originalism), 엄격 해석주의(strict constructionism), 사법 미니멀리즘(judicial minimalism) 등도 등장한다.

법관의 사법 철학은 근본적으로 하나의 세계관이다. 즉 인간과 사회와 자연을 보는 관점의 체계이며 가치관이다. 법관의 세계관은 판결에 영향을 미칠까. 미친다면 그 정도는 얼마나 되는가. 헌법은 법관이 재판할 때 헌법과 법률과 양심에 따르라고 규정하는데, 그 세계관 중 어느 부분이 '양심'에 해당할까.

법관의 세계관이 사법 작용에 영향을 미친다면 나는 그것을 사법 철학이라고 부를 수 있다고 생각한다. 사법 철학은 그야말로 다양하다. 법관 공동체가 동일한 이념으로 이루어진 공동체라고 믿는다면 그것은 미신이다. 법관들의 사법 철학은 어느 부분에서는 비슷하지만 여러 영역에서 다르게 구현된다. 판사 경력이 있는 변호사들은 대부분, 법관이 지닌 사법 철학의 스펙트럼이 넓다는 것을 개업 후에 직접 보고 놀랐다고 토로한다.

법관은 어떤 사법 철학을 지녀야 할까. 가장 중요한 것은 민주주의에 대한 신념이다. 헌법은 "모든 권력은 국민으로부터 나온다."라고 선언한다. 이 단순한 언명의 뜻은 그야말로 깊고도 깊다. 달리 표현해보면 이렇다. 법관이 쥐고 있는 권력, 즉 사법권은 사법시험이나 변호사시험에서 나온 것도 아니고 사법연수원이나 로스쿨의 졸업 성적에서 나온 것도 아니다. 법원의 조직이나 법령에서 나온 것도 아니다. 사법권은 국민에게서 나온다. 이 원칙이 탁상의 이론이 아니라 법관 개개인의 신념으로 자리 잡고 더 나아가서 내면화되고 체화되어야 제대로 된 재판이 이루어진다고 나는 믿는다. 말로만 외치고 시험 답안지에 써서 좋은 점수를 얻는 것만으로는 어림도 없는 일이다. 입이나 머리가 아닌, 가슴과 몸에 확고하게 붙어야 한다는 말이다. 이 원칙이 체화되면 아마 법관은 가장 좋은 재판을 할 수 있을 것이다. 진부하게 들리겠지만 너무도 절실하여, 나는 정말이지 엎드려 빌고 싶다. 제발 재판이라는 것을, 국민을 위해서 해 달라고 말이다.

여기에서 내가 던지는 질문은 이렇다. 누가 법정의 주인인가? 가끔 법정에서는 고약한 당사자들을 만난다. 이를테면 진상 고객이다. 그런데 그 이악스럽고, 무식하고, 말 안 통하고, 억지 쓰고, 자기밖에 모르고, 얄밉고 때로 가증스러운 당사자들, 이들이 바로 법정의 주인이다.

다르게 말하자면, 이것은 우선순위의 문제이며 본말에 대한 인식의 문제다. 재판은 당사자를 위하여, 광의로는 국민을 위하여 하는 것이다. 국민이 주인이고 공무원은 공복이다. 국민이 세금을 내서 공복에게 월급을 주고, 국민이 나라를 세워 공복에게 자리를 주고 권위와 명예를 준다. 그러니까 국민이 먼저 있다. 대한국민이 대한민국을 만든 것이지, 대한민국이 대한국민을 만든 게 아니다. 비유하자면 환자의 병을 고치기 위하여 의사가 있는 것이지, 의사에게 일자리와 돈을 주기 위하여 환자가 있는 게 아니다. 나라는 국민을 행복하게 하려고 만든 것이지, 권력자가 권력을 누리고 공무원에게 일자리와 월급을 주려고 만든 게 아니다. 물론 나라는 당초에 권력자가 될 사람들이 나서서 세우는 것이지만, 기본적인 이념과 구조가 그렇다는 것이다. 법원도 마찬가지다. 법관에게 영예로운 자리와 월급을 주려고 만든 것이 아니라, 억울한 일이 생긴 당사자의 사건을 처리해 달라고 만든 것이 법원이다. 이 간단한 이치가 곳곳에서 망가지는 현장을 보고 있자면 참으로 슬프다.

교과서에 나오는 개념에 관한 이야기를 해보자. 먼저 주권자인 국민을 위해서 만든 원칙과 원리를 지켜주어야 한다. 예를 들어 헌법에 들어 있는 '무죄 추정 원칙'이 그렇다. 그런데 이런 광경은 어떤가. 어느 형사 단독판사가 하는 재판이었다. 재판을 시작하면서 점잖게 "피고인은 자기에게 불리한 진술을 거부할 권리가 있다."라고 고지한 것까지는 좋은데, 피고인이 공소사실과 다른 내용으로 변명하는 진술을 하자, 마치 검사가 신문하듯이 판사가 나서서 윽박지르며 질문을 했다. 진술을 거부하다가는 무슨 일을 당할지 모르게 만들어 피고인이 대답하지 않을 수 없게 몰아치는 것이다.

적법절차, 구술심리주의*, 공판중심주의*는 결국 당사자가 억울하지 않게 배려하려는 법적 장치다. 당사자가 바라는 바는 결론 바르게 내주고, 지든 이기든 간에 내가 하고 싶은 말 좀 제대로 들어주고, 법관이 보기에 필요하든 필요하지 않든 간에 내가 내고 싶은 증거는 모두 받아서 조사해 달라는 것이다. 이것이 법정의 민주주의다. 나는 현재 중재인으로 등록되어 가끔 중재심판(분쟁 당사자의 합의에 따라 분쟁에 관한 판단을 법원이 아닌 중재인에게 맡겨 분쟁을 해결하는 절차)을 맡는다. 언젠가 부동산 매매 계약의 해제가 적법한지 여부를 놓고 다투는 평범한 유형의 사건에서 집중적으로 쌍방의 변론을 들어보니 대략 두 시간이 소요되었다. 그쯤 되자 당사자가 더 할 말이 없는 듯했다. 당사자가 원하는 구술변론 시간은 아마 그 정도쯤 될 듯싶다. 미국의 어느 판사가 로스쿨 강의실에서 사법 과정론을 강의하면서 한 말 중에 이런 것이 있었다. "말하게 해줘라. 그게 적법절차다(Let them talk. That's due process)." 듣기 싫고 뻔한 이야기라도 자르지 말고 들어주어야 한다.

변호사를 하다 보면, 가처분이나 가압류 신청 사건에서 마치 본안이라도 심리하듯 자세한 소명 자료 또는 도저히 구하기 어려운 자료를 내라고 명하고 여기에 응하지 않으면 신청을 기각해버

---

**구술심리주의** 소송 절차에서 변론은 당사자가 말로 중요한 사실상 또는 법률상 사항에 대해 진술하고 법원이 당사자에게 말로 해당 사항을 확인하는 방식으로 하는 원칙. 서면심리주의에 반대되는 개념이다.
**공판중심주의** 법관이 공판 심리에 의해서만 유죄나 무죄의 심증을 형성해야 한다는 원칙. 법정에서 다루어진 사실과 증거 자료를 토대로 삼아 사건의 실체를 밝혀야 한다는 것이다.

리거나, 무슨 판결 같은 식의 결정문을 써서 신청을 기각하는 경우를 보게 된다. 가처분이나 가압류는 그야말로 임시적인 조치를 내리는 절차인데 그렇게 해야 할까. 시민단체가 사건에 관하여 뭐라고 언급하거나 상대방이 사회적으로 강자면(예를 들면 언론사나 대기업) 당사자들의 걱정이 커진다. 법원이 눈치 볼 것 아니냐는 것이다. 재판장이 언론 보도에 신경을 쓰는 타입이라는 평이 돌면 (선고에 앞서 보도 자료 작성과 배포에 열을 올리는 법관의 경우에 그렇다) 당사자가 긴장하기도 한다. 사건의 실체보다는 여론을 보아 재판할지도 몰라서다. 법정이 공복인 법관의 것이 아니라 주인인 국민의 것이라는 의식이 있으면 이런 일은 일어나지 않을 것이다. 감정을 신청하여 채택되었는데 감정인 신문 기일을 추후에 지정한다고 해놓고 아무 말 없이 3개월이 지나갔기에 당사자에게 시달리다 못해 기일 지정 신청을 하자 그때로부터 다시 3개월 후로 기일을 지정하거나, 사건에 증거로 제출하려고 관련 사건의 증인 신문조서 등본을 신청해도 3~4개월씩 등본이 발급되지 않는 일도 법원의 주인이 누구인지를 법관이 제대로 알면 벌어지지 않았을 일이다.

사법 철학으로서 민주주의를 받아들이는 데 법관이 새겨야 할 것은 사법권이 설득하고 신뢰받아야 하는 권력이라는 인식이다. 법관은 자기에게 권력이 있다는 의식이 없는 듯하다. 과거에 내 자신이 그랬다. 기본적으로 사법권은 사회에 구동력을 제공하는 것이 아니라 제동력을 제공하는 것이며, 역사적으로나 당대의 현실에서 사법권 자체가 정치권력에 의해 제어당하는 일이 자주 있었다. 따라서 법관은 마치 자신이 권력자가 아니라 권력자를 비판하는 위치에 서 있다고 인식하고, 더 나아가서 권력이라고 할 만한 힘이 자신에게 없다고 생각할 수도 있다. 그러나 분명히 법관에겐 권력이 있다. 문제는 모든 권력이 그러하듯이 그 권력도 위임받은 것이며, 특이하게도 그 정당성의 기초는 설득력과 신뢰성에 있다는 것이다.

법관에게 내가 행사하는 권력이 위임받은 것이라는 의식이 없으면, 그것처럼 딱한 일은 없을 것이다. 유대인에게는 백성들이 나쁜 짓을 할 때 여호와 하느님이 이를 혼내는 방법으로 엉터리 법관을 내려준다는 말이 있다고 한다. 엉터리 법관만큼 백성들을 괴롭히기 좋은 방법이 없기 때문이라는 것이다.

법정에서의 재판과 관련해서, 구체적으로 이렇게 말해보겠다. 그러니까 당사자나 피고인이 뭘 요구하면 우선 해줄 생각을 해달라는 것이다. 법이 있으니 안 된다고 하지 말고, 법을 어떻게 보아서 해줄 수 있을 것인지 생각해보아야 한다. 그렇게 해서 사람들로부터 신뢰를 받아야 한다. 정 안 될 일이면 법을 모르는 소리라며 비웃지 말고 그 이유를 설명하여 사람들을 설득해야 한다. 법이 도구적인 개념을 넘어 그 자체로 물신적 지위에 군림할 때, 그때가 바로 정의가 무너지고 권력이 썩기 시작하는 순간이다.

사법 철학으로서 민주주의를 받아들이는 데 또 하나 필요한 것은 세상사에서 법이 가지는 위치에 대한 인식이다. 나는 법관들에게 겸허하고 균형 잡힌 시각을 가져 달라고 부탁하고 싶다. 우선 법이나 재판이나 소송이 세상사 중 가장 중요하다는 생각부터 버렸으면 한다. 사람들이 법을 두려워하고 어렵게 생각하고 법원을 존중하고 법관을 존경하는 것은 사실이다. 그런데 그렇다고 해서 법이 세상사에서 가장 중요하지는 않다. 기본적인 시각이 그렇게 잡혀 있으면 큰일이다. 한번은 법정에서 다른 사건의 진행을 구경하는데, 증인이 출석하지 않았다고 하자 재판장이 이런 말을 하는 것이었다. "증인이 안 나오다니……. 허허, 세상에 재판보다 더 중요한 일이 있습니까?" 있고말고다. 증인을 서주어야 할 재판보다 더 중요한 일은 아주 많다. 갑자기 거래처에서 오라면 가봐야 하고, 아픈 자녀를 병원에 데려가야 하고, 시골에 계신 부모님이 부르시면 가봐야 하고, 돈을 빌려 달라는 친구를 만나 빌려줄 돈이 없어 미안하다며 식사라도 한 끼 사주어야 한다. 더욱이 남의 재판은 본래 내가 낄 일이 아니다. 괜히 가서 판사나 변호사의 지청구나 듣고, 상대방 당사자의 원한이나 사고, 재수 없으면 위증이니 뭐니 해서 경찰서 등지로 관청 걸음을 해야 할지도 모른다. 왜 세상이 법과 법원을 위해 존재한다고 생각하는가. 그렇지 않다. 이를 인식하지 못하면 이상한 아만에 빠지게 된다.

나아가 모든 법이 꼭 필요해서 만들어놓은 것이라거나, 세상 사람 모두 철저히 법을 지켜야 한다거나, 법을 지키지 않으면 반드시 그로 인해 일이 잘못될 것이라거나, 법을 지키지 않은 사람이 꼭 사회악이라고 생각할 일도 아니다. 법이란 것도 사람이 하는 약속의 문제이며, 그 약속을 어떻게 지켜야 하고 어떻게 지키게 해야 하는가는 그 사회, 즉 그 법 공동체가 당대에 처한 상황에 따라 달라지는 것이다. 나는 과거에 미국의 로스쿨 강의에서 헌법학 교수가 이런 말을 하는 것을 들었다. "미국은 불법으로 세워진 나라다." 맞는 말이었다. 미국의 독립전쟁은 영국의 입장에서 불법이었다. 반체제 행위였고 반역이었을 게다. 우리의 3·1운동과 4·19혁명도 실정법상으로는 불법이었다. 하지만 불법이니 위법이니 하는 말도 하늘에서 떨어진 정언 명령은 아니다.

과거에 법원이 '봉사하는 사법, 신뢰받는 사법'을 모토로 내건 시절이 있었다. 그러나 민주주의가 법관들의 사법 철학으로 체화될 때 봉사와 신뢰는 사법의 당연한 모습일 뿐이다. 설령 봉사하고 신뢰를 받는다 하더라도 법관이 그 의식에서 법정에 선 당사자를 타자화(他者化)한다면 그는 법정 민주화의 대척점에 서 있는 것이다. 사법 철학으로서 민주주의는 태도의 차원을 넘는 인식론적 과제다.

# 법대 아래 타자들

잭 매키는 이름난 병원의 잘나가는 외과의사다. 행복한 가정과 고급 저택을 가지고 있다. 유능하지만 환자의 고통에 냉담했던 그가 어느 날 후두암에 걸렸다. 자기가 근무하는 병원에 입원했는데, 환자로 신분이 바뀌자 기막힌 일이 벌어졌다. 검사를 담당하는 의사는 불친절하고 일방통행이다. 방사선 치료 시간을 지키지 않아 간호사에게 따져보지만 여의치 않다. 무신경, 무성의, 무대응에 분노하지만 그의 말에 귀를 기울이는 병원 관계자는 없다. 환자의 말을 들어주지 않는 병원에, 환자의 말을 들어주지 않던 의사가 절망한다. 1991년에 나온 미국 영화 〈더 닥터〉의 줄거리다.

어떤 전문가는 그의 전문 지식을 구하는 소비자의 말에 둔감하다. 아예 외면하기도 한다. 이유인즉 직업적 판단에 방해가 된다는 것인데, 그중에서도 나쁜 태도는 냉소와 비웃음이다. 입원 전의 잭 매키는 환자에 대한 감정이입이 자연스럽지 않느냐는 레지던트의 질문에 이렇게 답한다. "외과의사가 남의 살을 찢는데 무슨 감정을 갖나?"

나는 팔자에 없는 국회의원 출마 예정자가 된 적이 있다. 판사 재직 중이었던 1995년 어느 일간 신문에 내가 집권 여당 소속으로 모 지역구에 출마하려 한다는 기사가 났다. 그 기사를 다른 신문들이 인용하면서 근 한 달 동안 후속 보도가 이어졌다. 영문을 모르겠는데, 지인들로부터는 전화가 빗발치듯 왔다. 신문사에 전화를 걸어서 어찌 된 일인지 물어보아도 취재원을 밝힐 수 없다는 답만 했다. 이런저런 경로를 통해 알아보니 해당 정당의 조직국에서 자료가 나왔다는 것이었다. 책임자인 의원에게 전화를 했다. 그런 자료를 흘린 일이 없다면서 그가 덧붙인 말은 "판사님, 참 이상하시네요. 남들은 그런 데 이름을 못 올려 안달인데, 왜 그걸 싫어하세요?"였다.

생각다 못해 변호사 사무실을 찾아갔다. 대기실의 장의자에 앉아 사람들 틈에 끼어 한 30분이나 앉아 있었을까, 기다려도 들어오라는 말이 없어 직원에게 물어보자 "기다리시라니까요."라는 퉁명스런 대답이 돌아왔다. 그건 그렇다 치고, 변호사가 제일 먼저 던진 질문은 "이거, 사건이 됩니까?"였다. 된다고 대답하자, 고개를 갸우뚱하던 변호사가 "판사가 된다면 되겠지……."라고 하더니, 그 정당 대표자의 대표권을 어찌 증명할 것인지 물었다.

정당은 법인이 아니라서 등기소에서는 증명서를 받을 수 없다기에 중앙선거관리위원회에 전화를 걸었다. 글쎄, 그런 증명서를 발급해본 일이 없으나 한번 신청서를 내보라는 것이었다. 소송이란게 이렇게 힘든 일인가. 다음 날 더 기막힌 일이 생겼다. 변호사가 전화를 걸어와, 요즘 이런 사건을 하다가는 바로 세무조사로 보복당할 수 있다고들 하니 내 사건을 맡을 수 없다는 것이었다. 판사가 되어서도 법적 구제를 받기가 이리 힘든데 보통 사람은 어떨까 싶었다. 이제 현직 판사가 변호사 없이 본인 소송을 진행하면서 법정에 서야 할 처지가 되었다. 다행히 며칠 후 문제의 정당에서 유감을 표명하고 앞으로 그런 일이 없을 것이라는 내용의 편지가 왔다.

의사, 성직자, 법률가, 교수 등의 전문직 종사자가 환자, 신자, 소송 당사자나 의뢰인, 학생을 상대하면서 그들과 공감하기는 쉽지 않다. 때로는 공감해줄 마음을 내지 않기도 한다. 전문직 종사자가 상대하는 이들은 자기의 고충을 호소하면서 때로 떼를 쓰고, 이기적인 태도를 보이고, 엉터리 주장을 펴기도 한다. 전문직 종사자의 직업 윤리는 이런 상황에서 어떤 마음가짐을 가져야 할지를 이르는 내용이 핵심이다. 학교나 교과서에서 이런 것을 가르치지 않는 것은 아니다. 그러나 왜 윤리칙이 중요한지를 내면화하지 못한 채 그저 그것을 답안에 옮겨 점수를 따고, 그 점수로 자리와 밥을 얻어 안온한 일상에 들어가고 심지어 높은 자리에 앉아 떵떵거리다 보니, 어느덧 바보가 되는 것이다. 물론 훌륭한 사람이 되라는 주문이 재미있을 리는 없다. 그러나 직업적 소명에 대한 자각이 중요한 것은 바로 이 지점이다.

　문제는 내면화다. 입장 바꿔 생각하기를 망각하면, 즉 역지사지라는 이름의 위대한 상상력을 잃으면, 그 순간 전문직 종사자는 본래의 책무를 저버리고 사회적 사명과는 다른 길을 걷게 된다. 전문직이 적어도 그 앞에 선 사람들에게 권력자라는 데 동의한다면, 모든 권력자에 대한 경구는 여기에서도 유효하다. 권력자에게 가장 필요한 덕목은 피지배자의 입장에 서볼 줄 아는 것이다.

　전직 판사인 어느 변호사가 사법 농단 사건의 피고인이 된 후 페이스북에 이런 말을 남겼다고 한다. 몸소 피의자, 피고인이 되고 나서야 적법절차, 무죄 추정의 원칙, 증거재판주의*, 피의사실 공표 처벌 등이 얼마나 소중한지를 뼈저리게 느끼게 되었다는 것이다. 무슨 말인지 알겠다. 그런데…… 왜 이제야 뼈가 저리는가. 뼈가 저리기 전에 마음가짐을 점검했어야 할 일 아닌가. 책 속에 두고 온 민주주의나, 법대 아래의 사람들을 그저 '타자(他者)'로만 알고 객체로만 취급하는 권력자를 보는 마음은 답답하기 짝이 없다. 높은 법대에 앉은 이들이여, 간절히 비노니 모든 권력은 국민으로부터 나온다는 헌법의 선언을 진실로, 진실로 가슴에 새겨보라. 그것이 바른 사법 철학이다. 시간이 없다. 어느 날 법대에서 내려오면 늦다.

---

**증거재판주의** 재판에서 사실의 인정은 증거에 의해서만 이루어져야 한다는 원칙.

# 실체적 진실과
# 절차적 정의

법관의 사법 철학은 형사 사법 절차에서 선명하게 드러난다. 같은 문제를 놓고서도 심급이나 재판부에 따라 판결 또는 결정이 전혀 다른 경우가 그렇다. 이것은 법관이 근본적으로 형사소송이라는 절차를 어떻게 인식하는가에 따른 차이라고 할 수 있다.

미국의 형사 사법을 담당한 법관들의 의식 모델을 연구한 사람은 여기에 크게 두 가지가 있다고 말한다. '범죄통제 모델(crime control model)'과 '적법절차 모델(due process model)'이다. 전자는 형사 사법의 기능 중에서 범죄인에 대한 처벌로 일반 시민을 범죄로부터 보호하는 데 중점을 두고, 후자는 그 과정인 수사와 재판에서 권력 남용을 막는 데 중점을 두는 것이다. 범죄통제 모델은 검사를 하다가 법관으로 임관한 사람들에게서 흔히 발견된다고 한다.

형사소송법에서 말하는 실체적 진실은 매력적인 개념이다. 그것은 절차와 증거로는 결코 찾아갈 수 없는, 그러나 반드시 찾아내야 할 어떤 진실이 저편에 있는 것 같은 느낌을 준다. 그래서 당사자의 절차적 권리를 무시하더라도 진실을 찾는 것이 올바른 사법 과정이라고 믿게 만든다. 양심적이고 능력 있는 법관에게서 이런 신념을 발견하는 일도 드물지 않다.

그런데 그런 식의 정의 실현은 두 가지 문제가 있다. 첫째, 나중에 알고 보니 그렇게 찾아낸 진실, 즉 절차를 무시하고 재구성된 사실이 진실이 아니라 허위였거나 착오였음이 발견되는 수가 있다는 것이다. 둘째, 재구성된 사실이 진실이기는 해도 그 과정에서 절차가 무시됨으로 인하여 시민이 알고 있는 정상적 삶의 방식이 침해된다는 것이다. 이것이 더 큰 문제다. 가장 악질적인 침해 행위 중 하나가 고문(拷問)이다. 그 아래로는 수사기관의 각종 위법한 증거 수집 행위가 있다. 실체적 진실에 대한 믿음이 주는 문제는 또 있다. 일단 무엇인가가 실체적 진실이라고 인정되면 그 이후의 모든 절차적 고려 사항은 생략되기도 하고 이에 대한 신청이 무시되기도 한다. 이미 진실이 밝혀진 이상 더는 진실 추구가 불필요하다는 게 이유다. 이런 법관은 자기의 심증에 박힌 실체적 진실과 다른 방향으로 당사자가 소송 행위를 하면 이를 시정하려 들거나 비난의 대상으로 삼을 뿐이고, 판결의 이유는 그 실체적 진실에 맞는 결론을 내리는 방향으로 구성한다.

실체적 진실 발견이 최고의 가치라는 믿음은 위험하다. 실체적 진실은 사실상 미신이다. 절차의 테두리 안에서 발견할 수 있는 사실만이 민주 사회의 법정이 찾아내는 진실이다. 절차적 정의 중 적법절차의 두 요소는 상대방에게 문제 사실을 고지하는 것과 변명의 기회를 부여하는 것이다. 이 두 장치가 작동하는 범위 내에서 나오는 결론 외에 따로 진실은 없다.

절차 자체의 위법은 그것이 어떤 임계점을 넘으면 실체에도 영향을 준다는 점을 인식해야 한다. 예를 들어 회의에서 제안과 토론(과 반대토론) 절차가 생략되거나 박탈되었을 경우 또는 선거에서 의견 발표 절차가 생략되었을 경우, 법정에 사건을 가져가 보면 담당 판사가 오로지 표수의 분포만을 생각해서인지 "어차피 득표수에서 질 것인데 그런 절차가 없었다고 해서 결의가 달라질 것은 아니지 않습니까?"라고 말할 때가 있다. 그렇지 않다. 절차적 정의는 과정이나 수단뿐만 아니라 실체에도 영향을 준다. 예를 들어 토론이 있었더라면 득표 결과가 바뀌었을 가능성이 있는 것이다. 더욱이 절차적 정의는 결과와는 별개로 그 자체로 의미 있는 정의다. 아무리 유죄를 인정할 만한 강력한 증거라도 위법하게 수집된 것이라면 배제한다는 원칙도 이런 인식을 반영한 것이다.

절차적 정의에 대한 신념은 야만과 거리가 멀다. 적어도 법정에서는 그렇다. 어떤 형사 법정에서 재판장이 이렇게 말한 것을 들은 적이 있다. "피고인은 이익 되는 진술을 할 수 있고 유리한 증거를 신청할 수 있다. 무슨 증거든 신청해도 좋고, 무슨 주장이든 해도 좋다. 다 심리하고 다 조사해준다. 그러나 만약 심리한 결과 거짓말이거나 필요 없는 증거라는 것이 밝혀지면 보통의 양형보다 훨씬 무거운 처벌을 받을 것을 각오해야 한다." 나에게는 그 말이, 1파운드의 살은 베어 가도 좋으나 1그램의 피도 흘리게 해서는 안 된다는 말처럼 들렸다. 그 법관은 재판이라는 일의 본질을 오해하고 있었던 것은 아닐까. 피고인이 거짓말을 했는지 아닌지를 판단하는 것은 물론 법관이다. 그런데 법관이 하는 재판이 항상 진실을 밝힐 수 있을까? 민사재판의 예를 들면 심지어 승소한 당사자마저도 법원이 판결에 인정한 사실을 다 옳다고 하지는 않는다. 다시 말하거니와 실체적 진실이라는 것은 그야말로 개념적인 도구다. 사실 인정의 기초는 사람의 기억인데, 행동 과학에서 잘 알려졌듯이 기억이란 본질적으로 선택적이다. 기억은 저장 과정에서 반드시 망각과 선택과 왜곡을 거친다. 증거에 의해서 재구성하는 사실은 결코 완벽하지 않다. 유명한 '보이지 않는 고릴라 실험'*에서 경험하는 바와 같이, 완전하게 인식했다고 생각해도 나중에 오류이거나 불완전했음이 밝혀진 경험을 해본 사람은 사람의 감각과 인식이라는 것이 얼마나 부정확한지 잘 안다.

법관은 아만을 버려야 한다. 인식의 여유라고 할까, 아니면 융통성이라고 할까, 아무튼 법관에게는 재판에 나온 사람의 답답

---

**보이지 않는 고릴라 실험** 1999년 미국의 심리학자 대니얼 사이먼스와 크리스토퍼 차브리스가 사람들의 '부주의맹(inattentional blindness)'을 밝힌 실험. 여기서 부주의맹이란 사람들이 자신이 주의를 기울이는 것만 정보로 처리하고 다른 것은 보지 못하는 현상을 가리키는 말이다. 사이먼스와 차브리스는 실험 참가자들에게 흰색 셔츠를 입은 세 명과 검은색 셔츠를 입은 세 명이 두 팀으로 나뉘어 동그랗게 모여 농구공을 서로에게 패스하는 영상을 보여주며, 흰색 셔츠를 입은 팀의 패스 횟수를 세라는 과제를 부여했다. 실험 중간에 고릴라 옷을 입은 사람이 등장해 고릴라처럼 가슴을 두드린 뒤 퇴장했는데, 실험 참가자의 50%가 고릴라가 등장한 것을 알아채지 못했다.

하고 억울한 느낌에 대한 공감이 있어야 한다. 그리고 배려와 연민이 있어야 한다. 원고든 피고든 피고인이든 가엽고 딱하게 여겨야 한다는 것이다. 저 사람이 오죽하면 저런 말을 할까, 도대체 저 사람이 답답해하는 점이 무엇일까, 저 사람이 저런 거짓말이라도 하지 않을 수 없는 처지란 무엇일까 생각해보는 것이다. 차병직 변호사는 스콧 피츠제럴드의 소설 《위대한 개츠비》를 번역했는데, 그 경위를 밝힌 글에는 우리나라의 번역자들이 그 소설의 맨 처음에 나오는 다음 문장을 어떻게 번역했는지에 관한 이야기가 다소 장황하게 소개되어 있다. "Whenever you feel like criticizing any one," he told me, "just remember that all the people in this world haven't had the advantages that you've had." 정현종, 김태우, 송무, 한애경, 김욱동, 이만식, 황성식, 김영하 이렇게 모두 여덟 명인데(사실은 이기선, 김석희 두 사람이 더 있다), 여기에 본인의 것까지 모두 아홉 가지 번역이 나온다. 차변호사는 이렇게 번역했다. "네가 누구든지 남을 비난하고 싶을 때는 언제나, 이 세상 사람들이 모두 너와 같은 유리한 처지에 있지 않다는 사실을 명심해야 한다." 내 개인적으로는 "누구를 비판하고 싶으면, 언제나 세상 사람들이 모두 너만큼 혜택을 받고 살아왔던 것은 아니라는 사실을 명심해라."라는 번역도 위 문장의 진의에 가깝다고 생각한다. 아무튼 법정에 오는 사람들이 이렇게 모두 고통에 차 있고, 거기에 오기까지 복잡하고 머리 아프고 억울하고 가슴 아픈 사연을 안고 있다는 점에 공감한다면, 그리고 판관으로서 이것을 헤아려주어야 한다는 점에 동감한다면, 여기에서 고려할 사항은 실체적 진실의 탐구에 앞서 우선 절차적 정의의 구현, 그중에서도 특히 진술 기회의 부여이어야 한다. 즉 그들이 하고 싶어 하는 말이 사실인가 아닌가, 또는 논리적으로 그 말에 동조할 수 있는가 아닌가를 따지기에 앞서, 우선 하고 싶은 말을 하게 해주는 것 자체의 의미가 크다는 말이다. 이렇게 생각한다면, 피고인이 잘못된 주장이나 입증을 했다는 것을 법관이 형의 가중 사유로 삼지는 않을 것이다.

좀 심하게 이야기하자면 이렇다. 피고인에게는 거짓말을 할 자유도 있는 것이다. 형법에 "피고인이 거짓말을 하면 처벌한다."라고 적지 않은 것이나, 형사소송법에서 "피고인이 거짓말을 하고 있거나 할 우려가 있으면 해당 사실이나 주장에 대한 심리를 하지 않을 수 있다."라고 적지 않은 것에는 그만한 이유가 있을 것이다. 이것을 이해하고 피고인이나 당사자에게 숨 쉴 공간을 배려해주는 것이 절차적 정의를 중요시하는 사법 철학이다.

# 편견과 예단의 위험성

　법관은 헌법과 법률과 양심에 따라야 한다는 것이 대원칙이지만, 그럼에도 불구하고 법관과 판결의 모습은 다양하다. 한 가지 강조하고 싶은 것은 사법 철학이 닫힌 세계관이어서는 안 된다는 점이다. 내가 옳다는 아집과 아만에 빠져 있을 때 사법 철학은 위험한 존재가 된다. 법관은 자기가 지닌 사법 철학이란 잣대 자체의 타당성을 끊임없이 검증해야 한다. 그러려면 우선 열려 있어야 한다. 사건을 볼 때 자기의 세계관을 일단 저편에 두고, 사건을 생긴 대로 보아야 한다.

　가장 경계해야 할 것은 편견이다. 편견은 개인적 성향 속에 숨어 있다가 의식적으로 또는 무의식적으로 판결에 반영된다. 문제는 이런 편견을 의도적으로 판결에 적용하는 법관이 분명히 존재한다는 사실이다. 말하자면 법문(法文) 뒤에 숨어서 또는 겉으로는 법문을 내걸면서 속으로는 어떤 목적을 품고 판결을 하는 경우다. 나는 법관들 중엔 사건을 맡았을 때 자기도 모르게 어느 한쪽으로 치우쳐 보는 사람이 있는 게 아닌가 하는 느낌을 받는다. 겉으로는 그런 말을 하지 않지만, 속으로는 이미 어떤 경향에 치우쳐서 사건을 보는 것이다.

나 혼자만의 억측이 아니다. 미국의 법현실주의* 법철학자이고 연방법원 판사를 역임한 제롬 프랭크는 판결은 법이 아니라 감정, 직관적 예감, 편견, 기질, 그 밖에 비이성적인 요소와 법외적 요소에 의해 결정된다고 보았다. 또 사건에서 법관은 이유를 찾기에 앞서 먼저 결론을 내리며 여기에는 정치적 · 경제적 · 개인적 편견이 작용한다고 했다. 우리나라의 일부 학자들은 판결에서 드러난 정치적 성향과 그 판결을 한 대법관이나 헌법재판관들의 임명권자인 대통령의 정치 철학 사이에 일정한 관련성이 있음을 통계적으로 밝혀내기도 한다. 굳이 법현실주의의 입장에 서지 않더라도, 특히 어떤 판결이 국가나 사회에 정치적 · 경제적 · 사회적으로 큰 파장을 가져올 경우에 법관의 사법 철학이 보수적인지 아니면 진보적인지가 영향을 미칠 수밖에 없다는 것은 사실이다.

그런데 여기에서 내가 문제 삼고자 하는 것은 사안의 시비곡직

---

**법현실주의**(Legal Realism) 1920년대와 1930년대 미국에서 형식주의 법학을 비판하면서 발전한 실증주의적 사조. 명확한 체계를 갖춘 법학이라기보다는 지적 운동 또는 지적 흐름이라 할 수 있다. 현실주의자들은 기존의 형식주의가 법적 개념과 논리의 순수성을 지나치게 강조함으로써 변화하는 사회를 기존 법리에 끼워 맞추게 하는 경향이 있다고 비판했으며, 판례에 대한 맹종에서 벗어나 현실적 관점을 키울 수 있는 교육의 재편을 강조했다.

(是非曲直)에 관련한 사실 인정이나 법령 적용에서 발생하는 의도적 굴절이다. 요즘 흔히 말하는 진영 논리에 가까운 것으로서, 사건을 생긴 대로 보지 않고 일단 자기의 프레임에 끼워 넣어 재단하는 태도다. 이것은 가장 악질적인 사법 작용이라고 할 수 있다. 이 점에 관한 한 법관의 사법 철학은 어떤 내용으로 채워져야 하는지가 문제가 아니다. 반대로 얼마나 비워져 있고 열려 있으며 편견 없이 서 있는지가 중요하다.

미국의 연방대법관 펠릭스 프랑크퍼터(1939~1962년 재임)는 전차 안에서 광고 방송을 틀어대는 행위의 위헌성을 문제로 삼은 1952년의 '퍼블릭 유틸리티즈 커미션 대 폴락 사건'을 회피하면서 그 이유를 자신이 너무도 그 방송 소리를 싫어하기 때문이라고 밝혔다. 그가 쓴 결정문의 일부는 이렇다.

법관은 냉정하게 사고해야 하고 사건의 모든 면에서 사적인 감정을 눌러야 한다. (중략) 법복은 그 안의 사람을 변하게 하지는 않는다는 견해도 있다. 그렇지 않다. 대체적으로 법관은 사법 기능을 수행하면서 개인적 견해를 제쳐 두는 것이 사실이다. (중략) 그러나 이성이 감정의 무의식적 영향을 통제하지 못하는 것도 사실이다. 그런 무의식적 감정이 최종 판단에 작용할 수 있다거나 그렇지 않다고 하더라도 남들이 보기에 그렇게 작용한다고 믿어도 틀리지 않을 만한 사유가 있을 때, 법관은 사건에서 회피한다. (중략) 회피에 있어 주된 고려 사항은 사법 작용이 실제로 무사(無私)하여야 할 뿐만 아니라 그렇게 보여야 한다는 것이다.

이런 예도 있다. 미국의 존 로버츠 연방대법원장은 본래 보수 성향의 대법관이었지만, 연방대법원의 보수화가 심해져서 낙태 허용에 관한 '로 대 웨이드 사건' 판결이 폐기될 위기에 처하자 선례를 유지하는 쪽에 섰다. 그는 자신의 결정이 낙태 자체에 대한 판단이 아니라 선례 구속의 원칙을 따른 것이라고 별개 의견을 냈다. 낙태의 제한적 허용은 이미 오랜 기간에 걸쳐 나라의 법으로 굳어져 있는데 이에 대해 다른 판단을 내릴 경우 법과 법원에 대한 신뢰가 깨진다는 것이었다. 판결의 형성 과정에서 마음을 비운 예라고 할 수 있다.

나는 과거 재판연구관 시절에 공동연구관실에 소속되어 조세조 팀장을 했는데, 이른바 국고주의자였다. '국고주의(國庫主義)'란 납세자의 권리와 국가의 징세권 중 후자에 무게를 두는 입장을 말한다. 고등법원 특별부(지금의 행정부)에서 조세 사건의 판결을 쓰다 보면, 재산 많은 사람들의 세금 떼먹기 작전이 뻔히 보이는 듯해서 참으로 얄미웠다. 어떻게 해서든 그들의 거짓말을 깨고 정당한 세금을 매기고 싶어서 안달을 냈다. 이런 마음이 재판연구관 시절에도 이어진 것이었다. 그 후 이회창 대법관(1981~1986, 1988~1993년 재임)이 사법연수원의 조세 세미나에서 강연을 했는데 마지막에 이런 말을 했다. "진실의 열매가 담장 안쪽에 보인다고 하여 그걸 따려고 담을 넘을 수는 없다." 사실인지 몰라도 누군가의 말로는 당시 조세조 전체가 국고주의에 경도되어 있다고 하여, 보다 못해 그 강연을 마련한 것이라고 했다. 그런데 나중에 변호사를 하면서 의뢰인과 상담을 해보니, 도저히 거짓말이라고 할 수 없는 이야기를 하는데, 내가 담당 판사였다면 틀림없이 그 이야기를 믿어주지 않고 거짓말로 치부하여 세금을 매기는 쪽에 섰으리라고 생각되는 사실 관계가 종종 나타났다. 그럴 때마다 과거에 고등법원이나 조세조에서 내린 결론이 과연 잘된 것이었을까 하는 두려움이 일었다.

법관의 편견은 사건의 곳곳에서 음험하게 작용한다. 채권자와 채무자, 기본권 보호와 공공복리 증진, 처분을 받은 당사자와 행정청, 검사와 변호사, 항의자와 질서 유지자, 근로자와 사용자, 소비자와 기업, 남성과 여성, 부자와 빈자, 피해자와 가해자 등의 사이에서 법관이 누군가 또는 무엇인가에 이미 경도되어 있는 것은 어쩔 수 없다. 그러나 그 경도된 의식을 바로 사건에 투영하는 법관의 편견이 작용하리라는 생각은 나를 우울하게 한다. 과거한 국회의원의 어느 잡지 인터뷰 기사에는 이런 말이 있었다. "제일 문제인 법관은 소신이 강하다는 법관입니다." 편견이 소신이라는 이름으로 똬리를 틀고 앉아서 미동도 않고 판결을 찍어내기 때문이라는 이유였다. 그런 이상한 소신을 가지고 판결이나 심리를 하는 법관들은 재직 시에도 보았고, 개업 후에도 보고 들었다. 채권 양도를 받아서 원고로 나온 자들은 모조리 패소시켜야 한다고 말한다든가, 독촉사건에서는 절대로 약정 이자를 인정하지 않고 모든 지연손해금 청구를 법정 이자의 이율로 줄여서 지급명령을 낸다든가, 자백하지 않는 피고인에게는 절대로 집행유예를 선고해주지 않는다든가, 재판 기일 변경은 어떤 이유로도 허용해주지 않는다든가, 증인은 사건마다 1인으로 제한한다든가, 모든 증인 신문은 10분을 넘지 못하도록 정한다든가, 아무튼 도저히 이해하기 어려운 재판을 하는 것이었다.

　사건마다 "항소심에서 왜 증거를 신청합니까?"라고 대놓고 말하는 재판장을 본 일도 있다. 그 말은 그 사건에서 특정 증거 신청이 정당하지 않다는 말이 아니라, 도대체 왜 항소심에서 자꾸 증거 조사를 하려드냐는 나무람이었다. 행정사건에서 피고(행정청)의 항소장 부본을 원고에게 송달하면서 여기에 1심 법원이 내린 집행정지 결정을 취소하는 결정문을 동시에 송달하여 원고를 놀라게 하는 법관도 있었다. 나중에 알고 보니 그 법관에게서 그런 일을 당한 변호사가 여럿 있었다. 항소심의 심급 구조가 '속심'이 아니라 '사후심'이어야 한다는 믿음이나* 공법 관계에서 공익을 지켜야 한다는 의식이 그렇게도 뼈에 사무쳤을까. 물론 어떤 유형의 사건을 되풀이 처리하다 보면, 법관이 보기에 일정한 유형이 있을 수도 있고, 그것이 통계적으로는 옳을 수 있다. 그러나 사건의 시비는 통계로 가릴 수 있는 것이 아니다. 난민 심사 신청 관련 사건에서 공익 변호사들이 겪는 문제 중 하나는 대부분의 담당 판사가 변론 기일을 하루만 주는 것이다. 심한 경우엔 그 변론 기일에서 결심하자마자 판결을 선고해버린다. 한번은 우리나라에서 전 세계의 법관, 변호사, 학자, 활동가 들을 모아놓고 난

---

\* '속심'은 원심의 심리를 토대로 삼아 새로운 사실과 증거에 대한 심리를 보충하여 원심 판결의 당부(當否)를 판단하는 것을 뜻하고, '사후심'은 원심 판결의 당부를 새로운 심리나 계속 심리 없이 원심에서 나타난 자료에 따라 사후에 심사하는 것을 뜻한다.

민 문제를 논하는 콘퍼런스에서, 기조연설을 한 법관이 회의 참가자의 난민 신청 절차 운용에 관련된 질의에 답변이랍시고 "입국해서 1년이나 2년씩 가만히 있던 사람들이 갑자기 뭔 난민 신청이라는 거요?"라고 말하기에 어이가 없었던 일도 있다. 이것이야말로 논리학에서 말하는 '성급한 일반화의 오류'다. 난민의 처지로 입국하는 사람도 있지만 입국하여 살다가 난민이 되는 일도 있다. 중동에서 온 외국인 중 기독교로 개종한 경우가 그렇다. 꼭 그런 경우가 아니더라도, 남의 어려운 처지에 대해서는 함부로 말할 일이 아니다. 난민 심사 신청이 남용된다는 인식이 머릿속에 박혀서 편견으로 자리 잡으면 사건마다 지닌 특수성을 아예 외면하게 된다.

사법 철학에서 편견에 못지않게 경계해야 할 것은 선입관이다. 선입관은 예단을 낳는다. 법관은 쉽게 예단해서는 안 된다. 고등법원의 어느 법정에 가면 재판장이 당사자들이나 대리인의 이야기를 몇 마디 듣는 체하다가 바로 이렇게 말한다. "그럼 결심하고, 선고는 몇 월 며칠에 합니다." 승소 판결을 받고 올라왔지만 내가 생각해도 판결 이유 중 우리 편에 약점이 있어 위태로워 보이는 사건에서, 상대방이 나름대로 쟁점에 관한 전략을 짜서 막 반격을 시작하려는 순간에 재판장이 종료 선언을 내리는 것이다. 도대체 무슨 생각으로 그러는지 알 수 없는 일이다.

법정은 약자든 강자든 원론적으로는 동등한 지위와 발언의 기회가 주어지는, 우리 사회에서는 희귀한 곳이다. 이런 곳이 '기울어진 운동장'이 되지 않으려면 법관이 공정한 자세를 취해야 한다. 공정한 자세는 형식적인 대등성을 부여하는 것만으로는 부족하다. 어느 쪽 목소리든 우선 열린 마음으로 경청해야 하고, 어떤 당사자도 주장과 입증에서 어려움을 겪을 수 있음을 이해하고 배려하는 마음이 있어야 한다.

법관은 족집게도사가 되어서는 안 된다. 사건의 예단은 위험한 것이다. 왜인가? 사건의 진실을 적어도 당사자는 안다. 물론 상호 간에 불완전한 기억이나 이해관계의 대립 등으로 인해 다소의 오해는 있겠지만, 기본적 사실은 쌍방 당사자가 다 알고 있다. 의사와 비교해보면 이렇다. 환자는 그저 증세만 알 뿐 병명을 알아내는 것은 의사다. 하지만 법률 분쟁에서는 법관이 사실을 가장 적게 안다. 그다음으로 변호사가 조금 더 알고, 당사자는 전부 안다. 그러니까 올바른 결론을 낸 판결에서는 당사자가 아는 사실관계가 판결 이유에 그대로 인정돼 있다. 당사자는 진실을 알고 있으므로 억울한지 아닌지도 자기 자신이 가장 잘 안다. 억울하다고 우기지만 사실은 억울하지 않다는 것도 잘 안다. 법을 모를 경우, 판결의 법리를 설명하면 당사자는 대체로 그런 줄로 알고 넘어간다. 그러나 판결에서 사실 관계를 잘못 인정하는 것은 변호사가 설명할 수 없고 당사자가 승복하지도 않는다.

이렇게 단순한 이치를 법관이 모르고, 그러면서도 다 아는 양 재고 있을 때, 그것을 바라보아야 하는 답답함은 이루 말할 수 없다. 이 점에서 법관이 겸손할 수는 없는 일일까. 예를 들어 형사사건의 기록 냄새만 맡아도 유죄인지 무죄인지 안다고 자랑하는 법관은 절대로 법원에서 훌륭하게 봉직한다고 할 수 없다. 법관은 셜록 홈스가 되어서는 안 된다. 또 부장판사 중에는 기록을 한번 보고 나면 아무리 주심판사가 아니라고 해도 절대로 자기 견해를 바꾸지 않는 사람도 있다. 한번 결심한 사건에서는 절대로 변론을 재개하지 않는 것을 자랑으로 아는 법관도 있다. 이런 것을 소신이라고 착각하면 안 된다. 그것은 오만이며 무지일 뿐이다.

법관이 나는 다 안다고 생각할 때 생기는 제일 큰 문제는 심리를 제대로 해주지 않는 것이다. 어떤 증거를 대려는데 받아주지 않는 것이 대표적이다. 왜? 다 아니까 필요 없다는 것이다. 나는 이게 제일 이상하다. 당사자가 바라는데 왜 법원이 증거 신청을 받지 않는다는 것인지, 근본적으로 이해가 되지 않는다. 증거 신청을 받아주지 않는 버릇을 제발 없앴으면 한다. 사법권의 근원인 국민이 증인을 불러다 물어 달라고 애원하고, 위탁받은 권력을 행사하는 법관이 마지못해 하는 양 증인을 채택하면서 시혜자연하는 모습은 실상 기이하다. 판결이 잘못되면 그 효과는 법관이 아니라 당사자에게 간다. 그러니 해줄 수 있으면 해주는 것이 옳다.

# 이런 판사에게
# 재판받고 싶다

좀 오래된 영화인 〈델마와 루이스〉에 이런 장면이 있다. 다소 억울한 경위로 경찰에 쫓기던 두 여성이 과속을 하여 순찰차의 경찰관에게서 정차 명령을 받는다. 델마가 "나치 같다"던 인상의 경찰관이 순찰차로 옮겨 탄 운전자 루이스에게 이것저것 날카롭게 질문을 던져 루이스가 안절부절못하는 순간이었다. 델마가, 에라 모르겠다, 느닷없이 순찰차로 다가오더니 경찰관에게 권총을 들이대며 공손한 어조로 말한다. "이래서 정말 죄송합니다. 그리고 사과하겠습니다. 그런데 이 차의 트렁크에 좀 들어가주시겠습니까?" 총마저 빼앗기고 울상이 된 경찰관이 나도 처자가 있는 몸인데 어쩌고저쩌고하며 큰 몸집을 트렁크에 밀어 넣느라 쩔쩔매는데, 이번엔 루이스가 끼어들며 사정조로 말한다. "저도 죄송합니다만, 벨트를 풀어 제게 주실 수 있겠습니까?" 경찰관이 탄창이 달린 벨트를 풀어주고 억지로 트렁크에 들어가서 쪼그려 눕자, 벨트를 받은 루이스가 트렁크를 사정없이 닫으며 이렇게 말한다. "고맙습니다." 그 두 사람이 부드러운 표정에 고운 말투를 쓴다고 하여 친절하다고 생각한 관객은 없을 것이다. 친절의 외양과 그 외양이 담고 있는 험악한 내용의 괴리에 웃음을 터뜨렸을 뿐이다.

판사의 법정 언행에 대해 가장 잘 아는 사람은 변호사라고 할 수 있다. 판사에 대한 평가는 변호사 업계에 소문으로 떠돌아다니며 광범위하게 유포되지만, 그 평가가 제도화되기도 한다. '법관 평가'는 서울지방변호사회가 2008년에 처음 시작했다. 권위주의적이고 편파적으로 진행되는 재판에 비판의 목소리가 높아지자, 사건 진행에 직접 참여한 변호사들이 법정에서 본 판사들의 자질 및 품위, 공정성, 사건 처리 태도 등을 17개의 항목으로 나누어 평가표를 작성한 다음 특별위원회가 이것을 점수화하여 상위법관, 하위법관, 우수법관, 문제법관으로 분류하고 그 결과를 법원에 전달하며 일부 자료는 언론에 제공한다. 대법원의 공식 입장은 이런 평가 결과를 인사 자료로 사용하지 않는다는 것이다. 이는 우리나라에만 있는 제도가 아니다. 평가의 주체(변호사회나 법원 또는 둘 다), 평가의 방법, 평가의 반영 여부 등 여러 면에서 다르지만, 일본·대만·미국·프랑스 등 외국에서도 비슷한 제도가 시행되고 있다. 요컨대 이 제도는 사법권에 대한 민주적 통제의 한 가지 방책이다. 평가에서 꼴찌 점수를 받은 판사가 임기가 지나(헌법상 판사의 임기는 10년이며, 임기가 지나면 재임명을 받아야 한다) 재임명되거나, 특정 변호사 단체 소속 변호사들이 담합하여 특정 판사를 후하게 평가한다는 따위의 확인되지 않은 소문도 있지만, 이 제도는 해를 지나며 운영 방식이 조금씩 달라지면서도 존속하고 있다.

사실을 말하면 이렇다. 좋은 판사와 나쁜 판사가 있고, 좋은 변호사와 나쁜 변호사가 있다. 좋은 판사가 나쁜 변호사를 나무라기도 하고, 나쁜 판사가 좋은 변호사를 나무라기도 하며, 그 반대도 있다. 물론 다른 조합도 가능하다. 요컨대 진실은 다면적이다. 법관 평가에서 가끔 느끼는 개운치 않은 뒷맛은, 아마 법관 평가의 의도 또는 기능이 그 다면성 중 하나나 둘 정도만 보여주는 것일 뿐이라는 데서 오는 불편함일 게다. 예를 들어 나쁜 변호사가 좋은 판사로부터 불리한 판결을 받자 악감정으로 내놓는 평가가 있다면, 그건 어찌 거를 것인가.

문제가 더욱 복잡한 것은 좋은 판사도 나쁠 때가 있고, 나쁜 판사도 좋을 때가 있다는 것이다. 물론 변호사도 다르지 않다. 나는 어떤 전직 판사가 쓴 법정의 사랑 어쩌고저쩌고하는 글을 읽고 나서 뒷맛이 씁쓸했던 기억이 있다. 실은 조금 놀라고 또 쓰렸다. 나는 그 글의 진정성을 의심하지 않는다. 그러나 그가 그런 글과는 거리가 먼 모습을 보이는 현장에 있었던 경험이 있다. 평가 이야기만 나오면 '좋은 법관'으로 자주 등장하는 어느 판사가 법정에서 증인을 신문하면서 보기에 몹시 딱한 실수를 저지르는 걸 보고 혀를 찼던 적도 있다.

법원조직법은 2014년에 개정되면서 판사의 근무 성적과 자질을 평정하는 기준 중 하나로 성실성, 청렴성과 함께 친절성을 든다. 그런데 친절이란 뭘까. 나는 법정이 신성하다거나 판사가 성직자와 같아야 한다는 따위의 주장에 동의하지 않는다. 법정은 근본적으로 다툼의 장이니 신성하기는 어렵다. 사건마다 이해관계를 놓고 이악스럽게 다투는 당사자를 앞에 두고 판사가 성직자 같이 행동하기를 기대하는 것도 부자연스럽다. 법정은 엄숙하면 되고, 판사는 엄정하면 그만이다. 그런데도 판사에게 친절함까지 바라는 이유는 당사자에게는 그 자리가 너무 높아 보여서다. 내 사건이 어찌 될까 조마조마한 중생들에게, 높은 법대 위에 가만히 앉아 있기만 해도 겁나는 분이 따뜻한 배려를 베풀어주길 바라는 것이다. 그런데 당사자가 바라는 배려는 당장 법정에 서 있는 자기 자신을 향한 것이라기보다는 그가 가지고 온 사건을 향한 것이다.

나는 처음부터 끝까지 얼굴에 웃음을 띠고 부드러운 목소리로 항소사건을 심리하면서 그날의 몇몇 사건에서 이런저런 이유를 대며 결국은 아무런 증거 신청도 채택해주지 않고 속행 신청마저 받아들이지 않은 채 심리를 종결하는 판사를 본 일이 있다. 그 법정에 나왔던 당사자와 대리인들의 표정은 한결같이 무거웠다. 옆에서 보고 있던 나 자신마저 뭔가 속는 듯한 느낌이 들었다. 반대의 경우도 있었다. 1심에서 입증을 제대로 하지 않아 패소한 의료과오 사건의 젊은 변호사를 항소심 재판장이 나무라면서 문제 된 부분을 하나씩 가르쳐주다시피 거론하며 일일이 입증을 촉구하는데, 그 태도가 결코 부드럽다고 할 수 없었다. 하지만 그 장면을 보는 나도 다른 방청객들도 모두 고개를 끄덕였다. 지청구를 듣는 변호사 역시 송구스럽다는 표정을 짓고 있었지만, 감사해하는 태도가 엿보였다. 의사라는 전문가를 상대로 소송을 수행해야 하는 당사자를 도와주려는 따뜻함과 정의에 대한 안타까운 열정이 보였기 때문이리라. 소문에 듣던 대로 그 판사는 아무 사심이 없어 보였다. 방글방글 웃으면서 하는 재판, 하지만 결국은 당사자의 신청이든 주장이든 아무것도 받아주지 않는 재판을 하는 냉혈한들과는 유가 달랐다는 것이다.

친절이 단순한 교언영색을 뜻한다면, 《논어》의 말씀대로 그런 친절에는 진정한 선함이 드물 것이다. 법정에서의 친절은 거기에서 한 걸음 더 나아가야 느껴지는 덕목이다. 판사도 실수할 수 있다는 것을 인정하면서 그걸 줄이기 위해 주장과 입증에 좀 더 다가서려고 노력하는 모습, 어려운 처지에 놓인 사람들에 대한 진심 어린 배려, 사법권도 여느 권력처럼 국민에게서 나온 것이라는 점을 탁상의 이론이 아닌 신념으로 새기는 자세, 법원의 편의와 판사의 권위를 위해 당사자와 사건이 존재하는 것이 아니라 반대로 당사자와 사건을 위해 법원과 판사가 복무한다는 자명한 원리의 실천……. 이런 것이 보일 때 사람들은 따뜻하다고 느끼며 그 판사가 진정으로 친절하다고 말할 것이다.

정의에 대한 열정, 그리고 인간이 겪는 고통에 대한 연민으로 판사가 친절한 모습을 보여야 한다고, 나는 믿는다. 그러니 판사가 법관 평가나 근무 평정을 두려워하거나 그것에 흔들릴 일은 아니다. 그렇다고 고개를 외로 꼬고 앉아 남의 평가 따위엔 무심한 척하거나 달통한 체하는 것도 썩 보기 좋은 모습은 물론 아닐 게다. 평가라는 것에 너무 주눅이 들지도 말고 반대로 평가를 우습게 여기지도 말고, 그저 사심 없이 재판하면 되는 것이다. 상 (相)을 짓지 말고 사건을 사건 생긴 대로 보면서 남의 말을 들을 줄 아는 열린 마음의 여유를 가진 판사, 그런 판사에게 재판을 받고 싶다.

# 판결은 소통이다

법관은 판결로만 말한다는 경구는, 일단 판결을 선고하면 구구한 설명을 보태지 않는다는 뜻일 것이다. 그러나 더 진중한 함의를 찾는다면, 판결이 판결로서 자족성이 있어야 한다는 말도 된다. 즉, 판결의 결론과 이유가 설득력이 있어야 한다는 것이다.

법관들은 혹 동의하지 않을지 몰라도 판결은 소통이다. 사건의 당사자가 목마르게 바라는 것은 자기에게 유리한 결론이지만, 결론에 못지않게 당사자는 소통을 바란다. 내 말 좀 들어보라는 것, 그리고 내 말을 알아들었는지 아닌지 보여 달라는 것, 내 말이 틀렸다면 왜 그런지 알아듣게 말해 달라는 것, 이것이 당사자의 바람이다.

판결은 국민에 대한 권력 행사다. 권력 행사 방식이 문자로 이루어지는 점은 판결이 지닌 희귀한 특성이다. 입법부의 입법 행위인 법률도, 행정부의 행정 행위인 처분도 국민에게 내밀며 일일이 자세한 이유를 다는 경우는 드물다. 하지만 사법부에서 나오는 판결에는 어김없이 이유가 붙는데, 그 까닭은 소통을 의도하기 때문이다. 법원의 판결에 사람들이 복종하기보다 승복하기 위해서는, 판결이 소통의 결과여야 하며 동시에 소통의 도구여야 하는 것이다. 그런데 오늘 우리가 받는 판결들은 소통하고 있는가?

나는 판결을 미문으로 써야 한다는 주장에 동의하지 않는다. 판결은 논문이다. 논문이 꼭 미문이어야 할 이유는 없다. 신문기사가 왜 미문이 아닌가고 묻는 사람이 있는가? 판결도 다르지 않다. 나는 미문의 판결을 알지 못한다. 판결문 문체의 획일성도 어쩔 수 없다고 생각한다. 그것이 법관의 자유로운 개성과 창의성을 막는다고 한탄하기에는 법관의 업무량이 살인적으로 많고, 법관의 법리 판단과 양형이 통일되어야 할 필요가 너무도 절박하다. 판결은 '육하원칙으로 추측할 수 없는 진실' 같은 것을 추구하지 않는다.

그러나 판결은 승복할 만한 이유를 담아야 한다. 승복할 수 없는 절차를 거쳐 승복할 수 없는 판결을 받은 당사자에게, 달은 보지 않고 왜 손가락만 보느냐고 나무랄 수는 없다. 손가락이 다른 방향을 가리키면 달이 보이겠는가. 결론이 어떻게 나는가와 상관없이 판결이 반드시 소통의 결과여야 하고 그 자체로 다시 소통을 의도해야 할 이유는 충분하고도 절실하다. 사람들은 점점 법원의 절차에 답답해한다. 왜 어떤 법관들은 증거 신청을 받아주는 데 그리도 인색한가. 왜 어떤 법관들은 당사자들이 써내지 않는다고 나무라기보다는 많이 써낸다고 짜증을 내는가. 왜 어떤 법관들은 자기가 믿는 결론을 정해놓고 재판하는 듯한 인상을 주는가. 왜 어떤 법관들은 무언가에 쫓기듯이 재판을 서두르는가. 왜 어떤 법관들은 전임 재판장이 1년 넘게 힘들여 심리한 사건을 이어받아 기일 1회 만에 심리를 종결하는가. 왜 어떤 판결에는 "상고 이유가 되지 않는다."라는 간단한 이유만 붙어 있는가. 그리하여 법을 모르고 절차를 처음 구경하는 사람들은 의아해하고, 법을 조금 알고 절차에 익숙한 사람들은 걱정한다. 법관은 이런 사정을 알고 있는가. 이런 문제를 심각하게 여기는가.

스핑크스라도 된 듯 듣는 건지 아닌지 알 수 없는 얼굴, 내가 사건의 당사자는 고사하고 인간으로서 제대로 대접받는 것인지조차 알 수 없게 하는 저 법대 위의 무표정과 무반응 또는 비아냥과 비웃음, '너희는 떠들어라. 나는 높은 곳에서 감상하마.'라고 생각하는지 심리 중 쟁점에 대해 아무런 심리 방향도 제시하지 않는 태도, 요컨대 인간 존중 없는 취급에 법대 앞에 선 사람들은 분노하고 좌절한다. 사법에 대한 낮은 신뢰는 이런 병통에도 원인이 있다. 내 말이 맞는지 틀리는지를 떠나 당사자는 우선 내 말이 전달되었다는 느낌을 받아야 한다. 이것이 절차적 정의의 한 모습이다. 내 주장을 옳다고 해주냐, 아니냐를 넘어, 내 말을 편견과 선입견 없이 들어준다는 느낌이 오는 것, 그것이 소통의 요체다.

절차가 마무리되어 마지막으로 판결이 선고될 때, 이긴 당사자들은 판결문을 별로 읽지 않는다. 이겼으니까 된 것이다. 그러나

진 당사자들은 한 자 한 자 철저히 읽는다. 결론에 대한 어느 한쪽 당사자의 불만은 판결의 숙명이지만, 그 이유에 소통을 부여하는 일은 분명 법관의 책무다.

늦은 밤 서초동을 지나며 늘 보게 보는 법원 청사의 불 켜진 창, 그곳에서 법관들은 기록을 보고 판결을 쓴다. 법관들은 모두 과로하고 있다. 그러면서, 나도 전에 그랬지만, 법관들은 의아해한다. 내가 이렇게 뼈 빠지게 일하는데 도대체 왜들 판결에 시비인가라고. 법관들은 법정과 판결에서의 소통이야말로 사법에 대한 사람들의 믿음을 되찾아 오리라는 것을 알아야 한다. 판결의 문체에 대한 불만은 아마 소통에 대한 소망의 다른 모습일 것이다. 법관들의 노고에 가슴이 저리면서도, 다른 한편 사법에 대한 불신이 깊어지는 것을 바라보는 마음은 무겁다. 사태 파악은 사태 해결의 전제다.

# 판사의 막말

　판사가 법정에서 막말을 했다고 야단들이다. 대법원이 대책을 세운다고 한다. 하지만 이런 일은 쉽게 없어지지 않을 것이다. 실상 막말의 양상은 다양하다. 한번은 의뢰인이 1심에서 패소하고 항소심에서 내게 새로 맡긴 사건에서 중요 인물이 아직 증인으로 신문받지 않아 증인 신청을 해보자고 했더니, 그 사람이 상대방과 가까워 불리하다며 의뢰인이 불안해하는 것이었다. 간신히 의뢰인을 설득하여 첫 기일에 증인으로 신청하자, 담당 판사가 다짜고짜 비웃는 어조로 신청을 기각하며 하는 말은 이랬다. "내가 그 증인을 믿어줄 것 같아요?" 행정법원에서 본 일인데, 변호사들이 먼저 변론을 마치고 법정에 당사자 본인이나 공무원인 소송수행자만 남자, 그다음 사건부터는 모조리 반말로 사건을 진행하는 판사도 있었다.

언론에 보도된 막말은 다양하다. "늙으면 죽어야지……"라는 말은 노인에게 했을 듯싶다. 실제로 노인들이 당사자로 법정에 나와 하는 말이 요령부득인 때가 많기는 한데, 그래도 판사는 일단 참아야 한다. "터진 입이라고……", "여자가 돼 가지고……", "왜 이렇게 더러운 사건들이 오지?", "부인한테 마약 먹여 결혼한 것 아니에요?", "이의 좋아하네. 웃기는 소리 하지 말고." 같은 말이 나왔을 때의 법정 상황도 대강 짐작이 간다.

당사자가 하는 막말도 만만치 않다. 나는 법정에서 사건의 심리가 시작되자마자 다짜고짜 판사인 내게 반말을 하는 당사자를 본 일이 있다. 나이도 젊은 사람이 그러는 것이었다. 청구를 부인하는 내용의 답변서가 나왔기에 좀 더 심리하겠다고 하면서 다음 기일을 정하자 원고가 "어이, 선생! 그 답변서에 찍힌 도장 위조된 거야. 괜한 소리 말고 자백간주 판결 때려."라고 말하는 것도 들었다. 즉결심판에 온 피고인에게 심판청구서에 적힌 사실이 맞느냐고 여러 차례 물어도 계속 "내 말 들어보란 말야."라고 악을 쓰기에 그럼 무슨 말인지 해보라고 하자, 역시 반말로 시종일관하는 경우도 있었다. 변호사로서 방청하다가 본 일이기는 하지만, 어떤 당사자는 1심 재판에 억울하게 졌다면서 항소심 법정에서 악을 쓰다가 결국 드러눕는 것이었다. 그 광경을 한참 보다가 주제넘지만 재판장을 구원하려고 내가 사건 번호를 호명하며 법대 앞으로 나서자, 재판장은 내게 좀 기다리라고 하고는 그 당사자가 수십 분 동안 그러고 있는 것을 놓아두는 것이었다. 판사는 어려운 자리다.

막말을 한 판사는 어쩌면 달통한 듯 아무 말도 않는 판사보다 사건에 대한 열정이 있는 사람일 수도 있다. 판사가 사건 진행 중에 사건의 쟁점이나 문제점에 관해 자기 의견을 드러내는 것을 '심증 개시'라고 한다. 이것이 당사자에게는 재판에 질 것이라는 암시로 들리기도 한다. 또 답답해서 당사자에게 이것저것 물어보면, 그 당사자는 '판사가 왜 자꾸 곤란한 질문만 해대지? 저 판사가 예단을 하는 것 아닌가' 하고 의심하기도 한다. 그런데 그 반대 당사자는 '왜 나한테는 아무런 질문도 않고 저 사람하고만 이야기를 하나, 무슨 꿍꿍이가 있을까, 이 재판 지는 것 아닌가'라고 생각하며 불만을 품는다. 이런저런 경로로 그런 말이 판사 귀에 들려오면, 그런 당사자를 다음 기일에 다시 대하는 판사의 심정이 편할 리 없다.

막말이 담당 판사의 품성과 무관하지는 않다. 그러나 판사의 막말은 품성 여하를 넘어 구조적 문제를 안고 있다. 문제는 막말뿐이 아니라 막말이 나올 수밖에 없는 여건이다. 이를 도외시하면 문제의 해법이 없다. 막말은 단순한 말씨의 문제가 아니다. 그것은 사건과 당사자에 대한 판사의 잠재의식을 드러내는 것이며 피곤, 짜증, 초조함, 분노의 표출이다. 인간적으로 견디기 힘든 격무가 낳은 결과이고, 변호사의 도움을 받을 수 없어 요령부득의 변론을 할 수밖에 없는 소송 현실의 문제이며, 법정에서 필요한 의사소통 방법에 대한 무지나 훈련 부족이 빚는 현상이기도 하다.

〈법원회보〉에서 어느 판사가 쓴 시의 이런 구절을 본 일이 있다. "법정에 들어가면/ 나는 예수님이 됩니다/ 나는 부처님이 됩니다/ 벙어리가 되고 장님이 됩니다……" 오죽하면 저런 시를 썼을까 싶어 안된 마음이 들었다. 법정은 사회의 병리적 현상이 쟁송이라는 모습으로 해결을 기다리는 곳이다. 비유하자면 병원과 같다. 그곳에 와 있는 당사자는 고통에 직면해 있다. 그들은 내 말이 옳다고, 나는 억울하다고 외치는 사람들이다. 그 외침을 듣는 이는 친구나 길 가는 사람일 수 없으며 오직 판사여야 한다. 그런데 판사들의 사정은 어떤가. 그들은 살인적인 격무에 시달리고 있다. 판사야말로 고통스럽다. 책상은 사건 기록으로 가득 차 있고 법정은 사건으로 넘쳐난다. 이런 상황에서 판사의 내면은 초조하고 불안할 수밖에 없다. 초인적 자제심이 아니고는 순간적인 막말 표출을 막기 어려운 것이다.

한편 상당수 판사의 의식 속에는 내가 사건을 다 안다는 믿음이 있다. 그런데도 밉살스럽고 이악스러운 당사자가 '뻔한' 이야기, 사실과는 거리가 먼 듯한 이야기를 늘어놓을 때 그것을 오래 듣고 싶지 않기도 하다. 판사는 감정 노동에 익숙하지 않고 시간에 쫓긴다는 것, 그런데도 당사자는 하고 싶은 말이 너무도 많다는 것, 여기에 법정의 딜레마가 있다.

어떻게 해야 할까. 인심은 곳간에서 나는 법, 근본적 해결책은 판사의 수를 늘리는 데 있다. 이 당연한 해답에 대하여는 이상스럽게도 여러 반론이 제기되었지만, 아는 사람은 다 알거니와 상황은 시급하다. 다음은 재교육이다. 대다수의 판사는 고분고분한 당사자와 변호사에 익숙해져 있을 뿐, 실상 법정에서 필요한 소통 방법을 체계적으로 그리고 지속적으로 학습한 일이 없다. 판사 자신이 재판하는 모습을 녹화하여 듣고 보는 것이 방책의 첫 걸음일 것이다. 나아가 법정에서의 소통이란 도대체 무엇인지에 관해 제대로 된 학술적 연구가 있어야 하고, 그에 기초한 교육 훈련이 뒤따라야 한다. 덧붙이건대 법원행정처나 법원장이 판사에게 근엄한 도덕적 훈계를 하거나 판사를 징계한다고 하여 문제의 근본적 해법이 되지는 못할 것이다.

3장

# 누구를 위한 법인가?

# 양형의 이유

### 성폭력범죄

극심한 생활고를 겪던 여성이 비관 끝에 자신의 갓난아이를 죽이고 자살을 기도했으나 죽지 못한 사건이 있었다. 살인죄에 대한 형법 제250조 제1항의 규정은 이렇다. "사람을 살해한 자는 사형, 무기징역 또는 5년 이상의 징역에 처한다." 오래된 이야기지만 사법연수원에서 교육받으러 온 판사들에게 이 사건을 놓고 형을 정해보라는 설문을 돌린 일이 있었다. 상식적으로 생각해서 어느 정도의 형을 선고해야 옳겠는가? 놀랍게도 실제 나온 결과는 가장 낮은 것이 징역 2년 6개월에 집행유예 5년이었고, 가장 높은 것이 징역 10년이었다. 이 결과는 외부에 발표되지 못했다. 양형이란 어려운 것이다. 판사마다 다른 사법 철학이 작용한다.

사법을 불신하게 되는 이유 중 하나는 양형이 지나치게 낮거나 높을 때, 또는 판사에 따라 편차가 심할 때다. 근래 들어서는 성

범죄에 대한 법원의 처벌이 불만스럽다는 점이 부각되었다. 양형이 지나치게 관대하거나 성 인지 감수성이 떨어져 범죄사실에 대한 이해나 평가를 제대로 하지 못한다는 것이다. 우리나라 '1호 미투 사건'으로 꼽히는 것은 1993년에 일어난 서울대학교 신 교수 성희롱 사건(일명 우 조교 사건)이다. 구체적으로 문제가 된 행위는 담당 교수가 교육을 빙자해 조교의 팔을 잡고 등을 어루만지듯이 쓰다듬거나 양팔을 내밀어 뒤에서 포옹하는 자세를 취했다는 것이었다. 아직 성희롱이라는 용어도 정착되지 못한 시절이었다. 1심에서는 손해배상으로 위자료를 구한 피해자가 승소했는데, 1995년 항소심에서 그런 행위를 '친밀감을 표시한 것'으로 보아야 한다면서 피해자에게 패소 판결을 내렸다. 판결이 나오자 담당 판사에게 당신 딸에게나 그런 친밀감 표시 행위 좀 많이 받게 하라는 비난이 쏟아졌다. 6년이 걸린 이 송사는 피해자의 승소로 결말이 났다.

판사 시절, 딸이 초등학교 저학년 때부터 6학년이 될 때까지 성폭행한 아버지가 기소된 사건을 담당한 적이 있다. 성폭력처벌법이 제정되기 전이어서 범인은 형법상의 강간죄로 기소되었다. 형법이 강간죄에 정한 형은 3년 이상의 유기 징역이다. 재판했던 해가 1992년이므로 당시 시행되던 형법으로는 최소 3년에서 최대 25년까지 선고할 수 있었는데, 재범이나 경합범(판결이 확정되지 않은 여러 죄 또는 판결이 확정된 죄와 그 판결이 확정되기 전에 범한 죄)일 경우에 형을 가중하면 37년 6개월까지 선고할 수도 있었다.

하지만 그것은 법이 그렇다는 것이고, 실제 양형은 법정형의 하한(下限)인 3년에서부터 얼마나 더 올려 선고할지를 따져보는 것이 당시 양형의 일반적인 실무 관행이었다. 더욱이 그때만 해도 요즘과는 달리 대법원이 정한 양형 기준이란 것이 없었다. 얼마를 선고할지 고민하다가, 여러 양형 요소를 고려하고, 마지막으로 피해자가 대학교를 졸업할 나이쯤 돼야 아버지에 대한 저항 능력을 가질 것이라는 다소 소박한 셈법을 써서 징역 10년을 선고했다. 그런데 그 후 지원장이 그 사건을 두고 내게 넌지시 한마디하는 것이었다. "가만히 보면 말이야, 정 부장이 좀……. 뭐 그렇게까지 할 게 있습니까." 현행 성폭력범죄의처벌등에관한특례법으로는 13세 미만인 아동에 대한 강간죄에 대한 법정형은 무기징역이나 10년 이상의 징역이고, 그 사건의 범행을 지금의 양형 기준표에 맞추어보면 대략 11년에서 15년 사이에서 형을 선고하되 여기에 다른 양형인자를 더 고려한다면 그보다 높은 형도 선고할 수 있다고 되어 있다. 그래도 내가 속한 재판부가 내린 형은 당시로는 이례적으로 높았을 것이다.

얼마 전 출소를 앞두고 논란이 벌어진 조두순 사건도 판사의 양형이 비난받은 예다. 조두순은 2008년에 8세 여아를 성폭행하고 상해를 입혔다. 문제는 그에게 징역 12년의 형을 선고하면서 법원이 범행 당시 그가 술에 취해 형법에서 말하는 심신미약 상태에 있었다는 점을 참작했다는 점이었다. 일반 상식과는 달리 본래 음주로 사물 변별 능력이나 의사 결정 능력이 미약한 상태에서 저지른 죄는 형을 반드시 감경하도록 되어 있다. 하지만 성범죄라는 것을 술 마시고 저질렀다면 죄질이 더 나쁜 것이 아니냐는 여론이 일자, 음주 또는 약물로 인한 심신장애 상태에서 성폭력 범죄를 저지른 경우에는 형을 감경하지 않을 수도 있다는 조항이 생겨서 2013년부터 적용하게 되었다. 여론이나 국민의 법 감정, 법 의식이 결국 법을 바꾼 예라고 할 만하다.

일전에 법원은 '웰컴투비디오'라는 이름으로 음란물을 배포하는 인터넷 사이트를 운영하다가 미국의 범죄인 인도 청구를 받은 손정우에 대하여, 범죄인인도법에 따른 인도 심사 청구 사건에서 기각 결정을 내렸다. 이 결정에 대해서도 극심한 비난이 쏟아졌다. 하지만 정작 잘못된 것은 그 이전에 손정우가 받은 형이 너무 낮았다는 사실이다. 그는 1심에서 징역 2년에 집행유예 3년, 항소심에서 징역 1년 6월의 실형을 선고받았다. 인도 심사 청구 사건을 맡은 법원은 앞선 형사사건의 양형에 대한 비난을 두고 "국민의 법 감정에 부합할 정도로 적정하고 실효적인 형사 처벌이 이뤄지지 못했기 때문"임을 인정하고 "그동안 수사기관과 법원도 아동·청소년 성착취물 범죄에 관련하여 문제의식이 미약한 상태에서 형사 사법 제도를 운영했다는 비판이 제기되고 있다."라고 밝혔다.

판사의 양형이 너무 낮다는 비판은 역사가 오래되었다. 과거에는 양형에 대한 비난이 주로 검찰에서 나왔는데, 특히 이른바 시국 사건에서는 군사 정권의 폭압에 대해 판사들이 비판적 자세를 취하면서 양형을 낮추는 사례가 많아서 검찰의 반발을 불러왔다.

물론 일반 형사사건에서도 낮은 양형에 대한 비판은 꾸준히 있었다. 반면 법적 안정성을 생각하면 함부로 형을 올릴 게 아니라는 반론도 만만치 않았다. 내 생각에 과거 법원의 전체적 양형은 외국의 예에 비하면 낮았던 것이 사실이다.

그러다가 사법 운영에 관한 사회적 관심이 높아지고, 또 범죄 발생이 많아지고 범죄 유형이 다양해지면서 일반 시민이나 시민 단체 등에서도 점차로 법원의 양형을 비난하는 일이 잦아졌다. 법적 안정성을 중시하는 판사의 입장에서는 처벌 법규에 정해진 형이 변하지 않는데 그동안의 양형 기준을 급작스레 높이는 것은 선뜻 내키지 않는 일이다. 어떤 사건이 터져서 그런 행위를 무겁게 처벌해야 한다는 여론이 일면 법무부나 국회의원들이 나서서 법을 바꾸어 법정형을 올리기도 한다. 그렇게 올린 법정형이 때로는 다른 죄에 비해 과한 경우도 있다. 이렇게 되면 판사들은 다시 새로운 법정형의 전체적 범위보다는 하한에서부터 양형을 검토하기도 한다. 국민의 법 감정이나 법 의식을 존중해야 하지만 법률 만능주의나 처벌 만능주의에 빠져서도 안 된다는 것이다. 그러나 일반 국민들의 법 감정은 다른 듯하다. 나 역시 지인들로부터 법이란 게 왜 그렇게 무르냐는 말을 수없이 들었다.

범죄 처벌에서 가장 중요한 요소는 범죄자 개인의 책임이다. 그의 행위에서 얼마의 비난 가능성을 볼 수 있느냐는 것이다. 그러나 범죄가 발생하는 사회 구조나 환경을 보면 오직 개인에게만 책임을 물을 수 없는 요소가 있다. 예를 들어 뇌물죄를 보면 과거엔 아주 악질적인 경우가 아니면 대개 징역형에 집행유예 선고를 붙여주는 것이 보통이었다. 공무원의 급여가 일반 기업의 급여에 비해 현저히 낮았던 시절의 이야기다. 행정학 교과서에 뇌물죄의 죄의식이 낮은 원인으로 먹고살기 위한 만큼의 뇌물은 '합헌적 뇌물'이라는 인식이 있다는 설명이 실릴 정도였다. 그러나 근래 변호사를 하면서 보면, 뇌물을 받은 공무원이 집행유예 선고를 받는 일은 거의 없다. 특별법에 따라 법정형이 높아진 것도 이유겠지만, 급여 체계 개선이나 경제 상황이 참작되어 이런 변화가 가능했을 것이다. 흉악한 살인범에게 고등법원이 사형을 선고한 사건에서 피고인이 상고하자 특이하게도 대법원에서 양형에 관한 의견이 갈려 전원합의체 판결이 나온 일이 있었다. 그 판결에서 소수 의견은 피고인이 어려서부터 어려운 환경에서 자라나 정상적인 교육 등 사회적 혜택을 받지 못한 젊은이라는 점을 들어 사형이라는 형벌은 지나치게 무겁지 않느냐는 견해를 표했다. 양형은 형사재판에서 흔히 그리고 가장 판사를 고민하게 하는 문제다.

법원의 양형에 큰 변화를 일으킨 또 다른 요소는 대법원 산하 '양형위원회'가 만든 양형 기준이다. 양형위원회는 2007년도에 설치되어 현재 제7기 위원회가 활동하고 있다. 이 위원회는 판사마다 양형이 들쭉날쭉하다는 비판을 받아들여 양형에서 개인별 편차를 줄이고 적정한 기준을 제시하려는 노력의 산물이다. 각 기의 위원회마다 여러 범죄에 대한 양형 기준을 정하는데, 제1기 위원회에서 기준 설정 대상이 된 죄는 살인, 뇌물, 성범죄, 강도, 횡령·배임, 위증, 무고였다. 성범죄에 대한 기준은 제3기 위원회에서 수정되었다.

　양형 기준은 권고 의견이기에 판사를 법적으로 구속하지는 않는다. 그런데 2017년의 조사 결과로는 그 전년도에 법원이 양형 기준을 준수한 비율이 폭력범이나 교통사범 같은 이른바 '단순 범죄'에서는 96% 이상으로 높지만, 증권·금융 범죄나 뇌물죄 같은 '화이트칼라 범죄'에서는 80%에 미치지 못하는 것으로 나타났다. 박주민 의원은 이 현상을 법원이 '유전무죄 무전유죄'라는 사법 불신을 해소하지 못하고 있는 방증이라고 주장했다.

　형사재판의 양형에 작용하는 또 다른 요소는 앞서 말한 판사의 사법 철학이다. 조두순이나 손정우에 대한 처벌이 국민의 법 감정이 요구하는 것보다 약한 것은 이 때문이 아니었을까 싶다. 다른 예를 들어보면, 재벌 총수에 대해 '국가 경제 발전에 이바지했다'는 점을 양형 참작 사유 중 하나로 들면서 집행유예 선고가 날 경우엔, 판사에게 용기가 있다는 평과 '유전무죄 무전유죄' 판결의 전형이라는 평이 맞선다. 실은 판사 역시 각자 다른 법 의식과 세계관으로 사건을 보는 것이다.

　다행히 성 인지 감수성에 관해서는 2018년 들어 대법원이 피해자의 2차 피해에 대한 두려움을 충분히 고려하여 사건을 판단하라는 요지의 판결을 내렸다. 특히 "법원은 성희롱 관련 소송의 심리를 할 때에는 그 사건이 발생한 맥락에서 성차별 문제를 이해하고 양성 평등을 실현할 수 있도록 성 인지 감수성을 잃지 않아야 한다."라고 못을 박았다. 하필 이 사건에서 대법원이 파기한 2017년의 고등법원 판결에서는, 교수가 피해자 학생을 지도하면서 뒤에서 안거나 엉덩이를 툭툭 치거나 볼에 뽀뽀를 한 행위를 "평소 친밀감의 표현"으로 한 것이 아닌가 의심된다는 판시가 있었다. 신 교수 사건에서 그런 빗나간 판단이 나온 것이 1995년인데 그로부터 22년이 지나도록 판사의 성 인지 감수성이 그 정도에 머무른 것은 개탄스럽다.

# 위안부 손해배상 판결을 보는 시각

## 주권 면제

"국왕은 잘못을 저지르지 않는다(The king can do no wrong)." 는 18세기 영국의 법학자 윌리엄 블랙스톤이 《영국법 주해》에 쓴 말이다. 국왕의 행위에 대해서는 사법적으로 책임을 물을 수 없다는 뜻이다. 여기엔 왕권의 신성을 인정하는 인식이 깔려 있다. 민족 국가의 발전과 더불어 이 법언은 '국왕'이 '국가'로 바뀌고 국가 행위(act of state)에 대한 면책 주장으로 이어졌다. 영미법계의 이 법리는 국제관습법으로 발전한다. 이것이 '주권 면제' 이론이다. 어느 주권 국가의 행위는 그 국가의 동의가 없는 한 다른 주권 국가의 사법적 심사 대상이 될 수 없다는 것이다.

그러나 민주주의와 인권은 국왕이든 국가든 간에 그런 유의 신성불가침을 인정할 수 없다. 2차 세계대전으로 미증유의 반인도적 범죄를 경험한 인류는 새로운 법적 상상력으로 뉘른베르크 전범재판과 도쿄 전범재판을 이루어냈다. 인도에 반하는 죄가 국가 행위라는 탈을 쓰더라도 처벌할 수 있다는 관념은 인류 역사에서 혁신적인 것이다. 오늘날의 국제형사재판소나 르완다, 캄보디아, 유고슬라비아에서 저질러진 반인도적 범죄를 처벌하려고 만든 유엔의 전범재판소 역시 이와 같은 이념의 산물이다. 주권 면제 이론에 대하여도 전 세계적으로 이를 제한해야 한다는 목소리가 끊임없이 나와 점점 강한 지지를 받고 있다.

미국은 '외국주권면책법'을 제정하여 주권 면제 이론을 입법화했다. 그러나 예외가 있다. 그중 하나는 테러를 일삼는다고 미국이 지정한 나라에는 주권 면제를 인정하지 않는 점이다. 북한에 억류되었다가 사망한 오토 웜비어의 유족이 2018년 북한을 상대로 손해배상 청구 소송을 제기하여 승소 판결을 받은 것도 이 예외에 근거를 두었다. 이런 예외를 둔 것은 테러 행위가 반인도적 성격을 지니기 때문이었을 것이다.

위안부 피해자들이 일본을 상대로 제기한 손해배상 청구 소송에서 서울중앙지방법원이 2021년 1월 8일 원고들 승소 판결을 내리자 어느 일간 신문은 "일본을 상대로 갈 데까지 간 한국 법원의 모험주의는 완전히 다른 차원에 진입하고 있다."라는 주장을 실었다. 그러나 법원은 모험 따위를 하는 곳이 아니다. 판결은 본질적으로 숙고의 소산이다. 이번 판결에서 지적되었듯이, 1965년의 청구권 협정도 일본 최고재판소도 모두 피해자들의 권리를 외면했다. 협상력도 권력도 지니지 못한 피해자들에게 이번 소송은 마지막 구제 수단이었다. 왜 소송을 하고 왜 판결을 하느냐고 따질 일이 아니다. 책임은 피해 보상에 필요한 정치력·외교력이 부족했던 대한민국 정부와 뻔뻔스럽게 인권 침해에 대한 책임을 부인해 온 일본 정부에 물어야 한다.

위안부 피해자들은 일본이라는 국가가 조직적·계획적으로 운영한 위안부 제도로 저지른 반인도 범죄의 피해자다. 반인도 범죄로 피해를 입을 경우 주권 면제라는 장벽을 넘어 손해배상을 명한 판결은 우리나라에만 있는 게 아니다. 이탈리아 대법원은 2004년에 2차 세계대전 당시 독일의 군수공장에서 강제노역을 했던 루이지 페리니가 독일을 상대로 제기한 손해배상 청구 소송에서 승소 판결을 내렸다. 이 판결에 대한 독일의 제소를 받은 국제사법재판소는 2012년에 무력 충돌 상황에서 국가의 무장 병력이 상대국 국민의 생명·건강·재산 등을 침해한 경우에도 주권 면제가 인정된다는 이유로 이탈리아 법원 판결이 국제법에 위반된다고 판결했다. 이탈리아 정부는 국제사법재판소 판결에 따르는 취지의 법률을 만들었지만, 다시 헌법재판소가 2014년에 반인도적 범죄에 대하여는 주권 면제를 인정할 수 없다고 선언했다. 보편적 인권의 보호 가치는 주권의 방호벽을 뛰어넘는다는 인식이 있었기 때문일 것이다.

페리니 사건에서도 국제사법재판소 재판관 중 3인은 중대 범죄에 대해서는 주권 면제를 인정할 수 없다는 소수 의견을 냈다. 다수 의견에 찬동하면서도 별개 의견을 낸 코로마 재판관은 "이 판결은 국제인도법을 위반한 국가에 면죄부를 주는 것으로 해석되어서는 안 됨을 강조한다."라고 적었다. 어느 날 국제사법재판소의 견해도 바뀔 것이다. 시간이 걸릴 뿐이다.

판결을 내려봤자 사실상 강제집행이 불가능할 것이라는 주장도 있다. 그러나 판결이 주문 자체로 집행할 수 없는 것이 아닌 이상, 법원은 강제집행을 할 수 있는지 아닌지를 따져 가며 판결을 내리지 않는다. 사법의 본령은 정의를 선언하는 데 있다. 이 판결의 실효성을 찾는 일은 외교의 영역이다. 이 사건을 한·일 간 분쟁이라는 틀 안에서만 보려는 견해도 편협하다. 위안부 문제의 본질은 국가적 차원의 성폭력이다. 세계의 곳곳에서 벌어졌고 또 벌어지고 있는 이 야만적 행위에 대해 대한민국 법원이 내린 사법적 판단이라는 점에서 판결의 의미를 찾아야 옳다. (2021년 1월)

# 낙태는 전면적 비범죄화가 옳다

낙태권

미국의 아이젠하워 대통령은 자신이 재임 중 저지른 최대의 정치적 실수가 얼 워런(1953~1969년 재임)을 연방대법원의 대법원장으로 임명한 것이라고 말한 적이 있다. 워런은 골수 공화당원이고 보수주의자로서 캘리포니아 주지사를 세 차례나 연임했지만, 막상 대법원장이 되고 나서는 수많은 진보적 판결을 주도했다. 공화당의 닉슨 대통령도 비슷한 실수를 했다. 낙태권은 미국의 보수주의와 진보주의의 대립 구도에서 가장 첨예한 논쟁거리다. 그런데 닉슨이 임명한 해리 블랙먼 대법관은 1973년 '로 대 웨이드 사건'*에서 다수 의견의 집필자로서 여성의 낙태권을 부당하게 제한하는 법률이 위헌이라는, 이정표가 된 판결을 내렸다. 임명권자의 입장에서는 '배신 때리기'였겠지만 사법의 역사를 읽을 때 이런 이야기는 흥미롭기 짝이 없다.

블랙먼은 왜 보수주의자들의 기대와 다른 판결을 내렸을까? 이 온화하고 겸손한 노신사는 로 판결 첫머리에 이렇게 썼다. "우리의 과제는 이 문제를 감정이나 편향됨 없이 헌법적으로 판단하는 것이다." 그에게 중요한 것은 자신을 대법관으로 임명한 대통령의 정치 철학이나 정치적 이익이 아니라 기본적 인권을 보장한 헌법의 정신과 원칙이었다.

로 판결은 이후 미국에서 연방대법관 후보자의 성향을 가르는 시금석이 되었다. 후보자가 상원의 인준 청문회에 서면 거의 예외 없이 낙태죄에 대한 의견이 어떠한가라는 질문을 받게 된다. 구체적으로는 로 판결을 유지하거나 폐기하는 것 중 어느 입장에 서는가를 질문받는다. 보수주의자들에게 이 판결의 폐기는 중요한 정치적 목표 중 하나이며 높은 상징적 의미가 있는 과제다. 매년 이 판결이 내려진 날에는 수십만 명의 낙태 반대론자들이 연방대법원 청사까지 행진하는 행사를 벌일 정도다.

로 판결이 내려진 후 낙태죄 법리의 변천은 복잡하지만, 눈길을 끄는 것은 보수 성향으로 분류되었던 대법관들이 보인 뜻밖의 태도 변화다. 샌드라 오코너 대법관(1981~2006년 재임)은 레이건 대통령이 사상 최초로 여성을 연방대법관으로 임명하겠다는 선거

**로 대 웨이드 사건(Roe v. Wade)** 미국에서 낙태 금지를 위헌으로 판결한 최초의 사건. 1969년 텍사스주 댈러스에서 노마 매코비는 산모가 위독한 상태가 아니라는 이유로 낙태 수술을 거부당하자 위헌 소송을 제기했다. 원고 매코비는 신변 보호를 위해 가명인 '제인 로'를 사용했고 피고는 댈러스카운티 지방검사인 헨리 웨이드였기에 이 소송의 명칭이 '로 대 웨이드'가 되었다. 1973년 1월 연방대법원은 7 대 2로 낙태를 금지하는 주의 법은 위헌이라고 보고 임신한 여성은 임신 6개월 전까지는 낙태 권리가 있다고 판결했다.

공약을 실천하여 대법원에 들어간 사람이다. 당연히 보수적 성향을 지녔을 것으로 여겨졌던 그가 1981년에 대법관에 취임해 연방대법원이 보수 5인과 진보 4인의 구도를 갖추게 되자, 보수파들은 로 판결이 폐기되리라 기대했다. 그러나 1989년 '웹스터 대 출산보건서비스 사건'*에서 오코너는 로 판결의 폐기에 반대 의견을 냈다. 이 사건에서는 심지어 보수파의 거두인 윌리엄 렌퀴스트 대법원장(1986~2005년 재임)마저 명시적으로 로 판결을 폐기하지 않는다는 의견을 내어 오코너와 발을 맞추었다. 그뿐이 아니다. 보수 성향인 현임 대법원장 존 로버츠마저 취임 전 인준 청문회에서 로 판결의 폐기에 대해 "오랜 선례는 그 구속력을 존중하여야 한다."라며 모호한 의견을 내놓더니, 2018년에는 낙태 관련 판결에서 주류 보수파와는 다른 유보적 의견을 보여 사람들을 놀라게 했다. 보수적인 대법관들이 낙태 문제에서 돌연 예상을 뒤집거나 슬그머니 달라지는 것은 왜인가? 낙태권을 인정한 판결이 오래 유지되면서 확립된 선례가 되어서 그럴 것이다. 우리 식으로 말하면, 그 선례가 미국 시민의 법 감정으로 점차 굳어져 왔기 때문이다.

---

**웹스터 대 출산보건서비스 사건**(Webster v. Reproductive Health Services) 미국에서 주법이 낙태권을 제한할 수 있는 권한이 있는지를 두고 다툰 사건. 1986년 미주리주는 인간 생명의 시작이 '수정' 단계부터라고 주장하며 낙태에 많은 제한을 두는 법을 제정했다. 그러자 '출산보건서비스'를 비롯한 여러 단체와 개인이 함께 이 법에 반대하는 소송을 벌였고 관할 지방법원은 그들의 손을 들어주었다. 미주리주 법무장관 윌리엄 웹스터는 항소했고, 1989년 연방대법원은 5 대 4로 미주리주 법안이 위헌적이지 않다고 판결했다. 이는 1973년 '로 대 웨이드' 판결의 후퇴로 평가받는다.

법으로 낙태권을 제한하는 것이 옳은지는 단순히 보수냐 진보냐로 결정짓기 어려운 복잡한 요소가 있다. 대충 이슈를 추려보면 인간 생명의 절대성, 여성의 신체에 대한 자유 내지 프라이버시권, 종교적 신념, 낙태의 의학적 필요성 또는 위험성, 진료에 관한 의사와 환자의 권리 의무, 보건의료 정책, 형사 정책상 처벌의 범위와 한계, 처벌 대상에서의 성차별, 성도덕, 음성적 낙태의 폐해, 가족계획, 아이 양육에 필요한 사회적·경제적 여건의 미비, 미혼모 문제, 인구 정책 등 여러 가지가 있다. 하나하나 생각하다 보면 어지러울 정도다. 문제를 단순화해 여성과 태아 중 누구를 보호해야 할지만을 생각해보아도 어렵기는 마찬가지다. 심지어 이런 단순화조차 바로 그 프레임에 갇힌 사고방식이 낙태죄를 존속시키는 근본적 원인이라고 비판을 받는다.

우리나라 헌법재판소는 2012년에 낙태를 처벌하는 형법 조항이 합헌이라는 결정을 내렸다. 재미있는 것은 당시에도 위헌 의견을 낸 4인의 헌법재판관 중 평소에는 보수적 성향을 보인 이들이 있었다는 점이다. 문재인 정부가 들어서면서 종전과 구성이 많이 달라진 헌재는 2019년에 낙태죄를 처벌하는 형법 조항에 대해 헌법불합치 결정을 내렸다. 위헌 결정이 위헌인 법률 조항의 효력을 즉시 상실하게 하는 것과는 달리, 헌법불합치 결정은 그 조항의 위헌성을 인정하면서도 입법부가 해당 법률을 개정하거나 폐지할 때까지 효력을 중지시키거나 유효 시한을 정한다. 헌재의 결정은 낙태죄가 여성의 자기결정권을 일률적으로 제한하는 것이 헌법상 과잉 금지 원칙에 어긋남을 주된 이유로 판시했다. 그러면서 태아의 생명 보호와 여성의 자기결정권 사이의 최적화를 도모하는 입법과 정책이 필요하며, 낙태의 결정 가능 기간과 사회적·경제적 사유를 구체적으로 어떻게 조합할 것인지, 상담 요건이나 숙려 기간 같은 일정한 절차적 요건을 추가할 것인지 여부는 입법부가 재량을 가지는 사항이라고 했다.

정부는 2020년 10월에 들어서야 형법상 낙태죄를 유지하고 모자보건법에 있던 허용 규정을 형법에 신설하는 개정안을 만들어 입법 예고를 했다. 내용은 이렇다. 임신 기간을 초기부터 14주까지, 15주부터 24주까지, 25주 이후 이렇게 세 기간으로 나누어 달리 규율하는 것이다. 첫 번째 기간에는 의사가 의학적 방법으로 낙태를 시술한 경우에 처벌하지 않는다. 14주라는 기간의 설정은 낙태 중 약 94%가 임신 3개월 이내에 이루어지고 그 기간 중 낙태 시술의 위험성도 낮다는 데 이유를 둔 것으로 보인다. 두 번째 기간에는 강간 등으로 인한 임신, 근친 간 임신, 임신으로 인해 사회적·경제적으로 심각한 곤경에 처할 경우, 임신이 보건의학적 이유로 여성의 건강을 해칠 경우에 처벌하지 않는다. 이때 배우자의 동의는 필요하지 않으나 상담, 숙려 기간, 의사의 설명 의무 이행 등 절차적 요건을 갖추어야 한다. 24주라는 기간 설정은 태아가 모체를 떠난 상태에서 독자적으로 생존할 수 있는 시점이 대략 임신 22주 내외라는 의학적 견해를 원용한 것으로 보인다. 셋째 기간에는 이유 여하를 가리지 않고 처벌한다.

개정안은 기본적으로 임신 기간을 세 단계로 나누어 규율을 달리 했던 로 판결의 이론(trimester procedure)을 따른 것으로 보인다. 그런데 이 이론은 찬반양론이 극심하게 대립하는 상황에서 판결의 설득력을 높이려고, 병원의 자문변호사 경력을 가진 블랙먼이 태아의 독자적 생존 능력(viability)이 언제 생기는지 등 임신 단계에 관한 의학적 연구 결과를 참고하여 내놓은 일종의 절충안이었다. 기존의 처벌 조항과 비교할 때 정부의 개정안은 첫 번째 단계에서 낙태를 허용한다는 점에서는 한 걸음 나아갔지만, 두 번째 단계에서는 허용 사유 중 일부와 낙태의 절차를 바꾸거나 자세히 규정한 것 외에 큰 차이가 없다. 물론 세 번째 단계에서는 종전과 다른 점이 없다. 결국 개정안은 종전부터 낙태죄의 문제점으로 지적받아 온 사항에 별다른 해법을 내놓지 못한 셈이다. 그런데 정부의 이 개정안은 법으로 통과되지 못했다. 헌재는 2020년 12월 31일을 시한으로 정해 기존 처벌 조항이 입법자가 개정할 때까지만 적용된다고 했다. 이에 따라 2021년 1월 1일 이후 낙태죄는 입법 공백 상태에 놓여버렸다. 즉 새로운 입법이 제정될 때까지는 처벌 조항이 없는 상태다.

헌재 결정의 문제점은 가장 큰 이슈인 태아의 생명 보호와 임신한 여성의 자기결정권의 대립에서 그 실현을 '최적화할 수 있는 해법'을 찾으라는 말로 타협책을 내놓은 데 있다. 페미니즘의 눈으로 보면, 낙태죄는 여성을 출산의 도구로 인식하고 통제해 온 역사적 유물이고, 근본적으로는 젠더 차별의 한 가지 방식이나 양태일 뿐이다. 종교적 견해에 따라 낙태에 반대한다면, 반대하는 자신만 낙태를 하지 않으면 될 일이다. 이것을 국가가 형벌로 다스리는 것은 다른 차원의 문제다. 낙태 허용이 성적 문란을 부추긴다는 주장도 찬성하기 어렵다. 이 주장은 간통죄 처벌 규정이 위헌이라고 판단한 헌재의 결정과 조화되지 않는다. 원치 않는 출산으로 인한 문제는 또 어떤가. 미혼모에 대한 사회의 편견, 아이를 키우는 데 따르는 모든 노력과 사회적·경제적 부담 등을 생각하면, 남성인 내가 생각해봐도 아득하다. 임신에 대한 책임은 남녀 모두에게 있는데, 여성만 처벌받는 점도 불합리하다.

외국의 경우 낙태를 엄격히 제한하면 오히려 낙태율이 높아진다는 통계가 있다. 또한 낙태죄를 처벌하지 않는다고 낙태 수가 늘어나는 것은 아니라는 통계도 있다. 헌재는 낙태죄가 태아의 생명 보호를 위한다는 본래의 목적과 무관하게 헤어진 상대 남성의 복수나 괴롭힘 또는 주변인들의 괴롭힘의 수단, 가사·민사 분쟁의 압박 수단으로 악용되는 현실을 지적했다. 낙태죄를 처벌하면 무자격 시술자에게 부탁하거나 기타 위험한 방법으로 낙태를 해야만 하는 것도 문제다. 여성의 건강권이 위협받는 상황이 되는 것이다.

현재 세계 여러 나라 중 61개국에서는 낙태를 전혀 처벌하지 않고, 26개국에서는 낙태를 예외 없이 처벌하고, 나머지 나라에서는 임부의 생명이나 건강 보호 필요 같은 일정 요건이 있는 경우에만 낙태를 허용한다. 헌재 결정이 내려지기 전에 실시한 2019년의 어느 여론조사에서는 여성의 75.4%가 낙태죄 처벌 조항의 개정에 찬성하는 의견을 보였다. 또 정부의 개정안에 대해 국가인권위원회는 낙태죄 전면 폐지를 권고했다.

나는 헌재가 결정 이유에서 2010년 기준으로 연간 17만 건의 낙태가 이루어진 것으로 추정되나 2006년부터 2013년까지 여성이 실제 낙태죄로 기소된 경우는 연간 10건 이하에 불과했다는 대검찰청의 통계를 인용하면서 사실상 관련 형법 조항은 사문화되었다고 보았던 점에 주목하고 싶다. 이러한 낙태의 실태와 처벌 규정의 현실적 운영 상황을 고려하면, 아예 그 조항을 없애는 것이 문제 해결의 방법이다. 형사 정책 면에서 보면 범죄로 규정해 처벌하는 것이 타당한지를 검토해야 할 여러 행위 중 가장 우선하는 것이 낙태다. 전 인구의 반을 차지하는 여성 전체의 문제이며, 내가 내 몸을 어찌할 것인가에 관하여 자유를 인정해야 한다는 기본적 인권의 문제이기 때문이다. 임신, 낙태, 출산, 양육의 모든 단계에 걸쳐 종합적이고 현실적인 대처 방안을 세우는 일은 국가적으로나 사회적으로 무척 어렵다. 따라서 형편에 따라서는 출산이 불가능하거나 어려워 부득이 출산을 포기해야 할 수도 있다. 그런데도 낙태죄는 여성에게만 형사 책임을 지우려는 것이다. 출산을 강제하기에는 너무 여건이 어려운 것이 오늘날의 상황이라면, 강제할 수 없는 것을 강제하는 것은 타당하지 않다. 낙태는 전면적 비범죄화가 옳다.

# 차별금지법은 통과되어야 한다

## 차별금지법

"짐승도 그 짓은 안 합니다." 지난 퀴어 축제 당시 옆에서 반대 집회를 하던 이들이 내건 구호다. 아니다, 한다. 미국과 노르웨이의 연구 팀은 2008년 조사 결과 1,500종이 넘는 동물에서 동성애 현상이 관찰되었다고 발표했다. 나는 짐승도 하니 인간도 하자고 말하는 것이 아니다. 물론 짐승이 하지 않는 일은 인간도 하지 않아야 한다는 식의 무지한 논법에도 찬성하지 않는다. 다만 과학적 사실을 말할 뿐이다.

성 소수자의 지위나 권리에 대한 논의에서 우선 전제해야 할 것은 과학적 사실이나 객관적 사실의 문제를 일단 받아들여야 한다는 점이다. 말하자면 서로 논쟁과 변론에 쓰이는 객관적 사실을 공유하는 데 이의가 없어야 한다.

동성애자의 성적 행위를 특별히 죄악시한 것은 기독교 문명이나 이슬람교 문명에서다. 그러나 같은 성 사이에서도 서로 끌리거나 성적 행위를 하는 경우는 시대와 장소를 달리 해서 폭넓게 존재했다. 이 보편성은 다시 동성애가 과연 질병인가, 동성애를 처벌함이 옳은가 하는 의문으로 이어진다. 세계보건기구가 동성애를 정신질환 분류에서 제외한 것은 1990년으로 이미 30년 전이다. 미국정신과협회의 같은 조치는 1973년에 이루어졌다. 2020년 현재 세계 200여 개국 중 동성애가 불법인 곳은 69개국뿐이며 그중 상당수가 아프리카와 이슬람권에 있다. 2019년 기준으로 28개국이 동성혼을 법으로 인정하고 있고, '시민 결합'으로 동성 커플의 법적 결합을 인정한 나라까지 합치면 40개국이 넘는다.

차별금지법안이 2020년 6월 29일 국회에 발의되었다. 우리나라의 국가인권위원회법은 평등권을 침해하는 차별 행위를 "합리적인 이유 없이" "고용, 재화나 용역의 공급, 교육 시설 등에서의 교육 훈련에서 특정인을 차별하는 행위" 등으로 정의하면서 그 차별 행위의 근거가 된 사유로 성별 등 열아홉 가지를 열거하고 있다. 그런데 이 법은 차별 행위에 대한 진정권이나 구제에 관하여 규정을 두고 있으면서도 정작 차별 행위에 대한 금지 자체나 법적 제재에 관한 규정이 없다. 그 외에도 양성 평등, 고용 평등, 장애인 차별 금지 등에 관한 개개 특별법이 있으나 그 적용 범위가 한정되어 있다. 이번에 발의된 차별금지법안은 차별 행위에 대한 금지와 제재를 실효적으로 실현하는 내용을 담은 것이며 특히 내용이 포괄적이다.

국가인권위원회법이 정한 차별 사유 중 하나가 성적(性的) 지향이다. 차별금지법안은 성별과 성정체성도 들고 있다. 바로 이것 때문에 보수 개신교계가 차별금지법안에 반대론을 펴는 중이다. 어느 목사는 "동성혼은 생명을 잉태할 수 없다."라고 하면서, "동성애는 법으로 인정되면 백 년까지 안 가도 에이즈를 양산하고 생명이 잉태되지 않기 때문에 정말 심각한 죄다."라고 했다. 그러나 차별금지법안은 동성혼이나 동성애를 인정하는 게 아니라 이를 사유로 한 차별을 금하는 것이다. 임신과 출산으로 말하자면, 동성애자가 아니면서도 비혼자이거나, 혼인했으나 자녀를 두지 않는 사람도 있지 않은가. 병력이나 생식은 차별의 정당한 근거가 되지 못한다. 다른 목사는 "이 법안이 통과되면 나는 설교 못 한다."라고 말하기도 했다. 하지만 차별금지법안에는 교회에서 동성애가 죄라고 말하는 것을 금지하거나 처벌하는 조항이 없다. 이 법안은 고용 관계, 교육, 재화와 용역의 공급 관계, 행정 서비스 등 네 영역에서 차별 행위를 규제하려는 것이다. 성 소수자를 정서적으로 수용하지 못함은 개인적 성향의 문제이지만, 그들에 대한 차별 금지에 반대함은 법적·사회적 영역의 문제다. 양자는 서로 다르다. 상당수의 기독교인들도 같은 견해를 표명하고 있다.

나는 이성애자이지만 남이 동성애를 한다고 비난하거나 반대할 생각도 그럴 이유도 없다. 동성애를 그린 영화 〈브로크백 마운틴〉을 감독한 리안은 이성애자다. 그는 아카데미상을 받은 후 이렇게 말한다. 이 영화에서 표현하고자 한 것은 인간의 인간에 대한 사랑뿐이라고.

기독교도가 아닌 이에게 기독교의 참된 가치는 인간의 존엄과 가치에 대한 존중이다. 그런 가치에도 불구하고 종교 재판으로 지동설을 주장한 사람을 단죄하고 성경을 영어로 번역한 사람을 화형에 처하고 마녀사냥을 벌인 역사, 유대인에게 별 모양 표식을 붙이고 게토에 몰아넣는 데 일조한 기독교의 과거사가 근본주의와 문자주의에 치우쳐 때로 인간 존중과는 다른 길을 걸어왔던 점을 반성한다면, 교회는 동성애자에 대한 혐오와 차별도 멀리해야 옳을 것이다.

　　성 전환에 따른 호적 정정을 법원이 재판으로 인정하기는 했어도, 입법으로 성 소수자 차별에 대해 실효적 보호책을 마련하는 일은 이제 시작이다. 이 법안은 통과되어야 한다.

# '숨 쉴 공간'과 메마른 세계관
## 표현의 자유

2020년 10월 이재명 현 경기도지사의 공직선거법 위반 등 피고 사건의 파기 환송심에서 무죄가 선고되었다. 그에 앞서 대법원이 선고한 전원합의체 판결의 취지에 따른 것이다. 그런데 그 대법원 판결을 읽다가 '숨 쉴 공간'이라는 구절에 눈이 번쩍 뜨였다. 문장 전체를 옮기면 이렇다. "표현의 자유가 제 기능을 발휘하기 위하여는 그 생존에 필요한 숨 쉴 공간, 즉 법적 판단으로부터 자유로운 중립적인 공간이 있어야 하기 때문이다." 이 판결은 다시 어느 보수 논객이 이정희 전 통합진보당 대표 부부에게 사용한 '종북', '주사파'라는 표현을 두고 2018년 10월에 선고된 다른 전원합의체 판결을 인용하고 있는데, 거기에서도 숨 쉴 공간이란 글귀가 등장한다. 2011년 광우병을 보도한 피디수첩 사건의 판결에서도 이 용어가 쓰였다. 2018년 10월에 내려진 판결의 법리가 이번엔 반대 진영 정치인이 선거 후보자 방송토론회에서 한 발언을 보호한 것이다.

아쉽게도 이런 멋진 글귀는 어디에서 배워 오지 않는 한 우리나라 대법원 판결에선 찾아보기 어렵다. '숨 쉴 공간(breathing space)'은 미국 연방대법원의 1963년 '전미유색인지위향상협회 대 버튼 사건'* 판결에서 윌리엄 브레넌 대법관(1956~1990년 재임)이 처음 쓴 것이다. 그는 언론의 자유에 관한 이정표적 판결로 꼽히는 1964년 '뉴욕타임스 대 설리번 사건'의 판결에서도 같은 표현을 썼다. 다른 촌철살인적 구절로는 '명백하고 현존하는 위험'이 있다. 우리 헌법재판소의 1990년 결정 중에 나오는 이 말은 이미 1918년에 미국의 올리버 웬델 홈스 대법관(1902~1932년 재임)이 '솅크 대 미합중국 사건'*에서 사용한 것이다.

숨 쉴 공간이란 무엇인가. 그것은 인간의 인식 능력이나 기억력, 또는 언어 자체가 지닌 표현력의 한계에 대한 이해와 통찰이 허락하는 공간이다. 1964년 뉴욕타임스 대 설리번 사건의 판결에서 숨 쉴 공간은 어떤 것이었을까. 그 사건에선 마틴 루터 킹 목

---

**전미유색인지위향상협회 대 버튼 사건**(National Association for the Advancement of Colored People v. Button) 미국에서 시민단체가 공익소송에 참여할 수 있는 권리를 두고 다툰 사건. 전미유색인지위향상협회(이하 NAACP)는 인종 차별 정책의 철폐를 지원하는 시민단체로, 1954년 '브라운 대 교육위원회' 판결 이후 적극적으로 흑인들의 소송 활동을 지원했다. 1956년 버지니아주는 시민단체가 소송에 재정 지원을 하거나 변호사 선임에 관해 조언하는 행위 등을 금지하는 법률을 제정하여 NAACP 같은 단체의 활동을 막았다. 이에 NAACP는 버지니아주 법무부 장관 로버트 버튼을 상대로 위헌 소송을 제기했다. 1963년 연방대법원은 6 대 3으로 NAACP의 활동을 정치적 표현의 한 형태라고 규정하며 그들의 표현의 자유를 인정했다.

사를 돕기 위해 인권 활동가들이 〈뉴욕타임스〉에 게재한 광고가 문제 되었다. 앨라배마주 몽고메리의 경찰국장인 설리번은 광고의 내용이 사실과 다르며 이것이 자신의 명예를 훼손한 것이라고 하여 〈뉴욕타임스〉를 상대로 손해배상 청구 소송을 걸었다. 실제로 광고에 실린 주장은 여러 점에서 사실과 달랐다. 얼마나 달랐을까? 문제 된 부분은 이렇다. "학생들은 주 의사당의 계단에서 〈아메리카〉라는 노래를 부른 뒤 학교에서 쫓겨났고, 산탄총과 최루탄으로 무장한 트럭 여러 대 규모의 경찰관들이 대학교 교정을 에워쌌다. 전체 학생들이 재등록을 거부함으로써 항의하자, 그들을 굶겨서 굴복하게 하려고 식당이 봉쇄되었다. 남부의 (인권) 침해자들은 킹의 평화적 항의에 위협과 폭력으로 답했다. 그들은 킹의 집으로 쳐들어가서 그의 부인과 아이를 거의 죽게 만들었다. 킹의 신체에 폭행을 가했고, 그를 일곱 번이나 체포했다." 그런데 사실은 이랬다. ①시위 학생들이 부른 노래는 국가였다. ②학생들이 쫓겨난 것은 그들이 몽고메리 군법원의 간이식당에서 음식 제공을 요구했기 때문이다. ③무장한 경찰관들은 단지 교정 가까운 곳에 배치되었을 뿐이다. ④전체 학생이 아니라 대부분의 학

---

**셴크 대 미합중국 사건**(Schenck v. United States) 미국 연방대법원이 표현의 자유의 제한 기준을 판시한 사건. 1차 세계대전 직후 미국은 '간첩법'을 통과시켜 전시 동안 미군 내에서 불복종을 고의로 유발하거나 군 모집과 입대를 방해하는 등의 행위를 불법으로 규정했다. 당시 미국사회당의 총서기 찰스 셴크는 이 법안에 반대하여 징집 거부를 요구하는 전단을 배포했고 결국 간첩법 위반으로 체포되었다. 셴크는 표현의 자유를 주장했으나, 1919년 연방대법원은 전원일치로 간첩법에 위헌성이 없으며, 수정헌법 제1조에서 보호하는 표현의 자유는 '명백하고 현존하는 위험'을 나타낼 경우 제한될 수 있다고 판결했다.

생이 시위에 참여했다. ⑤학생들의 항의 방법은 수업 거부였다. ⑥경찰관들이 학생들을 굶겨 죽이려고 한 일은 없었다. ⑦킹 목사는 세 번 체포되었다. 그러나 연방대법원은 "자유로운 토론에서 잘못된 말은 불가피하므로, 표현의 자유가 살아남기 위해 필요한 숨 쉴 공간이 있으려면, 보호되어야 한다."라고 판시하면서 숨 쉴 공간 내에서의 명예 훼손 책임을 부정했다.

숨 쉴 공간이란 말 그대로 숨 쉬어 살아남을 공간, 생존에 필요한 최소한의 공간이다. 모든 말이 완벽하게 사실에 맞아 들어가야 하고, 조금이라도 어긋나면 불호령이 내리고 육모방망이가 춤추는 사회엔 숨 쉴 공간이 없다. 정치적 발언의 영역에서는 더욱 그렇다. 이런 공간을 보호해야 한다는 지혜가 최고 법원의 판례에 오르기 위해서는 일상의 절실한 경험을 법리로 승화시키는 법적 상상력이 필요하다. 변호사로서 판결을 읽으며 답답해지는 순간은 판관의 판단이 정확성의 요청을 넘어 무릇 인간사에서 늘상 있게 마련인 사소한 오류를 일체 용납하지 않으면서 맥락을 무시하고 메마른 세계관으로 사건을 재단하는 것을 목격할 때다. 성인지 감수성이란 것도 성범죄 사건의 피해자에게 이런 공간을 허락하는 것을 뜻한다. 왜 성폭행을 당한 바로 그날 신고하지 않았느냐, 왜 그 사건 후에도 가해자를 전과 같이 대했느냐 따위의 비난으로 가해 사실을 부정하는 것이 옳을까. 인간은 기계가 아니다.

대법원 판결문에 설명한 대로, 자유로운 토론과 성숙한 민주주의를 위해서는 "부정확하거나 바람직하지 못한 표현" 또는 "부분

적으로 잘못되거나 과장된 표현"에 바로 법적 책임을 물을 일이
아니다. 숨 쉴 공간이 우리 사회의 완고한 엄숙주의를 덜어내는
데 얼마나 기여할지 보고 싶다.

# 다수 의견과 소수 의견
## 직권남용죄

박근혜 정부의 문체부 블랙리스트가 문제를 일으킨 데 이어, 문재인 정부가 들어선 후에도 이런저런 리스트가 있다고 시비가 일자 공무원들 사이에 '일을 열심히 하면 직권남용죄, 무서워서 아무 일도 안하면 직무유기죄'라는 탄식이 돌았다는데, 과장이다 싶으면서도 한편으로 걱정스럽기도 했다. 어디까지가 남용이 아니고 어디서부터 남용인가. 공무원이 권한을 행사하여 남에게 의무 없는 일을 하게 하거나 남의 권리 행사를 방해하는 것이 직권남용죄다. 단순하게 말하자면 겉으로는 권한 내의 행위 같지만 실은 의도가 불순한 행위를 말한다. 권한 밖의 행위는 직권남용죄가 되지 못한다. 예를 들어 세무 공무원이 세무 조사를 나가 몸수색을 하면 직권남용죄가 아니라 불법수색죄가 된다.

일전에 대법원이 김기춘 전 대통령비서실장 등의 직권남용죄에 관해 내린 판결은 직권남용죄의 적용 범위를 좁혀놓았다. '남용' 이 무엇인지 아리송하나, 법령의 최종 해석권은 법원에 있으니 판례에 따라 새길 수밖에 없다. 이 판결엔 다수 의견, 반대 의견, 별개 의견, 보충 의견이 어지럽게 붙어 있고 분량도 80쪽에 이른다.

이 판결은 대법원장과 12명의 대법관 전원이 합의에 관여한 전원합의체에서 나온 것이다. 그중 별개 의견은 특정 문화예술인단체를 기금 지원 선별 대상에서 배제한 것이 위헌적이거나 위법하다고 평가된다고 하여 바로 직권남용이라고 할 수는 없다는 논리를 펴고 있다. 그렇게 평가하면 직권남용죄의 해석 범위가 과도하게 확장된다는 것이다. 다른 별개 의견은 수사권이 없는 대통령비서실에서 수집한 증거를 재판에서 유죄의 증거로 쓰는 것은 정치적 중립에 위배되고 이런 일이 허용되면 향후 정치적 보복에 악용될 수 있으므로 그렇게 위법한 증거의 증거 능력은 부정해야 한다는 논지를 폈다. 이와 달리 다수 의견은 문체부의 지원 배제 조치야말로 정부의 정책이나 노선에 배치된다는 정치적 이유만으로 대상자에게 불이익을 준 것이니 직권남용에 해당한다고 보았다. 또 공무원은 범죄가 있을 때에는 고발할 의무가 있으므로 대통령비서실에서 제공한 증거를 위법한 것으로 볼 수 없다고 했다.

일반적으로 소수 의견(별개 의견과 반대 의견)은 존재만으로도 의미가 있고 그 논리도 잘 새겨볼 만한 가치가 있다. 법원의 공식 견해인 다수 의견의 판시 범위를 가늠하게 하고 판결의 논리적 정합성을 유도하는 기능을 하기 때문이다. 또 소수 의견은 어느 사회의 이념적 다양성을 보여주는 중요한 징표다. 이용훈 대법원장

(2005~2011년 재임)의 치적 중 하나는 전원합의체를 실질적으로 활발하게 운영한 것이다. 새만금 사건을 시작으로 피디수첩 사건에 이르기까지 여러 사건이 전원합의체를 거쳤고 다수 의견과 소수 의견이 치열하게 대립하면서 다양한 사법 철학과 법리가 개진되었다. 그러다가 양승태 대법원장(2011~2017년 재임) 시절엔 소수 의견이 나올 법한 사건에서도 전원일치 의견의 판결이 선고되어 법조계에 실망 내지 분노를 안겨준 일이 있었다. 키코 사건, 원세훈 국정원장의 선거 개입 사건, 형사사건의 성공 보수 사건 등이 그렇다.

미국 연방대법원의 휴고 블랙 대법관(1937~1971년 재임)은 1942년 '베츠 대 브래디 사건'* 판결에서 소수 의견을 냈다가 21년 후인 1963년의 '기드온 대 웨인라이트 사건'* 판결에서 베츠 판결을 뒤집는 다수 의견을 집필했다. 판결 선고 후 그는 살아생전에 이런 일이 있을 줄 몰랐다고 토로했다. 우리나라 대법원이 1977년에 내린 전원합의체 판결의 소수 의견은 이런 문장으로 끝

---

**베츠 대 브래디 사건(Betts v. Brady)** 미국 헌법에 보장된 '변호사의 조력을 받을 권리'를 두고 다툰 사건. 스미스 베츠는 강도죄로 메릴랜드 순회법원에 기소되었는데, 가난해서 변호사를 선임할 수 없으니 법원에서 변호사를 선임해줄 것을 요구했다. 당시에는 살인 같은 중범죄에 한해서만 변호사 선임을 요구할 수 있었기에 베츠의 요구는 거절되었고 그는 유죄 판결을 받았다. 이에 베츠는 자신의 '변호사의 조력을 받을 권리'가 거부당해 헌법에 보장된 적법절차에 의해 재판을 받지 못했다고 주장하며 연방대법원에 상고했으나, 1942년 연방대법원은 6 대 3으로 상고를 기각했다. 다수 의견은 적법절차에 따라 공정한 재판을 받기 위해서 모든 피고인이 변호사의 도움이 필요한 것은 아니라고 판단했다. 반면 휴고 블랙 대법관은 가난의 문제로 인해 변호사를 선임할 수 없을 경우 빈곤층의 유죄 판결 가능성이 높아지므로 변호사 선임 거절은 수정헌법 제14조의 평등보호조항을 위반하는 것이라는 소수 의견을 냈다.

을 맺는다. "한 마리 제비로는 능히 당장에 봄을 이룩할 수 없지만, 그가 전한 봄, 젊은 봄은 오고야 마는 법, 소수 의견을 감히 지키려는 이유가 여기에 있는 것이다." 과거 권위주의 정부 아래에서 소수 의견은 판사들에게 법치와 인권을 가르치는 교시문이었고 일종의 청량제이기도 했다. 1985년 비상계엄군법회의의 재판권에 관한 전원합의체 판결에서 소수 의견을 낸 이일규 대법관은 "다수 의견이 헌법 정신에 눈을 뜨지 못하여 헌법적 감각이 무딘 점을 통탄할 따름이다."라고 썼다. 판결에서는 이 정도도 격한 언사라고 할 수 있다.

일각에서는 이번의 대법원 판결이 여권 인사들에게 직권남용죄를 묻지 않게 하려는 시도라는 등, 사법 농단 사건에 대한 사전 정지 작업이라는 등 정치적 해석을 내놓기도 하지만 판결문을 다 읽어보면 그런 말이 별 근거 없는 추측임을 알 수 있을 것이다. 다수 의견과 소수 의견이 모두 직권남용죄의 적용 범위를 좁히려고 긴 해석론을 펴고 있다.

두 의견 중 어느 것이 옳은지 단언하기는 어렵다. 그보다는 법이 늘 양날의 칼이라는 점을 지적하고 싶다. 칼의 임자라고 그 칼

---

**기드온 대 웨인라이트 사건**(Gideon v. Wainwright) 1963년 미국 연방대법원이 수정헌법 제6조의 '변호사의 조력을 받을 권리'가 형사사건의 모든 피고인에게 적용되는 권리라고 판결한 사건. 1961년 클래런스 기드온은 절도죄로 기소되어 법원에 변호사를 선임해줄 것을 요청했으나 거절당했고, 결국 유죄 판결을 받았다. 이에 기드온은 자신이 '변호사의 조력을 받을 권리'를 충분히 보장받지 못했다고 주장하며 대법원에 상고했다. 연방대법원은 전원일치로 수정헌법 제14조에 따라 스스로 변호사를 선임할 능력이 없는 형사사건의 피고인도 변호사의 조력을 받을 수 있다고 판결했다.

을 빼 드는 게 꼭 능사는 아니다. 혹 빼 들더라도 필요한 만큼만 베야 하는 것이 칼이다.

# 고무줄 배임죄

배임 행위

    형사사건으로 기소된 기업인들이 억울해하는 것 중 하나는 본인 생각으로는 정상적인 기업 활동이 어느 날 갑자기 배임 행위로 문죄당하는 것이다. 제약회사의 대표이사로 일하면서 사업 확장을 위해 유통회사인 계열사에 자금을 대여하게 했다가 배임죄로 기소된 어느 기업인은 변호사인 내가 아무리 교과서에 나온 대로 배임죄를 설명해도 자기 행위가 죄가 된다는 것을 이해하지 못했다. 배임죄의 본질적 요소 중 하나는 배신 행위다. 그는 자기가 왜 회사를 배신했다는 것이냐며 펄펄 뛰었다. 배임죄로 기소당한 후 그렇게 말하며 흥분하는 기업인을 한두 명 본 게 아니다. 그 기업인은 끝내 유죄 판결을 받았지만, 지금 그 계열사는 잘만 운영되고 있다. 만약 그렇게 지원하지 않았다면 그 계열사는 도산했을 것이고 그 제약회사도 지금처럼 튼튼한 유통망을 만들지 못했을 것이다.

　배임죄는 타인의 사무를 처리하는 사람이 그 임무에 위배되는 행위를 해서 재산상 이익을 취득하거나 다른 사람으로 하여금 이익을 취득하게 해서 본인에게 손해를 가하는 범죄다. 교과서의 설명으로 배임죄는 위태범이다. 실제로 손해가 발생하지 않아도 그럴 위험을 발생하게 하면 죄가 된다. 예를 들어 담보 없이 대출을 해주었다가 별 탈 없이 대출금이 회수되어도 그런 대출은 일단 손해를 발생시킬 위험성이 있으므로 이론상 배임죄가 된다. 문제는 이런 이론을 고지식하게 적용하면, 안전하다는 확신 없이 하는 모든 의사 결정과 그에 따른 투자 행위가 배임죄로 처벌될 가능성에 노출된다는 것이다. 담보가 다소 부족했지만 여러 건의 대출을 해주고 그 후 대부분을 회수했는데도 대출금 전부에 대해 배임죄로 기소된 사건에서, 나는 이런저런 사정을 보면 적어도 회수된 부분에서는 배임죄가 성립하지 않는다고 주장했다. 그 근거는, 실제로 회수된 결과를 보면 당초부터 위험이 없다고 볼 수 있거나 적어도 피고인의 입장에서는 그런 위험에 대한 인식이 없었다고 보아야 한다는 것이었다. 하지만 법원은 까딱도 하지 않았다. 법원은 그렇다 치고, 검찰에서 이런 행위를 들추어내고 처벌할 가치가 있다고 보아 기소한 것부터가 답답한 일이었다.

　어느 기업인이 소매업체가 들어가 있는 서울 시내 유명 건물을 리모델링하여 활성화할 계획을 세웠다. 리모델링 업체가 공사를 도급 주는 건물주에게 담보를 제공하는 것이 이 업계의 특이한 거래 방식이다. 담보를 제공할 자력이 있는 재벌 기업 두 군데와, 담보를 제공할 수는 없어도 리모델링에서 실패한 전적이 없는 소기업이 공사를 맡으려고 경쟁했는데, 내 의뢰인은 소기업에게 공사를 주었다가 배임죄로 기소되었다. 리모델링이 잘되어 재분양에 성공하면서 상가가 활성화되었는데도 법원은 유죄 판결을 내렸다. 유죄 판단의 이유를 단순하게 풀이하자면 결과야 어쨌든 위험한 일을 했다는 것인데, 상식적으로 이해하기 어려웠다. 기업은 이윤 추구를 목표로 하는데 이윤이란 경제학의 기본 이론에서 투자에 따르는 리스크를 감내함에 대한 대가라고 하지 않던가. 더욱이 법률가의 판단은 기본적으로 사후 판단이고, 여기에다가 사후 확신 편향(어떤 일의 결과를 알고 난 후 마치 처음부터 그 일이 일어날 것을 알고 있었던 것처럼 생각하는 경향)까지 겹치면, 일단 실패한 경영 행위에 배임죄를 적용하려 들 경우 처벌을 면할 방도가 없다. 즉 자칫하면 배임죄에서는 결과 책임을 묻게 될 위험성이 있다. 이렇게 배임죄의 구성 요건을 형식적으로만 해석해서 자꾸 처벌하고 그로 인해 양심적인 기업인의 합리적인 경제 활동을 위축시킨다면, 올바른 사법 작용이라고 하기 어렵다. 어느 배임죄 피고 사건에서 재건축 조합장인 피고인이 공사 대금을 증액해준 데에 합당한 이유가 있다면서 내가 열변을 토하자, 고등법원의 재판장이 법정에서 웃으며 한 말은 "내가 보니 우리나라에는 과실에 의한 배임죄가 있습니다."였다. 다행히 그 사건에서는 무죄가 선고되었지만 그런 재판장을 만나기는 쉽지 않다.

2013년에 들어 국회에서 기업인의 경영 행위에 적용되는 배임죄의 처벌을 완화하는 내용으로 법률 개정안이 발의되었던 일이 있다. 상법 제282조 2항에 "이사가 충분한 정보를 바탕으로 어떠한 이해관계를 갖지 않고 상당한 주의를 다해 회사에 최선의 이익이 된다고 선의로 믿고 경영상 결정을 내리면 회사에 손해를 끼쳤다고 하더라도 의무 위반으로 보지 않는다."라는 단서를 넣어 경영 판단의 원칙을 명문화한다는 것이다. 그러나 법이 개정되지는 못했다.

경영 판단의 원칙을 명문화하는 데 반대하는 이유 중 하나는 재벌들의 편법 행위를 면책시켜줄 위험이 있다는 것이다. 그러나 경영 판단의 원칙 자체에 문제가 있는 것은 아니다. 배임죄 처벌에서 사법 운영에 문제가 있을 뿐이다. 오히려 반대의 위험을 생각해야 한다. 즉 배임죄가 '걸면 걸리는 범죄'나 '고무줄 배임죄'가 되어 있는 법 현실이다. 그 전형적 예가 검찰이 2008년에 정연주 전 KBS 사장을 배임죄로 기소했다가 무죄 판결이 난 사건이다. KBS가 과세 처분의 취소를 구하는 소송을 걸었다가 법원이 조정결정을 내려 여기에 응하자, '승소할 것이 유력한데도 조정에 응한 것은 KBS에 손해를 가하고 국세청에 이익을 주는 행위였다'는 것이 검찰의 논리였다. 달리 말하면 정 사장이 KBS로 하여금 정당한 몫보다 더 많은 세금을 내게 했다는 것이다. 여기에 노무현 전 대통령이 했다는 평이 재미있는데, 세금을 더 냈다면 덕을 본 것은 정부고, 정부가 덕을 봤으니 국민에게 이익이 된 게 아니냐는 것이었다. KBS가 승소할지 아닐지는 판결이 나와봐야 알 수 있는 일이고, KBS가 승소할 사건에서 법원이 조정을 할 이유가 없었을 텐데도, 검찰은 기어이 배임죄를 적용하려고 한 것이다. 단순한 경영 실패는 놓아두고, 사익 취득을 위한 의도적 행위에만 배임죄를 적용해야 헌법상 과잉 금지 원칙에 부합한다는 견해를 받아들였다면 이런 일은 일어날 수 없었다. 당시 이명박 정부는 언론을 장악하려 한다는 평을 듣고 있었다. 형법이라는 기본적 법 체계를 편향적 진영 논리로 해석하고 적용하는 것은 위험하다. 형벌이란 늘 양날의 칼 아닌가.

대법원 판결 중에는 이미 경영 판단의 원칙을 받아들인 것이 있다. 그러나 기소된 사건 중 98% 이상에서 유죄 판결이 나오는 우리의 형사 사법 현실에서, 실제로 형을 선고하는 지방법원이나 고등법원이 이 원칙을 시원하게 적용하지는 않는다. 법률의 개정 여부와는 별개로, 법을 해석하고 적용하는 일선 법률가의 인식이 정작 더 큰 문제이다. 털어서 걸리면 기소하고 기소하면 유죄로 판결하는 풍토라면 법을 바꾸어도 별로 소용이 없을 것이다. 배임 행위 아닌 행위를 고무줄 배임죄로 처벌하는 일은 없어져야 한다.

# 전쟁과 평화

## 만국공법

"탕! 탕! 탕! 탕! 탕! 탕! 탕!" 안중근 의사가 1909년 10월 26일 이토 히로부미를 겨눈 브라우닝 M1900 권총에서 났던 총소리다. 그 권총은 칠연발형이었으나 실제로 발사된 것은 여섯 발이었다. 그중 세 발이 이토에게 명중했다. 그러나 우리의 전통 수요(數謠)는 "육혈포로 칠 발을 쏜" 안중근을 기리며 그 총소리를 일곱 발로 듣는다.

제국주의는 무도하다. 일본의 제국주의는 적어도 조선에 관한 한 단순한 식민 지배가 아니다. 브루스 커밍스의 지적대로 그것은 독립국에 대한 강탈이고 침략이다. 더 나쁘다. 안중근은 이 침략에 대항하는 의병 활동을 전쟁으로 규정했다.

안중근에 대한 일본의 재판은 법적으로 정당한가? 안중근이 거사를 일으킨 곳은 하얼빈역이다. 이곳은 청나라 영토이지만 러시아가 조차하여 동청철도의 부속지로 관리했기에 러시아가 관할하고 있었다. 러시아는 안중근에 대한 재판권을 서둘러 일본에 양여했고, 일본 외무대신의 명령에 의해 사건은 관동도독부 지방법원으로 넘어갔다. 일본인 담당 판사 마나베 주조는 판결문에서 일본 법원의 재판권 행사에 근거가 된 한청통상조약과 을사보호조약의 적용에 관하여 나름대로 논리를 편다. 그 논리는 억지다. 이토의 전기 소설을 쓴 미요시 도오루마저 이 점을 인정한다. 마나베가 논급한 1899년의 한청통상조약 제5관은 대한제국이 청나라 영토에서 치외법권을 지닌다고 되어 있고, 1905년의 을사보호조약 제1조는 "일본의 외교 대표자와 영사는 외국에 주재한 한국 신민의 이익을 보호한다."고 되어 있다. 재판권을 행사할 수 있다고 정한 조항은 어디에도 없다. 가령 1909년 기유각서 제3조를 원용하여 일본이 재판권을 행사할 수 있다고 해석하더라도, 이때 적용할 형벌 법규는 일본 형법이 아니라 대한제국의 법이다. 그런데 당시 대한제국에 섭외적(涉外的) 형벌 법규는 존재하지 않았다. 대한제국의 국민이 외국에서 저지른 형사범에 대한 처벌 규정이 없었다는 것이다. 그런데도 안중근에게 적용된 법은 일본의 국내법이었다. 안중근은 법정 최후진술에서 "나는 개인적으로 벌인 일이 아니라 대한제국의 의병 참모중장으로서 행한 일로 이 재판정에 있는 것이라고 확신한다. 나는 국제공법, 만국공법에 따라 처리되기를 희망한다."라고 했다. 그러나 그는 일제에 의해 치안범으로 처단되었다.

만국공법이란 무엇인가. 미국의 법학자 헨리 휘튼이 저술한

《국제법 원리, 국제법학사 개요 첨부》는 1864년 청나라에서 한역되어 《만국공법》이라는 책으로 출판되었다. 이것이 일역되고 다시 1880년 조선에 유입되어 식자층에 퍼졌다. 안중근도 그 책을 읽었을 것이다. 이 책에서 주목할 만한 내용은 전쟁에 관한 것인데, 그중에는 교전 시 적국 병사가 아군에 억류되었을 때 전쟁 포로로 대우해야 한다는 것이 있다. 실제로 안중근은 1908년 함경도에 진격하여 일본군과 벌인 전투에서 일본군 병사들을 포로로 잡았다가 나중에 석방한 일이 있었다.

법학자 명순구는 안중근을 전쟁 포로로 보아야 한다고 주장한다. 이유는 이렇다. 안중근은 당시 러시아 연해주에서 창설된 의병부대인 '대한의군'에서 참모중장의 직책을 받았다. 의병은 민병대로 보아야 하기에 국제법상 교전 단체다. 이토는 당시 일본의 추밀원 의장 직위에서 군사 통괄권을 가지고 있었고, 따라서 대한제국의 입장에서 볼 때 적국의 정부기관으로서 교전 자격을 가진다. 이렇게 되면 안중근의 이토 저격은 비정규군이기는 해도 군인이 적국의 군통수권자에 대해 행한 무력 행사다. 즉 군사 행동인 것이다. 재판정에서 안중근이 한 항변은 궤변이 아니다.

마나베의 판결문에는 이 항변에 대해 아무런 판단이 없다. "재판관은 대사(大事)를 취급하지 않는다."라는 법언도 있지만, 마나베는 대한제국 의병의 군사 행동에 담긴 법적 성격이라는 매우 껄끄러운 문제를 판단하고 싶지 않았을 것이다. 그는 이렇게 생각했을지도 모른다. "너희는 이미 일본의 신민이며, 일본 법의 적용을 받는다. 너희는 일본과 전쟁을 할 자격이 없다." 마나베의 내심의 판단이 옳든 그르든, 이렇게 판결문에 아무런 판단을 적지 않은 태도는 정당하지 않다. 사형을 선고하는 마당에 보이는 이런 태도야말로 무도한 제국주의적 사고의 산물이라고 할 만하지 않은가.

그런데 마나베의 재판은 근대 사법 제도의 산물이다. 그 판결문의 논리와 문체는 21세기 한국의 법률가에게도 낯설지 않다. 나는 이 점에 몸서리친다. 대한제국이 당장 강도 일본과 싸웠어야 할 때, 그들은 이미 서구의 근대성에 합류한 것이다. 식민 지배의 본질은 침략적이지만 그 형식은 법으로 무장되어 있다. 이것이 일본식 제국주의다. 간단치 않은 것이다. 다만 일본의 근대성은 사이비다. 일본의 정치사가인 마루야마 마사오는 그의 글에서 일본의 근대화가 '독특한' 것이었다고 썼지만, 아니다. 그냥 가짜다. 근대성으로 치자면 외려 안중근의 인식이야말로 그 정수에 닿아 있다. 마나베는 틀렸고, 안중근은 옳았다.

이토가 열차 안으로 옮겨져 죽기 전 마지막으로 한 말은 "바카"였다. 바보라는 뜻의 일본 말이다. 자기를 쏜 사람이 조선인이라는 사실을 알고 내뱉었다고 한다. 그는 안중근의 식견을 비웃었을 게다. '동양 평화를 위한 내 뜻을 모르다니' 또는 '그래 봤자 어차피 조선은 먹힌다'라는 뜻일 수도 있다. 그 무도한 침략과 전쟁의 정치학을 배워 아는 체하는 자들은 안중근을 무모한 테러범이라며 비웃을 것이다. 앞으로도 많은 이토가 태어날 것이고 또 이토류의 정치 철학에 동조하여 날뛸 것이다. 그러나 너희는 얼마나 인류의 평화를 위해 공헌했다는 것인가. 너희의 이욕 추구는 얼마나 사악한 것인가. 평화주의는 포기할 수 없다. 이토의 기만적 동양 평화론에 안중근은 옥중 집필한 〈동양 평화론〉으로 답했다. 이토는 틀렸고, 안중근은 옳았다.

2019년 3월 하얼빈역의 안중근 의사 기념관이 재개관되었다. 안중근은 처형되기 직전 동생들에게 자신의 유해를 조국의 주권이 회복되었을 때 조국으로 이장하라고 일렀다. 그러나 일제는 그의 매장지를 알리지 않았다. 단서도 희미하다. 일본에서 개국 영웅으로 추앙받는 이토의 장례는 근대 일본 최초의 국장으로 치러졌다. 일본 내에 기념 공원과 신사가 세워졌고, 일제 강점기 우리 땅에는 장충단 동쪽에 그를 추념하는 절인 박문사가 세워지기까지 했다. 왼손 약지 첫 마디를 끊어 국권 회복을 맹세한 삼십일 세의 청년, 우리의 영웅은 아직 유해조차 찾지 못했다. 2018년 8월에 문재인 대통령은 독립유공자 초청 오찬에서 그의 유해 발굴을 남북이 공동으로 추진하겠다고 밝혔으나 별다른 소식이 없다. 안타깝다. 빠른 봉환을 고대한다.

# 연예인은 공인일까?

## 명예훼손죄

    공직자가 아닌 어느 부류의 사람들을 '공인'이라고 부르는 것은 대개 그들에게 어떤 책임을 지우거나 그들을 비난할 때 하는 일이다. 예를 들어 "연예인이 출연료를 문제 삼아 녹화를 펑크 내는 것은 공인 의식을 저버린 무책임한 행동이다."라고 할 때의 공인 호칭이 그렇다. 연전에 어느 신문은 사설에서 연예인을 공인이라 칭하면서 "최소한의 공인 의식이 있었다면 마약 따위는 꿈조차 꾸지 말았어야 한다."라고 썼다. 연예인을 공인이라고 치켜세우는 듯하지만, 결국 그 공인성은 손가락질의 전제 노릇을 하는 셈이다.

    그런데도 왜 연예인들은 굳이 그 재미없는 공인 노릇을 자처하는지 모르겠다. 공인이란 호칭이 일반화되기 전에는 종종 자신을 '사회 지도층'이라고 칭한 연예인들도 있었다. 사회 지도층 노릇도 재미없기는 매일반 아닌가. 성폭행을 저질러서 문제가 된 어느 배우가 "국민의 사랑과 관심을 받는 공인으로서" 일으킨 물의에 대해 사과한 일이 있다. 그가 공인임을 자임한 것이 듣기에 별로 개운치는 않았다. 몇 년 전 어느 배우가 자살하자, 조문 온 나이 지긋한 배우가 이렇게 말하는 것이 텔레비전에 비쳤다. "○○이는 잘못했어. 연예인은 공인인데 말이야."

'공인'이란 무엇인가. 미국의 연방대법원은 1964년 공직자를 공격하는 보도를 낸 언론이 명예 훼손 책임을 지는지가 문제 된 사건에서, 언론사가 보도 내용이 허위임을 알면서도 의도적으로 보도하거나 그 진위 여부를 무모할 정도로 무시하면서 보도한 경우에만 명예 훼손이 된다고 판단했다. 그러다가 1967년에 들어서는 언론의 공격적 보도 대상이 되어도 이를 감내해야 할 위치에 있는 사람이라는 뜻으로 '공적 인물(public figure)'이라는 개념이 등장했다. 나중에 여기엔 연예인이나 운동선수도 들어가게 되었다. 이유인즉 직업상 다수인을 상대해 지명도를 누리게 되었으니 그만한 책임이 있다는 것이다.

명예훼손죄는 공연(公然)히 사실이나 허위 사실을 적시하여 사람의 명예를 훼손하는 죄다. 사람들에게 알려지면 사회적 평가를 저하시킬 위험이 있는 것은 진실한 사실이든 허위 사실이든 가리지 않는다. 그런데 진실한 사실을 적시하여 명예를 훼손한 행위는 그것이 공공의 이익을 위한 것일 경우 처벌하지 않는다. 공인에 관한 사실 보도를 처벌할 수 없는 것은 바로 이 때문이다. 우리나라 대법원은 정치적 표현에 의한 명예 훼손 행위로 민사적인 불법

행위 책임을 지울 수 있는지에 관한 문제를 두고, 2018년의 전원합의체 판결에서 "공론의 장에 나선 전면적 공적 인물의 경우에는 비판을 감수해야 하고 그러한 비판에 대해서는 해명과 재반박을 통해서 극복해야 한다."라고 판시하여 책임을 제한하는 견해를 취했다. 그런데 이 판결에서는 "피해자의 지위를 고려하는 것은 이른바 공인 이론에 반영되어 있다."라고 하여 공인 이론을 인정하는 입장을 보였다.

이런 이유로 공인은 명예 훼손과 관련하여 일반인에 비해 법적인 보호를 받는 강도가 약하다. 하급심이지만 주목할 만한 판결이 있다. 텔레비전 뉴스 앵커를 지낸 국내 유수 방송사의 중견 언론인이 음주운전 단속을 당하자 기자 신분임을 밝히면서 경찰관에게 영향력을 행사함으로써 단속을 회피했다는 언론 보도와 관련된 사건이었다. 이에 대해 1997년 서울지방법원은 "행위자가 일반인인 경우에는 행위 자체가 관심의 대상이 되는 것이고 행위자가 누구인지는 관심의 대상이 되지 아니하나, 행위자가 '공적인 인물'인 경우에는 행위자가 누구인지 여부 자체가 바로 공공의 관심 대상이 되는 것이므로 이를 보도하는 것은 국민에게 그 관심사를 보도하는 언론의 기능에 부합하는 것이다."라고 전제하고, 보도 행위에 위법성이 없다고 보았다. 문제의 언론인을 공적 인물로 인정한 것이다. 또 서울중앙지방법원은 2001년에도 표현의 자유와 관련하여 연예인을 공적 인물의 범주에 넣은 일이 있다. 일반인들에게 널리 알려진 유명 연예인으로서 상당한 인기를 누리고 있는 스타는 공적 인물이라고 볼 것인데, 보통 사람들에게라면 사생활에 해당하는 사항이라도 공적 인물의 경우에는 그런 사항이 공중의 정당한 관심의 대상이 될 수 있고 이에 관한 보도는 위법성이 없다는 것이 판결의 이유였다.

판례에서처럼 연예인을 공적 인물로 보는 것이 과연 타당한지 의문이 없지는 않다. 물론 연예인이라고 하더라도 허위 사실 보도에 대하여는 위법성을 면할 수 없고 따라서 면책 사유가 인정되지 않는다. 또한 연예인에 관한 여러 가지 사실 중 대중의 정당한 관심의 대상이 될 만한 사항이 아닌 것도 많을 것이다. 이런 점에서 '알 권리'를 무턱대고 내세우는 견해는 잘못된 것이다. 단순한 호사벽이 아니라면 그런 것까지 알아야 할 이유가 뭔가 싶은 일이 한둘이 아니기 때문이다. 예를 들어 어느 연예인의 부모가 빚을 갚지 않는다는 사실 따위가 그렇다.

유명 연예인이 내 의뢰인이 되어 그가 당사자인 민사소송사건을 맡았는데, 사건이 조정 절차에 회부되었다. 판사실에서 조정을 한다기에 의뢰인과 함께 판사실로 들어가던 날, 그에게 단단히 일러두었다. 판사 앞에서 "내가 공인으로서……"라는 말일랑 절대로 하지 말라고. 법 이론이 어떻고 사건이 어떻든 그런 말에 비위가 상한다는 판사들을 종종 본 일이 있어서였다. 의뢰인은 진중한 인물이었고 다행히 그 말을 입에 올리지 않았다. 그런데 한참 절차가 진행되던 중 그가 자기 입장을 고수하며 양보하려 들지 않자 담당 판사가 이러는 게 아닌가. "에이, 왜 이러십니까. ○○○ 씨는 공인이잖아요, 공인!" 재판에서마저 양보에 인색하지 않아야 하는 게 공인이라니, 좀 억울했다.

딱하지만, 아무래도 연예인은 공인인가 보다. 연예인이 그 호칭에 만족하면서 공인답게 행동하길 바라는 수밖에.

# 공직자의 '온당치 못한 외관'

## 공직 윤리

케네소 마운틴 랜디스는 미국 연방 판사로 재직 중이던 1920년 프로야구연맹의 초대 총재로 취임했다. 프로야구계가 제시한 영입 조건은 파격적이었다. 종신직인 데다가 총재 연봉이 판사 연봉의 다섯 배가 넘었다. 겸직으로 물의가 일자 법무부가 조사한 후 총재 일을 해도 판사로서 직무 수행에 지장이 없다는 결론을 냈다. 하지만 미국변호사협회는 랜디스의 행위가 '온당치 못한 외관(appearance of impropriety)'을 보였다는 이유로 제재를 결의했다. 이게 무슨 말인가? 실체가 어떻든 간에 외관상 의심스러운 행위는 그 자체로 사법에 대한 신뢰를 훼손한다는 것이었다.

워런 대법원(1953~1969년)은 진보적 판결을 많이 낸 것으로 유명하다. 1968년에 진보 진영은 민주당 출신 린든 존슨 대통령이 재임 중일 때 연방대법원장을 임명할 기회를 놓치지 않으려고 꾀를 냈다. 사임 의사를 밝힌 얼 워런 대법원장 후임으로 대법관 에이브 포타스(1965~1969년 재임)를 대법원장으로 임명하자는 것이었다. 문제가 터졌다. 포타스가 아메리칸대학교에서 아홉 차례의 강연에 대해 1만 5천 달러를 받은 것이 논란의 원인이었다. 포타스는 상원의 인준을 받는 데 실패했다. 다음 해에는 다시 포타스가 어느 금융가에게 법률 조언을 해주고 매년 2만 달러를 받는 계약을 맺었다는 언론의 보도가 있었다. 법무장관이 대법원장을 면담하여 연방수사국의 조사 결과를 전달하자 이틀 후 포타스는 사직했다. 대법관직마저도 놓친 것이다. 여기에서도 문제는 포타스의 행위가 실제로 위법한지보다는 그런 외관이 있다는 것이었다. 1969년 공화당의 닉슨 대통령이 취임한 후 얼 워런이 사임하자 대법원장에 임명된 사람은 보수 성향의 워런 버거(1969~1986년 재임)였다. 포타스 사건은 '연방 사법부 진보주의의 조종(弔鐘)'으로 평가된다.

포타스의 후임으로 지명된 클레먼트 헤인스워스 판사도 다시 상원의 인준을 받는 데 실패했다. 어느 공장에 관한 소송을 진행하면서 그 공장에 자판기를 설치해 수익을 올리던 회사의 주식을 소유하고서도 사건을 회피하지 않았다는 이유였다. 헤인스워스는 청문회에서 내내 자신은 아무런 잘못이 없다는 말만 되풀이했다. 실체만이 문제가 아니라 온당치 못한 외관까지 피해야 한다는 것으로 시민들의 윤리적 기대치가 높아졌는데도, 그는 이 기대에 부응하지 못했다.

판사는 안정과 절제의 표상이다. 미국의 사이먼 리프킨드 판사는 이렇게 썼다. "별난 행동은 판사에게 금기 사항이다. 폴로 경기장에서 폴로를 지나치게 잘 치거나, 경마장 매표구에서 50달러짜리 마권을 사는 모습이 너무 자주 보여서는 안 된다. 판사의 아내가 동네에서 제일 먼저 토플리스 수영복을 입은 사람이 되어서도 안 된다." 사생활이 이 정도이니, 돈벌이에 이르면 바짝 주의해야 한다. 판사는 물론 직무를 이용해서 돈벌이를 해서는 안 되지만, 더 나아가서 그의 경제 활동이 직무와 관련이 있는 듯한 모습, 즉 온당치 못한 외관조차도 보여서는 안 된다. 이 원칙은 '황후의 처세도(Caesar's wife doctrine)'라고도 불린다. 황제는 높은 사람인 만큼 자신은 물론 그 아내도 의심스러워 보여서는 안 된다는 것이다. 법이란 복종을 넘어 존중되어야 하고 존중되려면 신뢰받아야 한다. 사법 과정의 특이성으로 인해 신뢰의 필요성은 절대적이다. 미국의 펠릭스 프랑크퍼터 대법관은 사법부에 '지갑도 칼도 없는' 이상 판결의 권위는 공중의 신뢰에 기초할 수밖에 없다고 했다. 사회 현상의 이미지와 실체가 뒤섞이거나 불가분의 관계에 있는 오늘날, 실체가 외관과 다르더라도 그 외관에 대한 책임을 면할 수는 없다. "정의는 실현되는 것만으로는 충분치 않다. 실현되는 것으로 보여야 한다."라는 법언은 정의의 외관이 실체의 불가결한 구성 요소라는 뜻이다. 우리나라의 법관윤리강령에도 이 원칙이 반영되어 있다.

온당치 못한 외관 피지(避止) 원칙은 공직 윤리에 대한 기대치의 최소한이라고 할 수 있다. "당신들이 문제 삼은 그 투자와 내 직무는 아무런 관련이 없다. 나는 억울하다."라고 말할 수 없다는 것이다. 남편이 한 주식 투자라서, 아내가 건물을 샀기에, 어머니가 위장 전입을 한 것일 뿐 나는 몰랐다고 해도 양해를 구하기 어렵다. 돈벌이만 그런 게 아니다. 판사실에 변호사가 드나들지 못하게 된 것은 이미 오래되었다. 아무리 사건 부탁을 하러 들어간 게 아니라고 해도, 사건이 해당 재판부에 걸려 있는 한 아무도 그 말의 진실성을 믿어주지 않는다.

그런데 오늘날 모든 공직 후보자가 이렇게 생각하지는 않는 것 같다. 왜 그런가? 사회가 공직자에게 요구하는 윤리적 기대치는 날이 갈수록 높아지고 있는데, 공직자가 인식하는 윤리칙의 수준이 여기에 미치지 못하는 것이다. 그러다 보니 나는 그게 아닌데 왜들 그렇게 날 억울하게 만드냐는 볼멘소리가 나온다. 인간적으로는 안되었지만, 공직의 청렴성에 담긴 엄중함을 생각하면 그런 항변은 수긍하기 어렵다.

배밭은 배가 떨어지는 곳이다. 그러니 까마귀일랑 아예 가지 않는 것이 상책이다. 왜 하필 그때 떨어졌느냐고 배를 나무라거나 내 날갯짓에 그렇게 된 것이 아니라고 과학적으로 설명해도 잘 믿어주지 않는다. 친척이 목포에 무슨 점포를 샀다는 어느 국회의원이 곤욕을 치르면서 사실이 그게 아니라고 변명하는 것은 이제 우리 사회가 요구하는 윤리적 기대치에 미치지 못한다. 물론 의혹의 기초가 된 사실 자체가 실제로 존재하지 않는 경우도 있기는 하다. 그러나 일단 객관적으로 인정되는 기초 사실이 외견상 해당 인물의 직무와 관련이 있는 것으로 보이면, 그것이 바로 이해 충돌 상황이다.

억울한지 아닌지가 문제가 아니다. 공직자의 경제 활동이 직무와의 관계에서 우선 의심스러운 외관을 띠면 안 된다는 것, 이 이치를 깨닫지 못한다면 집권 세력의 앞날은 순탄치 않을 것이다.

# 최소한의 법적 안정성

## 조세법

이런 세상은 어떨까. 아침에 출근하려는데 늘 있던 버스 정거장이 보이지 않는다. 오늘부로 폐지되어버렸다고 한다. 다른 정거장까지 가서 버스에 올라타려니, 신용카드는 이제 쓸 수 없고 현금을 내라고 한다. 간신히 현금을 구해 출근해서 의뢰인이 데리고 온 증인과 회의를 시작하려는 순간 오늘부터는 회의 전에 서면으로 내용을 밝혀 대표 변호사의 허가를 받으라는 전갈이 온다. 급히 허가를 받아 회의를 시작하는데 비서가 메모를 전한다. 변호사가 증인 신문 전 증인을 만날 수 없는 것으로 법이 바뀌었단다. 가상의 예지만 이래서야 살겠는가. 최소한의 안정은 삶의 기본 조건이다. 예측하지 못한 변동은 불만의 단초다.

세금 문제에서 납세자에게 가장 중요한 것은 예측 가능성이다. 조세가 지닌 정책 기능의 하나는 어떤 일을 하면 과세되거나 반대로 면세 내지 절세의 이익을 얻을 것이라고 약속하여 납세자를 정책 목표로 유도하는 것이다. 문제는 그 약속이 수시로 바뀐다는 데 있다. 세법은 누더기가 된 지 오래다. 조세 전문가인 변호사 소순무는 《세금을 다시 생각하다》에서 "조세 철학이나 기본 방향이 없는 땜질식 입법, 시험적 입법이 행해지고 있다."고 지적한다. 예를 들어 양도소득세는 하도 바뀌고 복잡해져서 '양포세무사'라는 말까지 나왔다. 양도소득세 사건의 수임을 포기하는 세무사를 가리킨다.

부동산 양도소득세의 비과세 관련 규정을 보자. 1세대가 1주택을 2년 이상 보유하다가 이것을 처분하면 거래가액이 9억 원을 넘지 않는 한 양도소득세를 물지 않아도 된다. 그런데 일시적 2주택이라는 개념이 있다. A주택을 보유한 사람이 먼저 이 주택을 팔고 그 후에 B주택을 사는 경우에는 1세대 1주택에 해당하여 비과세되지만, 미처 A주택을 양도하지 못한 채 우선 B주택부터 취득하는 수도 있어 일정 기간 2주택 상태가 되는데, 이 경우에도 일정 요건을 갖추면 비과세 혜택을 준다. 관련 규정은 소득세법시행령 154조와 155조다.

2001년의 개정으로 비과세의 요건은 ①A주택을 3년 이상 보유할 것과 ②B주택을 취득한 후 2년 이내에 A주택을 양도할 것이 되었다. 그런데 2002년 3월의 개정으로 A주택 양도 기한이 B주택 취득 후 1년으로 바뀌었다. 2002년 12월에는 서울, 과천 등 지역의 경우 3년의 보유 기간 외에 거주 기간이 1년 이상 되어야 한다는 요건이 추가되었다. 2008년 2월의 개정으로 그 거주 기간이

2년으로 늘어나더니, 그해 11월에는 A주택의 양도 기한이 B주택 취득 후 2년으로 다시 늘어났다. 그러다가 2012년에 들어 새 요건이 추가되었다. ③B주택의 취득은 A주택의 취득 후 1년 이상 되는 시점이어야 한다는 것이다. 동시에 A주택의 보유 기간은 2년으로 줄어들었고 양도 기한은 B주택 취득 후 3년으로 늘어났다. 2013년이 되어 ③요건에서 취학, 근무 형편 등을 고려하여 예외를 인정하는 문구가 추가되었다. 2017년에는 A주택을 취득할 때 이것이 조정대상지역 내에 있었다면 2년 이상 보유하는 것 외에 다시 2년 이상 거주해야 한다는 요건이 추가되었다. 2018년의 개정에서는 A주택을 취득할 때 조정대상지역에 있었고 B주택도 조정대상지역에 있는 경우 A주택의 양도 기한이 B주택 취득 후 2년으로 줄었다. 다만 부칙에서 B주택의 매매 계약시 계약금이 2018년 9월 13일 이전에 지급되었다면 개정 규정이 적용되지 않는다고 예외를 인정했다. 2020년 2월이 되자, A주택을 취득할 때 조정대상지역에 있었고 B주택이 조정대상지역에 있는 상태에서 취득한 경우에는 ㉠B주택 취득 후 1년 이내에 세대 전원이 이사하고 전입신고를 마쳐야 하며 ㉡A주택의 양도 기한은 B주택 취득 후 1년이어야 하는 것으로 요건이 바뀌었다. 다만 부칙에서 개정 규정의 적용 범위에 예외를 두었는데, 2020년 5월에는 부칙에서 이것이 다시 변경됐다.

일부러 연도별 변천 과정을 전부 나열했지만, 그 내용은 이 글에서 최소한으로 요약한 것이다. 실제로는 이루 말할 수 없이 복잡하다. 어지럽지 않은가. 양도소득세의 세율, 양도차익 계산 방

식, 다주택자에 대한 중과세, 장기보유특별공제 범위 등에 관한
규정 역시 수시로 바뀌어 왔다. 주택 매수에 관련된 세금을 예측
하고 계산하고 거기에 맞추어 주거 생활이나 투자를 계획하고 실
행하기는 매우 어렵다. 이렇게 각종 기간을 1년, 2년, 3년으로 늘
였다 줄였다 할 때 조세 정책의 입안자들 머릿속에 있었던 생각은
무엇이었을까 궁금하다.

부동산 세제의 무상(無常)함 뒤에는 변화무쌍한 부동산 대책
이 있다. 2020년 6·17 부동산 대책으로 이제는 양도소득세 문제
를 넘어 삼성·청담·대치·잠실 등 4개 동의 경우 아예 토지 거래
허가를 받아야 주택 취득이 가능한 것으로 정책이 바뀌었다. 정
책 목표가 정당하더라도 그 목표가 정책 수단을 정당화하지는 못
한다. 현 정부가 그간 내놓은 부동산 대책은 주무장관의 말로도
네 번째고, 이것에 따라 늘 세법이 바뀐다. 하지만 세금은 가볍게
다룰 일이 아니다. 최소한의 법적 안정성을 유지해야 한다. 조세
에서 또 다른 요청 사항은 신뢰다. 조지 부시(아버지 부시)는 선거
운동 당시 증세는 없다고 약속하면서 그때마다 자기 입술을 가리
키며 "내 말을 믿으세요(Read my lips)!"를 외쳤다. 대통령에 당선
된 후 그는 말을 바꾸어 증세의 길을 갔고 재선에 실패했다.

4장

사법 과잉과 사법 불신

# '너! 고소'와 '너! 기소'

　"너! 고소." 몇 년 전 어느 변호사가 사무소 인근에 붙인 포스터의 광고 문구다. 고소는 범죄의 피해자가 수사기관에 가해자를 처벌해 달라고 고하는 행위다. 고소권 없는 사람이 처벌을 바라며 고하는 행위는 고발이다. 2018년 기준으로 우리나라의 고소 건수는 연간 55만 건쯤 된다. 일본의 경우 대략 1만 건인 데 비하면, 절대수로 50배고 인구비를 감안하면 100배를 상회한다. 공직자와 공조직도 고소 고발 대열에 끼어 있다. 검찰총장이 신문기자를 명예 훼손으로 고소하고, 청와대 민정수석비서관이 민간인을 명예 훼손으로 고소하고, 정당 대표가 칼럼을 쓴 교수와 칼럼을 게재한 신문사를 고발한다. 고소는 일단 고소한 사람을 피해자로 만들고 고소당한 사람을 가해자로 만든다. 이 구도에서 나는 선이고 너는 악이다.

형사 사법의 과잉은 사회 곳곳에서 보인다. 바야흐로 '소송 사회'다. 코로나19 감염병 확산에 책임이 있다고 알려진 신천지 대구 교회의 신자 명단을 확보하기 어려워지자, 일각에서는 바로 압수 수색을 해야 한다는 주장이 나왔다. 긴급하게 명단을 얻어야 할 필요가 있기는 해도, 압수 수색을 하려면 우선 범죄 혐의에 대한 소명이 있어야 하고 또 검찰이든 경찰이든 종교 단체를 상대로 한 수사라는, 좀 거북한 일을 벌여야 한다. 그 교회의 최고 책임자는 곧 명단을 제공했고, 명단의 정확성에 의심스러운 데가 있기는 해도 질병관리본부와 보건복지부는 강제수사가 오히려 방역에 악영향을 끼칠 우려가 있다는 뜻을 검찰에 전달했다.

택시업계가 '타다'를 운영한 사람들을 고발하고 검찰이 이들을 기소했다가 무죄 판결이 선고된 사건도 보는 사람을 답답하게 한다. 타다는 승합렌터카를 임차하여 이용자에게 운전자를 연결(알선)해주는 서비스를 제공하는데, 그 영업이 여객자동차운수사업법에서 말하는 "자동차 대여 사업자가 승차 정원 11인승 이상 15인승 이하인 승합자동차를 임차하는 사람에게 운전자를 알선하는 행위"에 해당하는지 아닌지를 가려야 유무죄 판단이 나온다. 그런데 소송은 대립된 당사자가 벌이는 구조를 취하고 있다. 이렇게 소송의 당사자가 둘이다 보니, 제3자나 넓게는 사회 전체의 이해관계 또는 견해를 절차에 반영하거나 이들을 참여시키기가 쉽지 않다. 타다 사건에는 법조문 적용 여부를 넘어 택시업계의 기득권, 플랫폼 운송 사업이라는 업태의 등장과 시장 진입에 대한 관리, 그에 따른 이해관계의 조정 내지 상생 방안 강구, 교통 서비스 개선 등 복잡한 문제가 걸려 있다. 물론 소송에서도 이런 고려 사항을 놓고 쌍방의 변론이 있겠지만, 기본적으로 승부의 장이라는 특성을 지닌 소송은 문제 된 행위의 위법 여부를 따질 뿐 해결책을 제시하는 절차가 아니다.

공론장에서 토론과 타협을 통해 이해관계를 조정하고 사회적 합의를 이루어 해결할 문제가 소송이라는 비생산적 절차 속에 함몰되어버리는 것은 바람직하지 않다. 구조적 시각에서 여러 정책적 고려 사항을 찾아 공론장에 올리고, 광범위한 정보를 수집하여 전문 지식의 힘으로 분석하고, 대립되는 견해를 제시하면서 토론과 대화를 거쳐 최종적으로 합의를 이루거나 정책적 결단을 내려야 할 일이, 소송이라는 틀 속에 들어가면 증거재판주의와 절차적 정의라는 테두리 안에서 두 당사자가 힘을 겨루는 게임으로 변해버리는 것이다. 세 사람 또는 한 사람의 판사가 사건을 맡아 이런 성격의 문제를 다루는 것이 적절할까. 형사소송을 피고인의 이익(처벌받지 않을 이익)과 검사로 대표되는 국가의 이익(형벌권의 적정한 행사)이 충돌하는 장이라고 본다면, 문제의 뿌리가 된 사회적 이슈가 법정에서 과연 제대로 논의될 수 있을지 의심스럽다. 유무죄 판단으로 문제가 제대로 해결되는 것은 아니다. 그나마 어렵사리 판결을 내렸더니, 이번엔 국회가 일사천리로 타다 영업을 사실상 봉쇄하는 입법을 내놓았다.

사회적 공론이나 정치적 해결이 필요한 문제를 기존의 법이라는 잣대로만 판단하거나 사법적 처리 방식을 동원해 해결하려는 시도는 공동체의 지적 게으름과 역량 부족을 보여준다. 검찰권력이 비대화한 배경에는 이렇게 사회적 이슈를 성급하게 형사 사법으로 처리하려는 풍조가 있다. 정치권도 자기들이 할 일을 해결하지 못한 채 고소 고발로 검찰을 불러내기 일쑤고, 결국 검찰이 사태의 해결사로 나선다. 그러다가 너는 범죄자고 나는 너를 단죄하여 정의를 실현하는 공익의 대표자라는 구도에서, 정작 문제의 실체와 해결책은 실종되고 별 의미 없는 승부만 덩그러니 남는 것이다.

'너! 고소'와 '너! 기소'는 함부로 할 일이 못 된다. 포스터 속의 변호사는 성난 표정을 지은 채 손가락으로 누군가를 가리키고 있었다. 손가락의 주인이 피해자든 검사든 손가락질은 사회적 공론이 필요한 이슈를 제대로 다루기에 적절하지 않다. 문제에 대한 사회적 합의 대신 각자도생의 길을 찾거나 형사 사법에 무작정 기댈 때 그 결과는 소송 사회다. (2020년 3월)

# 법치주의란 무엇인가

### 당앙의 길, 상앙의 길

전국시대 때 송나라 강왕은 형의 왕위를 찬탈한 자인데, 포악하기로 이름이 났다. 그가 재상인 당앙에게 물었다. "과인이 살육한 자들이 많은데도 군신들이 갈수록 두려워하지 않으니 그 까닭이 무엇인가?" 당앙이 대답했다. "왕께서 죄를 물은 것은 모두 좋지 않은 자들입니다. 좋지 않은 자들만 죄를 물으니, 좋은 자들은 이 때문에 두려워하지 않는 것입니다. 왕께서 군신들이 모두 두려워하기를 바라신다면 좋은 자와 좋지 않은 자를 가리지 말고 닥치는 대로 죄를 물으십시오. 이와 같이 하면 군신들이 두려워할 것입니다." 얼마 안 있어 강왕이 당앙을 죽였다. 《여씨춘추》〈음사〉 편에 나오는 이야기다.

저자는 이야기 끝에 "당앙이 대답한 것은 대답하지 않은 것만 못했다."라고 하여 악한 자의 말로를 논했지만, 내가 주목하는 것은 이 이야기가 법치주의와 관련해 담고 있는 의미다. 순자는 강왕이 당앙에 의해 나쁘게 '물들었다'고 했다. 그렇게 실컷 나쁜 짓을 가르치긴 했으나 그래도 선생인데, 배운 자가 배운 걸 써먹는다고 가르친 자를 죽인 것이다. 그만 하면 모든 신하와 백성들이 강왕을 두려워하게 되었을 것이다. 잘해도 죽고 잘못해도 죽는 세상, 살 길은 왕의 눈에 거슬리지 않는 길밖에 없다. 법 따위는 소용없게 된 것이다. 오늘날 법학에서 말하는 법적 안정성이 무너진 상태에서, 송나라에 남은 것은 벌거벗은 권력의 횡포였을 것이다. 아니나 다를까 송나라는 강왕의 대에 망했다.

전국시대의 진나라 효공 치하에서 좌서장(左庶長) 상앙은 변법(變法)으로 법치를 확립한 사람이다. 태자가 법을 어기자 법에 따라 그의 스승인 공자 건의 코를 베었다. 같은 스승인 공자 공손가는 살에 먹실로 죄명을 써 넣는 형을 당했다. 상앙의 법 집행은 상하 귀천을 가리지 않았다. 한번은 석 장 길이의 나무 한 그루를 도시 남문에 세우고 이것을 북문으로 옮긴 백성에게 10금을 주겠다고 방을 걸었다. 아무도 감히 옮기는 자가 없자 이번에는 50금을 주겠다고 했다. 누군가 나무를 옮기자 그에게 약속한 50금을 주었다. 《사기》〈상군열전〉이 전하는 유명한 이목지신(移木之信) 고사다. 백성이 권력자의 약속을 믿게 하려는 처사였다. 그 후 진나라는 융성하여 결국 천하를 통일했다.

그러나 권력 강화의 관점으로만 치자면 효공은 수가 얕다. 상앙이 50금을 주는 데까지 내버려 두었다가, 다음 날 상앙과 상금을 받은 자의 죄를 물어 모두 목을 베었다면 어땠을까. 그러면서 이렇게 호령한다. "겨우 나무 한 그루 옮기는 일에 50금을 준다는 것은 본디 있을 수 없는 일이다. 벼슬자리에 앉아 이런 터무니없는 약속을 내걸어 백성의 인심을 얻으려 한 자의 죄가 크다. 그걸 받은 자의 죄도 작지 않다." 이쯤 되면 다음 날부터 백성들은 관의 약속을 믿지 않고 그저 눈치만 볼 것이다. 약속의 신뢰성 따위는 더는 따져볼 일이 아니게 된다. 이렇게 종잡을 수 없게 막 나가는 것, 이중 기준을 사용하는 것이 무서운 권력자가 되는 길 중 제일이다.

이 시대라면 어떻게 해야 할까. 밉보이면 그 사람의 가족은 물론 사돈의 팔촌까지 조사하고 무슨 꼬투리를 잡아서라도 죄상을 만들어내, 털어 먼지 안 나는 사람 없다는 걸 만천하가 알게 한다. 같은 죄를 놓고도 반대 진영에서 저지르면 득달같이 밝혀내고 내 편에 가까운 사람이 걸려들면 조사하는 둥 마는 둥 세월을 보낸다. 이래야 권력 무서운 줄 안다. 이쯤 되어야 모두들 법이란 것이 누구에겐 호랑이 같고 다른 누구에겐 종이호랑이에 지나지 않는 것을 알아, 전전긍긍하며 오직 권력자를 두려워할 것이다.

법치주의란 무엇인가. 이것은 권력자의 종잡을 수 없음과 이중 기준 적용을 막으려고 권력 행사를 법에 따르도록 한다는 원리다. 본래 서양에서 온 이 원리는 권력의 일탈과 남용을 견제하기 위한 것이다. 법치주의 아래에서 권력자는 법 집행에서 이중 기준을 쓰지 못한다. 권력자가 법대로 해야 한다고 인식하고 피치자가 법대로 하면 탈이 없다고 인식하는 사회는 법적 안정성을 누리게 된다. 권력의 일탈과 남용을 강하게 억제하는 기제를 갖추는 것이다. 반대로, 법대로 해서는 다스리기 어렵다고 권력자가 인식하고, 법대로 해봤자 손해만 본다는 피치자의 인식이 보편화될 때 사회는 다른 길을 찾기 시작한다. 법치주의는 법에 대한 피치자의 믿음 위에 서 있다. 이 원칙이 무너지면 주먹이 센 사람은 폭력으로 해결할 만한 상대를 고르고, 돈을 쥔 사람은 부패라는 방편을 찾고, 눈치 빠른 사람은 아부라는 재주를 부리고, 목소리밖에 없는 사람은 떼법 행사에 나선다. 폭력이나 부패를 벌한다고 해서, 아부는 떳떳치 못하다고 가르친다고 해서, 떼법을 용납하지 않겠다며 으름장을 놓는다고 해서, 이런 일들이 사라지지는 않는다.

당앙의 길과 상앙의 길, 어디로 갈 것인가? 당앙의 불행은 권력의 행사를 백성이 믿도록 하기보다는 권력의 자의적 행사가 주는 위화적 효과만을 노린 데서 기인한 것이다. 일관성을 유지하라. 형정(刑政)에서는 더 말할 것도 없다. 우리 헌법 제1조에는 이렇게 아름다운 말이 있다. "모든 권력은 국민으로부터 나온다." 그 뜻을 진심으로 받아들여 권력을 바르게 행사하면, 그게 법치주의이다. 이 단순한 언명에 코웃음 치다가는 어느 날 권력자 자신이 당앙의 꼴이 될지 모른다.

# 사법 불신의 원인

　사법은 어떨 때 신뢰를 받지 못하는가? 판결이 잘못되었다고 생각할 때다. 멀쩡한 판결을 두고 잘못되었다고 할 때도 있다. 잘 몰라서 그렇게 생각한다면 제대로 알려주어 그 생각을 바로잡아 주어야 한다. 실제로 전문적 지식이 없어서 판결을 오해하는 경우는 적지 않다. 이럴 때는 법원 공보 제도가 도움이 될 수 있다. 그게 아니라 오로지 자기의 논리와 견해에 맞지 않아서 판결을 비난하는 경우도 있다. 예를 들어 오늘날 우리 사회의 병폐인 진영 논리가 그렇다. 판결의 결과가 자기 진영의 이해관계와 다르면 이유 여하를 막론하고 비난하고, 같으면 무조건 '사법부가 살아 있다'고 추켜세운다. 이런 비난이나 그에 이어지는 불신엔 약이 없다. 판사가 꿋꿋이 자기 길 가기를 기대하는 외에 다른 방도를 생각하기 어렵다.

문제는 판결이 실제로 잘못되었을 때다. 그런데 판결이 잘못되었는지 아닌지, 잘못되었다면 어디가 그런지를 가리기는 쉽지 않다. 모든 판결에는 이유가 붙어 있고, 이 이유의 잘못은 전문 지식이 없으면 알아내기 어렵다. 특히나 쟁송이라는 것은 대립 당사자가 벌이는 것이라서 그 당사자의 주장과 증거를 제대로 알지 못하면 외부에서 옳고 그름을 판단하기가 매우 곤란하다. 판결을 비판할 때 신중해야 할 이유다. 이 어려운 문제는 잠시 접어 두고, 아무튼 실제로 잘못되었거나 적어도 잘못되었다는 말을 듣는 판결이 있다고 치자. 왜 그런 판결이 나오는가?

　첫째, 판결은 법에 따라 나왔는데 그 법 자체가 잘못되어 있는 경우이다. 위헌적인 법률의 경우엔 법원이 헌법재판소에 위헌법률심판을 제청하거나 당사자가 헌법소원을 제기해 효력을 배제하는 방법이 있으나, 꼭 위헌이 아니더라도 법이 만족스럽지 않은 경우는 많다. 법은 늘 현실이 변화된 후에야 그 변화를 반영한다. 새 법률의 제정이나 기존 법률의 개정은 항상 한발 늦다. 때로는 기득권 때문에 아예 법이 변하지 않기도 한다. 기술이나 산업의 발전이나 혁신을 기존 법에 어긋나는 것으로 인식해 가로막거나 처벌하는 일도 있다. 나는 줄기세포를 이용한 시술법이 나온 초기에 이를 약사법 위반죄로 기소한 사건의 피고인을 변호하면서, 법원의 형사 사법이 지닌 한계를 목도한 일이 있다. 그러나 이런 경우 법률이나 시행령 제정 및 개정에 관한 권한을 가진 국회나 정부에 돌아가야 마땅한 비난은 당장 눈앞에서 판결을 내린 법원이 받게 된다. 소급적 성격을 지닌 세법에 의해 재산권이 침해되거나, 일이 터지면 여론 무마용으로 제정되는 특별법에 예산의 뒷받침이 필요 없는 처벌 규정이 새로 만들어지거나 기존의 형벌 또는 행정벌을 대폭 상향하는 규정이 만들어져서 그런 과잉 입법에 따른 피해를 받는 경우에도 같다. 즉 그런 침해에 대한 구제를 청구했다가 기각 판결을 받거나 새로운 처벌 규정에 의해 높은 형을 선고받은 당사자는 이를 과잉 사법으로 여겨 법원을 불신하게 된다. 법원은 법 기속성 원칙 때문에 법을 따를 수밖에 없지만, 당사자는 이것을 이해하지 못하고 법원의 잘못으로 안다. 반대로 입법이 필요한 사항에 관하여 국회가 손을 놓고 있어서 재판이나 사법 행정상 문제가 생기면 이것을 법원의 무능이나 불성실로 인식하기도 한다.

둘째, 법과 법 감정 간의 괴리다. 이를테면 판사가 알고 있는 법과 국민이 생각하는 법이 다를 수 있다는 문제다. 당장 몇 가지 원인을 들어보면 이렇다. 민주정의 통치 원리로 삼권이 분립되어 있어 사법부가 입법과 행정을 통제하는 데는 한계가 있다는 점, 사법은 적어도 국민 생활의 영역에서는 기본적으로 이해관계의 미시적 조정인데 국민은 그것만으로는 만족하지 못하면서 이를 사법 운영의 잘못으로 인식하게 된다는 점, 우리나라의 현행법 체계는 기본적으로 독일 법을 이어받은 것이라서 전통적인 법 감정에 정확히 들어맞지 않는다는 점, 법은 일반적 상황을 가정하여 만든 것이지만 구체적 현실은 다종다기하고 복잡다단해서 법을 적용한 결과가 정의와 상식에 어긋날 수 있다는 점 등이다.

예를 들어 국립 대학이 어떤 사람에게 박사학위를 수여하지 않은 처분을 하자 그것이 잘못되었다는 이유로 취소 소송을 제기하여 승소했지만 학교가 판결에도 불구하고 박사학위를 수여하지 않는다고 해보자. 이때 법원은 당사자가 다시 박사학위 수여 처분을 구하는 소송을 제기했다고 해서, 적극적으로 학위를 수여하라고 판결할 수는 없다. 행정청에 적극적 행위를 하라고 명령하는 것은 삼권분립 원칙에 어긋나기 때문이다. 또 민사소송에서 제대로 자기 주장을 법적으로 구성하지 못하거나 증거를 대지 못하면 패소하기 십상이다. 진실을 알고 있는 당사자로서는 억울해서 복장이 터질 노릇이지만, 판사가 변론주의 원리를 어기고 당사자에게 방법을 가르쳐주거나 증거 없이 자기 소견대로 재판을 할 수는 없기 때문이다. 2016년 윤나리 판사가 쓴 글 〈로마에서 온 판사, 조선에서 온 당사자〉는 이런 문제를 판사와 당사자 양쪽의 관점에서 잘 보여주었다. 다른 예를 들어보면 재건축조합이 채권자나 그 밖의 이해관계인에 대한 청산 절차를 거치지 않고 해산해버려 채권자 등이 손해를 입었을 때, 관련 법령상 법원이 채권자가 원하는 청산 결의(사업 완료 후 전체 사업비를 정산해 조합원에게 분담금을 부과하거나 수익을 배분하여 사업 절차를 마무리하는 결의)를 하라고 재건축조합에 강제할 방법은 없다. 그런 청구를 해도 판사는 기각 판결을 내릴 뿐이다. 이런 식의 예를 들자면 수도 없다.

셋째, 판사가 법이 아닌 다른 영향력을 받아 그런 판결을 내리는 경우다. 즉 제대로 된 결론이 무엇인지 알면서도 외부의 압력을 받거나 이를 의식한 자기 검열로 다른 결론을 내리는 것이다. 정치권력, 언론이나 각종 이익단체, 당사자 등이 그 압력의 주체다. 이 요인을 없애는 일은 쉽지 않다. 사법의 수준은 그 사회의 수준과 다르지 않다. 사회 전체의 수준이 낮으면 그 수준이 사법 운영에 반영될 수밖에 없다. 그중에서도 무지막지한 전체주의 체제나 권위주의 체제의 압력은 판사 혼자서 제아무리 저항해도 한계가 있다. 사회의 민주화가 이 문제의 근본적 해답이라는, 다소 막연한 말을 할 수밖에 없다.

넷째, 판사 자신에게 문제가 있어 그런 판결이 나오는 경우다. 부패, 연고주의와 온정주의, 편견과 선입관, 게으름과 무지, 판사 자신의 이해관계 등이 개입한다. 이런 요인은 외부로 잘 드러나지 않는다. 판결 이유 뒤에 숨기 쉽다. 이런 요인을 서투르게 공격하면, 잘 모르면서 그런 말 하지 말라는 반격을 당하기 일쑤다. 우선 공수처(고위공직자 범죄수사체)를 비롯한 감시 기구 운영, 전관 예우 등의 비리를 차단할 수 있는 제도 수립, 판사 재교육 강화, 법관의 제척·기피·회피 제도*의 적정한 운용 등으로 대처할 수밖에 없다. 혹시 어떤 이유나 동기에서든 판사들이 자발적으로 직업 윤리를 높여 간다면 이 문제를 어느 정도 개선할 수는 있을 것이다. 다만 반드시 기억할 점이 있다. 판사에게 훌륭한 판사가 되라고 말한다고 해서 판사가 훌륭해지지는 않는다. 결과에는 원인이 있고, 그 원인을 제거하지 않는 한 결과는 계속 같다.

---

* '제척'은 법관이 사건의 당사자이거나 당사자의 친족이거나 기타 사건과 특수한 관계가 있을 때 그 법관을 직무의 집행에서 배제하는 것이고, '기피'는 법관이 제척 사유가 있거나 불공정한 재판을 할 가능성이 있을 때 당사자의 신청으로 그 법관을 직무의 집행에서 배제하는 것이다. '회피'는 법관 스스로 기피의 원인이 있다고 판단했을 때 자발적으로 직무의 집행을 피하는 것을 말한다.

마지막으로 그리고 중요하게도, 판사들이 법 관련 직무를 수행하는 이상 일반적으로 지닐 수밖에 없는 보수적 경향이 경제적·사회적 약자나 소수자들의 권리 옹호에 소극적인 판결을 낳는 경우다. 법전에 올라 있는 실정법을 무슨 재주로 그대로 적용하지 말라는 것이냐는 반론도 있을 수 있다. 물론 법관은 일단 법 기속성 원칙을 지켜야 한다. 그러나 법 조문에 담긴 불공정성과 불합리성을 뛰어넘는 방법도 있다. 실은 여러 가지다. 그중의 하나가 불확정 개념의 적정한 운용이다. '상당한' 이유, '정당한' 사유, '성실한' 노력, 권리 '남용', '공공의 이익', '합리적' 기대, '차별적' 행위 등은 법관의 사법 철학에 따른 해석을 거쳐야 사건에서 적용할 수 있지 않은가. 헌법 조항에 나오는 용어 중에도 그런 해석을 거쳐야 하는 것은 많다. 당사자나 피고인으로부터 헌법 이야기만 나오면 비아냥거리는 행태도 버려야 한다.

　사법 적극주의는 보통 선례나 법 문구에 얽매이지 않고 정치적 목표나 사회 정의 실현 등을 염두에 두고 적극적인 법 형성 또는 법 창조를 강조하는 사법 철학을 말한다. 사법을 통한 정책 형성의 개입을 긍정하는 것이다. 반대로 사법 소극주의는 입법부와 행정부의 의사 결정을 최대한 존중해 그에 대한 가치 판단을 자제하는 것이 바람직하다고 인식하는 사법 철학이다. 한편 입법부나 행정부에 대한 견제에 적극적인지 반대로 입법부나 행정부의 의사나 결정에 동조적인지에 따라 양자를 나누는 견해도 있다. 위의 구분은 보수와 진보의 구분과 일치하는 것은 아니다.

　나는 원칙적으로는 사법 자제론이 사법 적극주의에 우선해야 한다고 생각한다. 이것이 사법부에 대한 신뢰를 지키는 일차적인 방법이다. 그러나 필요할 때는 사법 적극주의의 입장에 서는 것을 두려워하거나 망설여서는 안 된다. 미국의 예를 보면 1960년대 이래 경제적 계층, 지리적 구역, 이익 집단 간의 갈등에서 생겨나서 타협과 절충 과정을 통해 해결되어야 하는 '자리의 이슈(position issues)'와 생활방식이나 인간으로서의 가치에 관한 '상징의 이슈(symbolic issues)' 중 전자에 관해서는 대부분 자제적인 입장을 취하면서도 후자에 관해서는 법원이 적극적으로 개입하여 변혁을 꾀했는데, 이것은 사법부의 체질상 우리나라에도 좋은 참고가 될 것으로 생각한다. 전자의 문제는 대립 당사자 구도를 취하는 소송에서 해결하기에 적당하지 않고 심리에서 법관에게 주어지는 정보와 지식도 결코 충분하지 않다. 그리고 그런 문제에 전문가일 수 없는 법관 혼자서 또는 3인이 모여 판결이라는 형식으로 문제의 진정한 해결에 이를 수 있는지도 의문이다. 다만 이러한 이슈에서도 기득권이 워낙 강고하여 국회나 정부가 오랜 기간 아무런 조치를 취하지 않고 다른 방법으로 상황을 타개할 가능성이 보이지 않을 때에는 사법 적극주의의 입장에 설 수 있다고 생각한다. 한편 후자의 문제에서는 전자에서와 같은 난점이나 위험이 상대적으로 적다. 그리고 헌법상 기본적 인권에 관한 문제는 대부분 이 영역에 속한다. 헌법의 통치 구조 속에서 법원은 본래 대의정치와 다수결의 원리로부터 개인의 자유와 권리를 보장하는 기능을 수행하도록 되어 있으므로, 이런 기능을 수행할 때는 사법 적극주의의 입장에 서는 것이 옳다. 예를 들어 양심의 자유와 종교의 자유 보장, 표현의 자유 보장, 형사 사법 절차의 개선, 인격권 보호, 가족 제도, 남녀 평등, 사회적 소수자와 약자 보호, 각종 차별과 혐오의 금지 등 문제에서 특히 그렇다. 내가 보기에 지금까지 이러한 문제에 관하여 우리 법원이 내린 여러 판결들은 대체로 국민의 지지를 받아 왔다.

법 해석에서 사법 적극주의에 관해, 복잡하지만 실례를 들어 설명해보겠다. 지금은 폐지된 과거의 임대주택법은 임차 기간 종료 시 임차인에게 임대 사업자로부터 임대 주택을 우선적으로 분양받을 권리를 주었다. 이것을 '우선 분양전환'이라고 한다. 그런데 이 수(受)분양권 행사 시 분양전환 가격(주택의 적정한 매도 가격) 산정을 놓고 임차인과 임대 사업자 사이에 늘 분쟁이 일어났다. 또 임대 사업자가 임대 의무 기간이 경과한 후에도 매도 가격이 높아지는 시점까지 분양전환 절차를 고의로 지연시키는 일이 잦았다. 이런 폐단을 막으려고 법이 개정되었다. 즉 관할관청이 가격(건설 원가와 감정 평가 가격의 평균 금액)을 심사하여 분양전환 승인 처분을 해주어야 임대 사업자가 분양을 할 수 있고, 대신 그 처분이 있고도 6개월이 지나도록 임차인이 분양에 응하지 않으면 임대 사업자가 해당 주택을 제3자에게 매도할 수 있는 조항을 만든 것이다.

내가 맡은 사건에서는 공무원이 뇌물을 받고 부실 자료를 근거로 삼아 가격을 심사하여 분양전환 승인을 내주었다. 임차인들이 관청에 진정을 넣고 임대 사업자에게 적정 가격 산정을 위한 건설 원가 산출자료의 교부를 요구해도 임대 사업자는 계속 엉터리 자료를 내놓거나 필요한 세부 자료의 교부를 거절했다. 임차인들이 관할관청에 가격 산정의 근거에 관한 정보 공개 신청을 해도 관할관청은 응하지 않았다. 임차인들은 다시 분양전환 계약절차 중지 및 분양원가 산출자료 공개 이행의 가처분을 신청하여 가처분 결정을 얻었다. 그러는 사이에 6개월이 지나자 임대 사업자는 제3자에게 주택을 매도해버렸다. 분양전환 승인 제도를 만든 취지는 임차인이 '내 집 마련의 꿈'을 순조롭게 이루게 해주려는 것이고, 여기에 6개월의 시한을 정한 것은 임차인이 그 기간 내에 정당한 이유 없이 임대 사업자의 분양 조건에 응하지 않는 경우에마저 임차인의 이익을 보호할 수는 없으므로 그때는 임대 사업자에게 처분권을 준다는 것이었다. 그런데 제도가 거꾸로 임차인의 발목을 잡은 셈이 되었다. 조항이 개정되지 않았더라면, 즉 종전 규정대로라면 법원이 별 문제 없이 적정 가격을 심사할 수 있었을 텐데, 개정된 조항으로 말미암아 6개월이라는 시한의 적용 가능성이 열린 것이었다.

임차인들은 분양전환 가격 산정 기준에 관한 구 임대주택법 등 관련 법령의 규정들이 강행 법규(당사자의 의사 여하를 묻지 않고 강제적으로 적용되는 규정)에 해당한다는 대법원 판례를 원용하는 한편, 분양전환 승인이 분양전환 가격 자체를 사법적(私法的)으로 결정하는 효력을 가지는 것은 아니며, 이렇게 임대 사업자가 고의로 시일을 끈 경우에 6개월 경과 사실만으로 분양 청구권이 소멸하는 것으로 해석할 수는 없다고 주장했다. 즉 개정된 조항을 어구 그대로만 적용해서는 안 되고, 전체적으로 보아 임차인이 '정당한 사유 없이' 6개월을 넘긴 때에만 매수 청구권이 소멸한다고 해석해야 옳다는 것이었다. 그러나 법원은 임차인들의 해석론을 받아들이지 않는다고 견해를 밝히고는, 임차인들에게 일정 기간 후 임대차 보증금을 돌려받으면서 주택을 인도하라는 강제조정을 내렸다. 조항을 어구 그대로만 해석해 적용한 결과였다. 조항이 만들어진 취지를 보면 임차인들의 해석론이 충분히 입론될 수 있고, 특히 사법 적극주의의 입장에서라면 당연히 그런 해석을 취할 것인데도, 판사의 소극주의 또는 법 형식주의가 정의를 외면한 것이라고 볼 수밖에 없었다.

사법 자제론은 원칙적으로 받아들여야 할 만한 무게를 지니고 있다. 그러나 사법 적극주의 아니면 정당한 권리 구제의 방도를 찾을 수 없을 때마저 사법 자제론으로 도피하는 것은 사법에 대한 불신을 초래하는 원인이 된다.

# 진정한 사법 개혁을 위하여

양승태 전 대법원장이 중심인물로 등장하는 사법 농단 사건은 정치권력의 압력에 의해 법관의 독립이 침해당한다는 식의 고전적 양태가 아니라는 점에 그 특이성이 있다. 아직 재판이 완결되지 않은 상황에서 말하긴 조심스럽지만, 언론에 보도된 바와 공소장으로 이야기하자면 이 사건은 사법부 수뇌부가 상고법원 설치라는 특정 목적을 달성하려고 자청하여 정치권력에 손을 내밀어 이른바 '재판 거래'를 시도했다는 것을 내용으로 한다. 요컨대 사법권 독립 침해가 외부 세력의 압력이 아닌 사법부의 내부적 욕구에서 비롯된 것이다. 이 사태의 중대성은 사법부가 내놓은 거래 목적물이 하필 재판이었다는 데 있다. 우리나라 사법사에서 처음 있는 일이고, 다른 나라에서도 이런 사례가 있다는 말은 들어보지 못했다. 기이하기 짝이 없다. 사법 농단 사건의 또 다른 모습은 법원 수뇌부가 판사 개개인에게 사건이나 기타 견해 표명과 관련하여 영향력을 행사하려 했고 또 이를 위해서 블랙리스트를 만들어 운용하고 있었다는 점이다. 사법부라는 곳의 속내가 이 지경이었을 줄 밖에서는 몰랐을 것이다.

이 사건으로 판사들의 판결 형성 과정에 위헌적인 요소가 개입했다는 점, 특히 법원 수뇌부나 주요 보직에서 일하는 여러 판사들의 직업 윤리가 낮은 수준으로 떨어져 있었다는 점 등의 치부가 드러났다. 전직 대법원장과 대법관 등 3명이 형사 피고인으로 재판을 받고 있고 그 외에도 전·현직 판사 11명이 기소되었으며, 검찰이 사법 농단에 연루되어 비리를 저질렀다고 법원에 통보한 판사의 수가 66명에 이른다. 모르긴 해도 전 세계에서 이런 일이 벌어진 나라는 달리 없을 듯싶다. 한마디로 말해서 사법 농단 사건의 성격은 사법의 정치화가 악성으로 진화한 것이라고 할 수 있다. 보통의 양식으로 사법의 장래를 걱정하는 법조인들은 이 사건으로 법원이 잃어버린 신뢰를 회복하려면 10년은 족히 걸릴 것이며, 그나마 판사들이 비상한 마음을 일으켜 철저히 반성해야 신뢰 회복이 가능하리라고 본다. 프랑스의 소설가 발자크는 사법에 대한 불신은 그 사법부가 속한 사회의 종언을 알리는 징표라고 했다. 이 특수한 직역은 믿음을 얻지 못하면 망하는 곳이다.

나는 과거에 법원의 사법 행정에 중요한 직위에 있던 어떤 법관에게서 이런 말을 들은 적이 있다. "법원이라는 곳은 도대체 아무 주인도 없이 수십 년을 지내 온 조직이다." 물론 사법부는 김병로 (1948~1957년 재임), 조진만(1961~1968년 재임)을 비롯한 걸출한 인물이 대법원장으로 법원을 이끌어 온 역사가 있기는 하다. 그러나 재직 시 강력한 리더십을 발휘한 김용철(1986~1988년 재임), 김덕주(1990~1993년 재임) 두 대법원장은 임기 중 자의가 아닌 이유로 사퇴하고 말았다. 한편 판사들은 상당수가 얌전한 수재나 모범생 출신이지만 그렇다고 해서 '윗분들의 말씀'을 고분고분 따르는 이들도 아니다. 이른바 '사법 파동'이라는 이름의 집단 행동을 여러 차례 벌인 전력도 있다. 사법 개혁이 아무리 절실해도 이들은 조직의 어떤 정책 목표보다는 각자의 사법 철학에 따라 재판하는 것이 보통의 행태다. 이런 인물들을 끌고 가는 게 쉬운 일일 수는 없다.

양 전 대법원장의 불행이나 과오는 이렇게 구조적으로 일사불란할 수 없는 조직을 일정 목표를 향해 자기 식으로 끌고 가려고 무리하게 위헌적 방책을 동원한 데에서 시작되었다. 그를 형사범으로 단죄하는 일은 여러 이유로 쉽지 않을 것이다. 사법 농단 사건은 넓게 보아 시대적 과제라는 적폐 청산 작업의 일환으로 다뤄지고 있는데, 이 사건이 사법권 독립과 관련해 사법사에서 가지는 중대한 의미는 바로 그 시대적 상황으로 인해 묻혀버릴 가능성이 있다.

게다가 이 사건은 세인의 관심에서 멀어졌다. 양 전 대법원장에 대한 재판은 2021년에 들어선 현재 이미 100회가 넘는 공판 기일을 열었지만, 이런 속도로 진행되다가는 결론에 이르기까지 앞으로 몇 년이 더 걸릴지 모른다. 사법 농단 행위가 형사사건으로 처리되기 시작했을 때, 나는 관련 인물들 중 상당수의 행위가 과연 형사범으로 다룰 만한 범죄성이 있는지, 또 범죄성이 있다 하더라도 형사범으로 처리하는 것이 적정한지에 관해 의문이 없지 않았다. 아니나 다를까 2021년 현재 사법 농단에 관여한 인물들에 대한 1심의 재판에서는 8명의 피고인들(유해용, 신광렬, 조의연, 성창호, 임성근, 이태종, 방창현, 심상철)에게 전부 무죄 판결이 선고되었고, 그중 4명에 대해서는 항소심에서도 무죄 판단이 나왔다. 일부라도 유죄 판결을 받은 사람은 이민걸, 이규진 2명뿐이다. 이명박 · 박근혜 전 대통령에 대한 수사에 동원된 것보다 많은 인력의 검사가 사법 농단 사건 수사에 투입되었지만, 정작 유죄 판결이 선고된 사례가 적은 것이다. 무죄 선고가 난 사건에서는 증거가 없다거나, 잘한 짓은 아닌데 범죄가 되지는 않는다는 것이 판결 이유의 고갱이다.

판사 재직 시 사법 농단 사건 수사의 단초를 제공한 바 있는 이탄희 의원이 주장한 대로 사법 처리보다는 탄핵이 사건에 대한 올바르거나 적절한 처리 방식이었을지도 모를 일이다. 직권남용죄에 관한 대법원 판례에 비추어보면, 결국 사법 농단 사건의 피고인 모두에게 무죄 판결이 선고될 가능성도 없지 않다. 만약 그렇게 되면 이 특이한 사법 불신의 원인 행위가 사법부에 끼친 모든 악영향과 역작용에 대한 철저한 반성과 교정은 무죄 판결의 여파에 묻힐 수도 있다. 우려스럽기 짝이 없다. 이 사건의 실체는 권력의 사법 탄압이었을 뿐이라는 주장이 튀어나올지도 모른다.

사법 농단 사건에 대한 분노는 사법 개혁 요구로 이어졌다. 그런데 사법 개혁이란 무엇인가. 사법사나 다른 나라의 예에서 보면, 본래 사법 개혁은 민형사 사법이 제도나 운영 면에서 국민들에게 만족을 줄 만큼의 기능을 제대로 수행하지 못하는 것을 고치자는 운동이다. 다시 말해서 그런 기능의 저하나 낙후된 운영으로 인해 국민의 권리 구제가 충분하지 않은 것, 또 범죄의 예방·진압 과정이나 수사권과 재판권 행사에서 일반 국민이 억압받고 피해를 입는 것을 고치려고 기존의 제도와 운영을 뜯어내고 새것을 만드는 일이다.

그런데 우리 사회의 정치 상황에서 사법 개혁을 말하며 이유나 논쟁거리로 삼는 것은 대개 법원의 정치적 편향이다. 즉 법원은 늘 스스로 독립해 있다고 외치지만, 외부에서는 의심을 버릴 수 없어 사법 제도를 고치거나 운영을 바꾸자는 데에 사법 개혁의 목적 내지 목표를 두는 것이다. 그 경우 사법 개혁의 내용은 대개 사법부 주도 세력의 인적 물갈이가 되고 만다. 이렇게 되면 물갈이 후 집권 세력은 할 일을 다했다는 듯 무심해지고 그저 판사들이 국정 운영이나 정권 유지에 발목이나 잡지 않기를 바라는 한편, 사법부는 자체적으로 개혁을 한다면서 늘 이야기되던 주제를 이것저것 만지작거리다가 뜨뜻미지근하거나 흐지부지한 결말을 보인다. 과거의 사법사가 보여주는 대로다.

법원이 사법 개혁에 능동적이지 않고 늘 수동적으로 움직여 온 데에는 이런 사정도 있다. 역사학자 아놀드 토인비 식으로 이야기하면 문명의 성장은 도전과 응전으로 이루어진다. 그런데 법원에는 도전이라고 할 만한 것이 별로 없었다. 재판의 독립 보장이라는 명제로 인해 판사들에 대해서는 기본적으로 누가 뭐라고 하질 않고, 설령 뭐라고 해도 법원 외부에서 하거나 비전문가가 하는 말은 법원의 내부 사정에 대한 정보와 전문적 지식이 결여되어 있어서 판사들에게 아프고 절실하게 느껴지지 않는다. 또 정작 아프게 느껴지는 말을 듣더라도 아집에 빠져 있어 고치려들지 않거나, 어떻게 고쳐야 하는지 잘 모른다. 다른 한편으로 법원엔 헌법 재판소 말고는 경쟁 상대라고 할 만한 것이 없다. 이 점은 검찰이 경찰, 국정원, 국세청, 공정거래위원회 등 여러 기관과 권력 내지 권한 다툼을 해 와서 경쟁에 익숙해져 있는 것과 다르다. 그래도 이번에 사법 농단 사건이 터지고 많은 판사들이 검찰의 수사까지 받았으니 법원에 새로운 도전이 왔다고 할 만한데, 이에 대한 응전이 제대로 시작되는 것 같지는 않다. 판사들 중에 이른바 문사철(文史哲) 영역에서 인문학적 소양을 깊게 쌓은 사람은 드물고 정치학, 경제학, 사회학, 심리학 등 법학의 인접 과학에 대한 판사들의 이해도 낮은 수준이다. 공부를 하려고 해도 살인적인 업무량 때문에 하기 어려웠을 것이다.

사법 개혁의 수혜자는 다른 누구보다도 국민이고 또 국민이어야 한다. 정치적 의미로 인해 주목받는 몇몇 사건을 제외하면 국민의 법 생활에서 사법 개혁이 문제가 되는 경우는 그들이 당사자가 되어 받게 된 재판에서의 불만이다. 사법 개혁이란 바로 이런 문제를 근본적으로 고쳐보자는 것이라고 할 수 있다. 저 위에서 치고받는 싸움이 실상 내가 당장 받고 있는 재판과 무슨 관계가 있겠는가. 그런데 지금 벌어지는 사태에서 보이는 아이러니는, 양

전 대법원장이 재판을 받고 있는 문제의 행위(공소사실)가 사법권 독립을 해치는 내용이면서도 그 나름대로는 사법 개혁을 위한 방책이었다는 점이다. 물론 상고법원 설치가 타당한지 여부는 논쟁거리이지만, 이것이 사법 서비스 개선의 한 가지 방책으로 제시된 것은 분명하다.

진정으로 염려스러운 점은 집권 세력의 정책 목표 중 하나라는 사법 개혁이 하나의 정치적 구호로만 기능하거나, 사법 농단 사건의 재판으로 환치되어 그 결과를 기다리다가 결국 무죄 판결 속에서 실종되어버리는 것이다. 그러면서 정작 법원은 리더십의 부재 아래 실제로 법원을 찾는 국민들의 권리 구제에 필요한 사명감과 긴장감을 상실하는 것이다. 이미 법조 사회에서는 판사들이 직무에 전념하기보다는 '웰빙'을 추구한다느니 판결의 질과 사건 처리율이 저하된다느니 하는 우려와 불만이 고조되고 있다.

우리 사법사에서 사법 개혁은 집권 세력이 새로 들어설 때마다 꺼내 드는 일종의 단골 메뉴였다. 그 메뉴가 제대로 요리가 되어 국민의 식단에 올랐다면, 무슨 개혁이란 것이 이렇게 정권이 바뀔 때마다 되풀이되어 과제로 떠오르겠는가. 모르긴 해도, 문재인 정부의 임기 중에 진정한 의미의 사법 개혁은 이루어지지 못할 것이다. 하긴, 자신의 대법원장 취임이 바로 사법 개혁이라고 하던 김명수 대법원장의 취임사가 나왔을 때, 이미 사법 개혁의 운명은 법원 주도 세력의 물갈이에 그치는 것으로 결딴이 났을지도 모른다.

# 사법 행정권은
# 재판의 독립을 침해하는가

판사로 재직하던 1990년대 초에, 지원장이 회의에서 법원행정처의 권고 사항을 전달하고 나서 부장판사들의 의견을 물었다. 권고 사항의 내용은 전국적으로 형사사건의 보석금 액수가 너무 적으니 100만 원을 기준으로 하되 사건의 여러 사정을 참작하여 증감하는 방식으로 운용하는 방안을 검토하라는 것이었다. 당시의 보석금은 대개 30만 원 정도였고 특별히 많이 정해도 100만 원을 넘지는 않았다. 10년 넘게 근무한 판사의 본봉이 월 100만 원 정도인 시절이었다. 그 말을 들은 부장판사 몇몇이 떨떠름한 표정을 지었고, 어떤 이는 도대체 법원행정처가 이런 식의 주문을 할 권한이 있느냐, 이건 재판에 대한 간섭이 아니냐며 지원장에게 항의성 발언을 했다. 보석금의 결정도 재판인데 그런 식으로 획일화하려는 것은 재판의 독립 침해라는 이유였다. 나로선 그 발언을 수긍하기 어려웠지만, 대부분의 판사들은 이런 문제에 예민한 것이 사실이다. 조금 다른 예로는 2000년대 중반쯤 법원행정처에서 재판부가 양형 과중을 이유로 삼아 원심 판결을 파기하는 비율이 적정선을 넘어 너무 높으니 이를 재고해보라는 요청 내지 권고 의견을 내려보낸 일이 있다. 그러자 실제로 그 이후에 항소를 기각하는 비율이 종전보다 높아지는 현상이 나타났다.

같은 유형의 사건도 판사마다 그 처리 방식이 다르거나 결과가 다르다. 문제는 그 편차가 심할 때가 있다는 것이다. 예를 들어 형사사건에서 무죄 판결을 선고하는 비율이나 징역형의 경우 집행유예 선고를 붙이는 비율은 판사마다 다르다. 심지어 같은 사건을 놓고 재판부 내에서 판사들 간에 의견이 일치하지 않아 목소리를 높이기도 한다. 민사사건에서도 예를 들어 증거 판단이 엄격한지 아니면 상대적으로 관대한지는 판사마다 차이가 있다. 이런 편차가 심하면 소송 관계인들로부터 재판이 복불복이라며 불만이 나오기도 한다. 법리 판단이 갈릴 때에는 대법원 판례가 나와 이를 해결할 수 있지만, 판례로 해결할 수 없는 문제도 엄청 많다. 이럴 때 사법 행정권을 행사하는 법원장이나 법원행정처에서 문제를 해결하려고 나섰다가는 방법 여하에 따라 자칫 재판의 독립 침해라는 말을 듣는다.

그런 것도 재판의 독립 침해가 되는지 의아하게 생각하는 이를 위해 다른 예를 들어보겠다. 2008년 10월에 서울중앙지방법원에서 광우병 관련 촛불집회 주도자들에 대한 집회및시위에관한법률 위반 재판이 진행되던 중 야간 옥외집회 금지 조항에 대한 위헌법률심판이 헌법재판소에 제청되자, 여러 재판부에서 관례에 따라 그 결과를 보고 재판하겠다고 하며 같은 유형의 사건에 대한 재판을 중지한 일이 있었다. 당시 그 법원의 법원장이 판사들에게 위헌법률심판 제청을 하지 않은 재판부는 재판을 미루지 말고 통상적으로 진행하는 것이 바람직하다는 내용의 이메일을 보냈다. 그러자 통상적으로 진행하려면 문제의 조항이 합헌임을 전제로 해 재판할 수밖에 없는데, 이것은 법률의 합헌 여부에 대한 판사의 판단을 좌우하려는 것이므로 재판 개입이라는 주장이 나왔다. 문제의 조항에 대해서는 2009년 9월에 헌법재판소가 헌법불합치 결정을 내렸고, 그 법원장은 대법관이 된 후 사건이 불거지자 윤리위원회에 회부되었다가 대법원장의 엄중 경고를 받았다. 이렇게 사건의 진행을 독촉하는 것도 경우에 따라서는 재판의 독립 침해로 인정되는 수가 있다. 그러니 보석금의 액수를 높이라는 주문도 자칫하면 재판 간섭으로 들릴 여지가 있는 것이다.

보석금 사례와 재판 진행 독촉 사례의 차이는 무엇일까? 보석금의 경우는 결론의 개방성을 전제한 채 일반적인 해결책을 제시했다는 것이고 진행 독촉의 경우는 특정 유형의 사건을 두고 어떤 방향으로 결론을 유도했다는 것이 아닐까. 물론 전자도 결국은 재판의 결론에 영향을 끼친다는 점에서 실질적으로 후자와 다르지 않을 수 있고, 반대로 후자도 방법 여하에 따라 재판 개입이나 독립 침해가 아닐 수 있다. 양자 사이의 경계선이 꼭 뚜렷하지는 않다. 결국은 사법 행정권 행사가 특정 사건이나 사건 유형을 상대로 이루어진 것인지 아니면 일반적인 내용이었는지, 실체에 관한 것인지 아니면 절차에 관한 것인지, 어떤 불순한 의도를 품고 행한 것인지 아닌지 등을 종합적으로 따져보아 재판 개입 여부를 판단할 수밖에 없을 것이다.

2021년 2월 4일 국회에서는 사법 농단 사건의 핵심 인물인 임성근 부장판사에 대한 탄핵 소추를 의결했다. 그에 대한 혐의 사실은 이렇다. 세월호 사건과 관련된 박근혜 전 대통령에 대한 명예 훼손 사건에서 담당 재판부로부터 판결문 초안을 받아본 후 판결 이유에 '비방 목적이 없을 뿐 명예 훼손은 인정된다'는 내용을 넣고 선고 기일에 피고인을 질책하라고 요구한 것, 쌍용차 집회 관련 사건에서 판결문 원본 중 정치적으로 민감한 부분을 수정하도록 요구한 것, 야구 선수들의 원정 도박 사건에서 공판 절차 회부를 철회하고 벌금형을 선고하도록 유도한 것 등이다. 사실로 인정될 경우 이는 법관의 독립을 침해한 위헌적 행위임이 명백하다. 이 탄핵사건은 사법 행정권 행사에 의탁한 사법부 내부로부터의 재판 개입 행위가 공개적으로 문제 되어 재판의 독립 침해 여부에 대한 헌법적 심사를 받게 되었다는 점에서 사법사상 중요한 의미를 지닌다.

재판의 독립을 침해한다고 할 수는 없어도 재판권 자체를 침해하는 일도 있다. 특정 유형의 사건을 어느 판사에게는 배당하지 않는다거나 반대로 어느 판사에게 몰아서 배당하는 것이 그 예다. 현재 사건의 배당은 주관자인 법원장이나 지원장의 임의성을 배제하기 위해 컴퓨터를 통한 무작위 배당 방식을 쓰고 있다. 그러나 2009년의 광우병 관련 촛불집회 사건과 2015년의 통합진보당 해산 사건 등 몇몇 사건에서는 배당을 임의로 조작했다는 의혹이 제기되었다. 인사권자의 마음에 들지 않는 재판을 했다거나 정치적 성향이 의심스럽다는 이유로 전보(타 지방으로의 전근 등)나 사무 분담에서 불이익을 주고, 더 나아가 10년의 법관 임기가 만료된 후 재임용을 하지 않거나 고등법원 부장판사 승진에서 탈락시키는 것도 간접적인 재판권 침해가 될 수 있다.

어떤 이는 헌법이 규정하고 있는 것은 법관의 독립(재판의 독립)이며, 흔히들 쓰는 '사법부 독립'이라는 용어는 잘못된 것이라고 주장한다. 법관의 독립이 법원 외부로부터의 영향력은 물론 법원 내부로부터의 영향력에서도 자유롭다는 것을 뜻한다고 보면 위의 주장은 옳다고 생각한다. 인상에 바탕을 둔 의견이라는 단서를 달아 말하건대, 적어도 문민 정부가 들어선 이후에는 외부에서 법원의 재판에 개입하거나 부당한 영향력을 행사한 일은 없었거나 극히 드물지 않았을까 싶다. 오늘날 만약 판사들이 재판에 영향력을 미치려는 압력을 느끼는 일이 있다면 그것은 대개 법원 내부로부터 오는 것이다. 물론 법원이라는 곳의 정서는 일반 행정기관이나 기업과 많이 다르다. 고위직이라고 하여 아래 서열의 판사에게 함부로 대하거나 강압적인 지시를 내리지는 않는다. 그런 지시가 없기도 하려니와, 설령 어떤 부탁 내지 권유를 들어도 부당하다 싶으면 말을 잘 듣지 않는 게 판사란 사람들이다. 그렇긴 해도 법원 내부로부터의 영향력은 외부에서 오는 압력보다 더 위협적일 수 있다. 이에 따른 자기 검열의 위험도 있을 것이다.

한편 사법부가 관료화되어 간다는 우려도 끈질기게 제기되어

왔다. '튀는 판결'을 하는 '튀는 판사'에 대한 법원 수뇌부의 곱지 않은 시선과 불이익 주기에 판사들이 주눅이 든다는 것도 관료화의 한 원인이다. 그런데 관료화는 어찌 보면 대량으로 밀려오는 사건을 신속하게 그리고 효율적이고 경제적으로 처리하는 데 필요한 시스템을 구축하고 운영하다 보면 필연적으로 따라오는 현상일 수 있다. 또한 현실적으로 사법 철학의 평준화 내지 획일화는 대개의 경우 판사 개개인에 따른 편차와 그에 수반되는 형평의 상실을 방지하는 데 효과적임을 부인할 수 없다. 논란을 피하기 위해 정치 편향을 문제 삼을 수 있는 사건을 일단 제외하고 그 나머지 사건만을 두고 말하자면, 재판의 충실도나 적정성의 관점에서 판사들 간에 편차가 심하고 일부 판사들이 이상한 행태를 보이는 것은 사실 심각한 문제다.

이런저런 이유로 법원 수뇌부로서는 어떤 목표나 방향을 정하고 거기에 맞추어 판사들의 재판을 통제하거나 유도하고 싶은 유혹을 느낄 수 있다. 이때 동원할 수 있는 방법은 판사에 대한 인사권 행사에 이런 의도를 반영하는 것이다. 우선 '판사의 꽃'이라고 불리는 고등법원 부장판사로 승진시키지 않는 것, 그다음으로는 보직, 사무 분담, 근무 평정, 재임용 등에서 불이익을 주는 것 등이 있다. 이렇게 사법 행정권의 행사는 이념적으로는 재판의 보조나 지원을 위한 것이지만 실제로는 재판의 독립과 긴장 내지 대립 관계에 놓일 수 있다. 재판의 독립과 판사의 책임이라는 두 명제는 서로 충돌하지 않고 조화를 이루어내기가 쉽지 않다.

사법 농단 사건이 일어난 후 사법 행정권의 남용을 막기 위한 제도 개혁 방안으로는 남용의 원흉으로 꼽힌 법원행정처를 폐지하거나, 사법 행정 권한을 외부인에게 개방하거나, 고등법원 부장판사로의 승진 제도를 폐지하는 것이 논의되었다. 그중 고등법원 부장판사 승진 제도 폐지는 실제로 이루어졌으나 나머지 사항은 별로 달라진 게 없다. 내가 보기에, 사법 행정을 포기하는 게 아니라면 법원행정처를 폐지하는 것은 당초에 가능성이 없는 일이다. 또 사법 행정권에 법관이 아닌 외부 인사를 참여시키는 방안은 사법에 대한 민주적 통제의 측면에서 어느 정도 효과적이고 바람직할 수 있으나, 현재의 법원 수뇌부는 이를 제대로 추진할 의사가 없어 보인다.

재판의 독립을 해친 사법 농단 사태에 대해서는 철저한 단죄와 반성이 있어야 한다. 다만 여기에서 강조하고 싶은 것은 그와 아울러 사법권 독립에 대한 판사들의 인식이 바뀌어야 한다는 점이다. 판사들 사이에서 재판에 대한 외부의 비판을 일체 거부하고 재판 평가에도 아무런 신경을 쓰지 않는 것이 마치 사법권 독립의 의미로 오해하는 풍조가 있다면 큰일이다. 그와 같은 행태가 되풀이되면 언제 다시 사법 행정권에 의한 재판 개입이 시도될지 모른다. 법관의 독립은 법관의 책임을 다하지 않고서는 지켜 가기 어려운 명제다.

# 사법권 독립, 양날의 칼

10여 년 전 비슷한 시기에 퇴임한 두 대법관은 퇴임사에서 사법권 독립을 놓고 다른 소회를 내놓았다. 한 대법관의 퇴임사에는 "정작 사법부에 대한 비평은 외면한 채 사법권 독립의 명분으로 사법부의 집단 이익을 꾀하려는 것으로 비쳐질 우려가 있는 움직임에 그냥 동조하고 싶어 했다."는 구절이 보였다. 다른 대법관은 사법권 독립에 대한 위협이 상존함을 지적하면서 "권력에 영합하지 않고 양심을 지키며 소신을 피력했다."라는 퇴임사를 내놓았다. 각자 진실을 토로했겠지만, 그 글들을 읽는 이에게는 과연 사법권 독립이란 것이 법관에겐 무엇이었을까 하는 궁금증이 일어난다.

판사 노릇 하던 시절, 어느 선배 판사로부터 이런 말을 들었다. 법관의 독립은 법관 식사의 독립에서부터 시작해야 한다는 것이었다. 그는 1970년대에 정부가 한때 공무원의 외식을 금지했지만 판사들은 나 몰라라 하며 외식을 계속했던 일을 이야기하면서, 그렇게 밥 먹는 것부터 독립해야 법관이 독립하는 것이라고 엄숙하게 말했다. 그럴까.

사법권 독립이란 말은 법원에 대한 모든 사람들의 기대와 그 기대의 좌절이 교착하는 상황에서 빈번하게 등장한다. 사법부의 구성과 역할에 관한 논의에서 사법권 독립은 늘 제일의 명제로 떠오르고 지고의 가치로 전제된다. 영국의 사법사를 보면 사법권 독립은 정치권력의 압제와 전횡에 대한 법률가의 항변에 역사적 뿌리를 두고 있다. 사법권 독립은 태생에서부터 일종의 저항적 개념이며, 말뜻에서 보이듯이 독립해야 할 대상의 불선부정(不善不正)함을 전제하고 있다. 이런 역사적 경험은 사법권의 독립이 그 자체로 선이며 정당하다고 전제되는 일종의 착시 현상을 낳아 왔다.

그러나 사법권 독립은 실제로는 가치 중립적인 개념이며 동시에 양날의 칼이다. 사법의 작용 원리에서 사법권 독립이 그 자체로 최고의 가치는 아니다. 사법권을 독립시키는 것은 독립 자체를 위해서가 아니라 독립한 사법권이 해야 할 무엇인가를 위한 것이다. 재판의 독립을 선언하고 있는 헌법의 진의는 이러하다. 법관을 독립시키지 않고 잘하는지 못하는지 일일이 간섭하고 통제하기보다는, 독립시켜서 그대로 놓아두는 것이 사법 작용의 질을 높이는 데 상책이라고 믿어주겠다는 것이다. 이것은 사법부의 역무가 지녀야 할 질적 우수성과 청렴성을 보장하려는 장치이나, 그 믿음의 근거는 실증적이라기보다는 역사적이다. 적정하지 않은 판결이 튀어나올 때 이 믿음은 위기를 맞는다.

헌법은 법관에게 법과 양심에 따라 독립해 재판하라고 주문한다. 그런데 아둔한 인간에게는 이 말이 자칫 오해를 불러일으킬 염려가 있다. 그래서 나는 누구의 말도 듣지 않고 양심적으로 재판했으며 재판이란 본래부터 법대로 하는 것이니 내 재판에 이러쿵저러쿵 말하지 말라는 독선이 형성되는 것이다. 하지만 사법권 독립이 혹시라도 그 방호벽 뒤에서 나쁜 재판을 하는 데 기여한다면, 세상에 그처럼 딱한 일도 없을 것이다. 딱하다 못해 재앙이 되어버린 경우도 있다. 미국 연방대법원은 1954년의 '브라운 대 교육위원회 사건'*에서 공립 학교에서 흑백 분리는 위헌이라고 판결하여 흑백 통합의 길을 열었다. 그러나 바로 그 연방대법원은 1857년의 '드레드 스콧 대 샌퍼드 사건'*에서 흑인 노예는 법원에 제소할 권리가 없다고 판결함으로써 같은 땅에서 살아가는 이들을 법적 보호의 바깥으로 팽개쳤다. 그로부터 4년 후 미국은 남북

---

**브라운 대 교육위원회 사건**(Brown v. Board of Education) 미국 공립 학교의 인종 분리 정책의 위헌성을 두고 다툰 사건. 미국 캔자스주 토피카에 살던 올리버 브라운은 여덟 살 딸이 인종 분리 정책으로 인해 가까운 백인 학교에 입학하지 못하자 토피카 교육위원회를 상대로 소송을 제기했다. 1954년 연방대법원은 전원일치로 공립 학교의 분리 정책이 법의 평등한 보호를 보장하는 수정헌법 제14조를 위반한 것이라고 선언했다.

**드레드 스콧 대 샌퍼드 사건**(Dred Scott v. Sanford) 19세기 중반 미국에서 흑인의 시민권 문제를 두고 다툰 사건. 드레드 스콧은 노예로 태어났으나 그의 주인을 따라 자유 주(州)인 일리노이와 위스콘신에 살았다는 이유를 들어 자신이 이미 자유민이 되었다고 주장하며 그의 주인 샌퍼드를 상대로 소송을 제기했다. 1857년 연방대법원은 7 대 2로 흑인은 시민이 아니기에 소송권을 포함한 시민의 권리가 없다고 판결했다. 이 판결은 자유주의자를 비롯한 대중의 분노를 일으켰으며 1860년 에이브러햄 링컨의 대통령 당선에 영향을 끼쳤다는 평가를 받는다.

전쟁이라는 참혹한 내란을 경험하게 된다.

법원의 재판에 대해서는 상소라는 장치 외에 시정할 방책이 없고, 그나마 최고 법원의 경우엔 상소할 방도조차 없다. 이렇게 한정적인 시정책만 두고 있는 제도 밖에서 사법 작용을 시정하려는 노력은 자칫 사법권 독립 침해라는 딱지를 얻기 십상이다. 사정이 이러하므로 사법권의 행사가 잘못될 위험에 대한 안전장치는 우선 사법부 내부에 있을 수밖에 없다.

사법 작용도 결국은 사람 살아가는 일의 일부분이다. 사법 제도는 사회 내의 여러 가치를 생산하고 분배하는 시스템 중 하나이고, 사법부 역시 그 가치의 분배 체계에서 이해관계를 조정하는 역할을 맡고 있는 것이다. 입법자의 의사, 정책 집행자의 목표, 언론이 형성하고 전달하는 여론, 각종 이익 집단의 목소리는 그대로 받아들일 수는 없더라도 보고 듣지 않을 수는 없다. 견제와 균형은 헌법의 통치 원리일 뿐만 아니라 사회라는 역동체의 존재 방식이다. 사법부 혼자만 거기에서 자유로울 수는 없다. 사법권 독립이란, 남이 시키는 대로 판결하지 않아야 한다는 것이지 남의 말을 듣지 않고 판결해야 한다는 것이 아니다. 이렇게 사법권 독립은 도구적, 방법적 개념일 뿐이며, 그 개념의 무내용성을 채우는 것은 법관의 사법 철학이다.

그런데 사법 철학이란 것은 고개를 외로 꼬고 앉아 혼자 생각에 잠긴다고 하여 얻어지는 것이 아니다. 그것은 재판받는 사람의 자리에 서보는 법적 상상력, 나무와 숲을 모두 볼 수 있는 정보력과 통찰력, 열린 마음과 회의할 줄 아는 지성을 키우는 인문학적 소양이 필요한 가치 체계이다. 오늘날 법관의 지평을 넓히려면 우선 유례없이 강화된 재교육이 필요할 것이다. 그리하여 검사, 변호사, 법무사, 법무관, 법학 교수 등 법률 사무와 법학 교육에 종사하는 모든 사람으로부터 사법 운영에 관하여 사법부에 바라는 것이 무엇인지 진정 열린 마음으로 들어야 한다. 나아가 사법부의 문턱을 드나드는 당사자나 일반 국민으로부터 오늘날 그들이 법과 법원에 진정으로 바라는 것이 무엇인지 알아보아야 한다. 법관은 독립하여야 하나 고립되어서는 안 된다. 이렇게 끊임없이 성찰하고 사람들을 향해 눈을 크게 뜨고 귀를 넓게 여는 자세만이 사법권 독립의 가치 중립성이 지닌 위험에 해독제가 될 것이다.

# 전관예우, 어찌 볼 것인가

　　변호사 개업 후 처음 맡은 사건은 배임수재죄 사건이었다. 배임수재는 공무원은 아니지만 남의 일을 해주는 사람이 부정한 청탁을 받고 재물이나 재산상 이익을 취득하는 행위다. 미군에서 군무원으로 일하던 사람이 공사업자로부터 돈을 받은 사건이었다. 1심에서 실형이 선고되었는데, 항소심에선 집행유예를 받아 달라는 것이 의뢰인의 부탁이었다. 공소사실 중 명절에 떡값으로 받은 것이 상당 부분 끼어 있어서 당시까지의 경험으로 보아 항소심에서 집행유예를 해주지 않을까 싶었는데, 덜컥 항소 기각 판결이 나왔다. 나중에 들리는 이야기로는 담당 재판부에서 그 사건을 그렇게 판결하면서 말하자면 공정함의 본보기를 보인 셈이 되었다고 했다. 아무튼 나는 개업 후 첫 사건을 망친 변호사가 되었다. 그 얼마 후에 맡은 뇌물죄 사건 두 건도 연거푸 실패했다.

그다음엔 구속적부심사 청구 사건을 맡았는데, 심문을 마치고 미처 사무실에 도착하기도 전에 사무실에서 청구 기각 통보를 받았다는 전화가 왔다. 죄질이 아주 나쁘지는 않은 폭력범이었는데, 좀 억울했다. 몇 달 후엔 성형수술에 쓰이는 실을 병원에 공급하는 사람이 식약처에서 그 실에 대한 허가 취소 처분을 받은 사건을 맡았다. 집행정지 신청을 하자 바로 기각 결정이 나왔다. 본안에서 승소할지는 자신이 없었으나 우선 집행정지 결정은 해줄 것으로 예상했는데, 의외의 결과였다. 항고했더니 그 사건은 하필 내가 퇴직 직전에 근무했던 재판부에 배당되었다. 하지만 항고는 바로 기각되었다. 결국 본안에서 승소했지만, 취소 처분의 효력이 지속되는 동안 타 경쟁 제품이 시장을 파고들면서 젊은 내 의뢰인은 이미 도산해버렸다.

개업 첫해인 2004년에 나는 이런 식의 판결을 자주 받았다. 시쳇말로 '전관 학대'를 받으면서 '장사를 망쳤다'. 그래서 전관예우는 일반이 생각하는 유의 실체가 없다고 생각하게 되었다. 하지만 의뢰인들은 끊임없이 물었다. 변호사님이 사건을 맡으면 판사가 잘 봐주는 거죠? 그런 건 아니다. 나도 판사 노릇을 해봤지만 사건 생긴 대로 나올 결론을 바꿀 수는 없다. 다만 열심히 하겠다. 이렇게 말하면 그냥 맡기는 사람도 있지만 상당수는 사건을 맡기지 않고 가버렸다.

전관예우 문제를 이야기하자면 복잡하다. 미리 이야기해 두건대, 나는 전관예우가 없다고 주장하거나 무슨 해명을 할 생각이 없다. 실상을 바로 보는 데 도움이 될 만한 이야기를 하고 싶을 뿐이다. 복잡하다고 한 것은, 전관예우라는 것도 시대에 따라 다르고 기관과 사람과 사건에 따라 다르기 때문이다.

전관예우 문제에서는 우선 그런 게 존재하는가 아닌가 하는 물음이 있다. 나는 예전에 어느 학회의 발표에서 감으로나 인상으로 때로는 풍문으로 그 문제를 논하지 말고 뭔가 실증적 연구가 있으면 좋겠다고 말한 일이 있다. 그러다가 2013년에 서울지방변호사회에서 소속 변호사들을 상대로 설문조사를 해서 결과가 나왔다. 설문에 응한 변호사 761명 중 90.7%의 비율로 전관예우가 존재한다고 답했다. 전관인 변호사들 중 전관예우가 존재한다고 한 사람의 비율은 67.3%였다. 다음 해인 2014년의 조사 결과도 크게 다르지 않았다. 소속 변호사의 대략 10%에 이르는 1,101명의 응답자 중에서 89.5%의 비율로 전관예우가 존재한다고 답했다. 전관 변호사들 중 존재한다고 응답한 비율은 64.7%였다.

종래 법원의 입장은 전관예우가 없다는 것이었다. 그러다가 2018년에 법원행정처가 '국민과 함께하는 사법발전위원회'에 보고된 설문조사 결과를 발표했다. 법조 직역 종사자인 응답자 1,391명(판사 271명, 검사 63명, 변호사 438명, 법원 일반직 공무원 292명, 검찰 일반직 공무원 170명, 법률사무소 사무원 153명, 기타 4명) 중 전관예우가 존재한다고 답한 사람들의 비율이 55.1%로 반이 넘었다. 판사 중에서는 23.2%라는 비율로 전관예우의 존재를 인정했고 검사는 42.9%였다. 법원 공무원은 37.7%, 검찰 공무원은 66.5%, 변호사는 75.8%였다. 직역별로 차이가 있기는 하나, 내가 놀란 것은 판사들 중 무려 23.2%나 전관예우가 있다고 답한

사실이었다. 또한 일반 국민들이 보기에는 전반적으로 재판 절차
보다는 수사 단계에서 전관예우가 발생할 가능성이 더 크다는 인
식도 통계치로 나왔다. 다른 한편으로 전관예우는 현저하게 줄어
들거나 조금씩 줄어들고 있다는 데에 법조 직역 종사자 중 79.5%
가 긍정적으로 답했다.

그런데 전관예우란 무엇인가? '판사나 검사로 재직하다가 변호
사로 갓 개업한 사람이 맡은 사건에 유리한 판결이나 처분을 내
리는 특혜의 관행'이라고 말할 수 있다. 그럼 '특혜'란 무엇을 말
하는 것일까.

판사 재직 경험이 있는 이른바 전관 변호사들의 의견을 들어보
면 대개 비슷하다. 절차에서 편의를 봐주는 정도라는 것이다. 예
를 들어 판사들은 대체로 증거 신청을 받아주는 데 인색하지만
전관 변호사의 경우에는 너그럽게 받아주기도 하고, 승소를 장담
하기 어려운 사건을 조정에 부치기도 하는 식이다. 변론이나 사건
의 법정 외 해결을 위해 시일이 필요한데 기일 변경 신청을 하면
받아주는 것도 한 예다. 그러나 결론을 바꾸는 것은 기대할 수 없
다. 형사사건에서는 양형에서 관대한 판결을 기대하기도 하나, 판
사들이 유무죄 판단을 바꾸는 경우는 없다. 물론 갓 개업한 변호
사들에게 그렇다는 것이다. 1년이나 2년쯤 지나면 그런 대우도 없
어진다. 갓 개업했다 하더라도 본래부터 널리 알려진 인물이 아니
면, 판사도 전관인지 모르는 채 사건을 처리하기도 한다. 알더라
도 '인정머리라고는 없이' 법정에서 의뢰인이 보고 있는데 면박을

주는 판사도 있다. 사건 자체에서 이해관계의 대립이 극심하거나 사회적으로 주목을 받거나 이래저래 말이 많으면 판사도 잡음의 소지를 없애려고 조심하는 게 보통이다. 또 법조 사회의 풍토와 분위기가 달라졌다. 판사의 수가 많아졌고 변호사의 수는 폭발적으로 늘어나고 있다. 선배고 후배고 간에 대하는 태도가 별반 다르지도 않다. 장차 전관예우가 완전히 없어지지는 않을 듯하나, 시대가 변하면서 우선 사람을 대하는 태도부터 달라진 것은 사실이다. 더욱이 전관 변호사든 뭐든 담당 판사가 돌부처 같으면 예우라는 것은 기대하기 어렵다. 판사는 상관이라는 게 없으니 '윗분'에게 부탁하는 길도 없다.

판사의 전관예우를 놓고서는 이런 주장이 있다. 엘리트 판사는 전관 변호사가 법원 수뇌부와 친분이 있는 점이나 자기가 장차 개업 후 대형 로펌으로 갈 가능성을 생각하므로 전관에 약하며, 이른바 '승포판' 즉 승진을 포기한 판사는 전관에 무심하다는 것이다. 그런데 그 정도로 '엘리트'인 판사는 법원 내에 흔하지 않다. 내 경험으로는, 고위직 승진을 기대하는 판사들은 사건의 결론을 내는 데 흠 잡힐 만한 짓을 하지 않으려 노력한다. 나쁘게 말하면, 전관이고 뭐고 간에 비정하다. 반대로 승포판이 반드시 판사로서 양심을 지키리라는 보장도 없다. 승포판은 엘리트 판사보다 아무래도 직무 수행에서 긴장감이 떨어지고 개업할 가능성도 높다. 변호사 업계에서는 어느 판사의 판결 주문이 자꾸 이상해지면(예를 들어 형사사건에서 갑자기 양형이 가벼워지면) "저 판사 왜 저러지? 개업하려나?" 하는 말이 떠돈다.

검사였던 변호사들이 전관예우에 관해 하는 이야기를 들어보면 조금 다르다. 판사는 우선 변호사를 판사실에서 만나주지 않는다. 꼭 필요해 만나더라도 대립 당사자 쌍방이 출석한 가운데 만나야 한다. 그러나 검찰사건을 변호할 때는 법정이 있을 리 없으므로, 검사실로 가서 검사를 만나 설명하는 것이 금지되어 있지 않다. 만나는 장소나 일하는 방식이 다르니 온도 차가 있을 것이다. 또 검사는 검찰 선배를 대하는 태도가 판사보다 각별하다. 검사는 결재 절차를 거쳐 사건을 처리하므로 결재 라인의 '윗분'에게 읍소하기도 한다. 이런저런 사정이 2018년 설문조사 결과에서 전관예우의 존재를 인정한 판사의 비율이 23.2%, 검사의 비율이 42.9%로 차이 나는 사실을 설명해줄 것이다. 이연주 변호사의 《내가 검찰을 떠난 이유》에는 전관예우를 해주지 않으려는 검사로부터 처분을 받지 않게 하려고 해당 사건을 다른 검사에게 재배당하는 '기술'을 부리는 이야기가 나온다. 전관예우는 검사가 검찰권을 국가를 위해서가 아니라 자신을 위해 쓰는 일의 한 가지 양상이다. 현직 검사는 검찰권을 이용해서 각종 하명 사건을 깔끔하게 처리해서 다음 자리를 만들어 가고 전직 검사인 전관 변호사는 검찰권을 이용해서 돈을 번다는 것이다. 전관예우는 조직 이기주의와 결합하기도 한다. 아무튼 전관예우 문제에서 검찰은 법원보다 취약하다고 볼 수 있을 것이다. 그러나 전관 변호사들의 이야기를 들어보면 검찰에서도 사정이 점점 '나빠지고' 있다고 한다.

전관예우를 이해하기 위해서는 이것을 받는 양태도 나누어 보아야 한다. 하나는 판사나 검사가 사건을 맡아 온 변호사에게서 무슨 부탁을 받은 일도 없이 그가 전관이라는 사실만으로도 '예우'를 해주는 것이다. 이것은 앞서 말했듯이 세태가 달라져서 생각하기 어렵고, 봐주더라도 정도가 미미할 것이다. 한번은 어느 일간 신문의 칼럼에 현직 판사가 쓴 글이 실렸는데, 전관 변호사를 선임한 피고인은 자기 죄를 반성하지 않는 것이니 형을 가중하자는 의견도 법원 내에 있고, 자신은 전관 변호사가 선임되었다고 해서 혹시 봐주었다는 오해를 받지 않도록 기록을 한 번 더 본다는 것이었다. 덧붙이자면, 이것도 지나치다. 법원엔 잘 알려진 수신칙(修身則)이 하나 있다. 어느 형사사건에서 담당 판사가 돈을 받았다는 헛소문이 떠돌 때 절대로 결백을 증명하려고 보통의 경우보다 무거운 처벌의 길을 택하지 말라는 것이다. 욕을 먹는 것보다는 잘못된 판결을 하는 것이 더 큰일이기 때문이다. 모든 사건을 공평하게 처리하면 그만이다.

다른 하나는 전관 변호사가 어떤 경로로든 부탁을 하는 경우다. 그런데 이런 경우는 내용을 들여다보면 전관예우의 문제가 아니라 연고주의의 문제다. 그리고 내가 보기엔 연고주의야말로 폐해가 크다. 좀 전에도 이야기했지만, 전관이라고 해서 문제가 아니라 '친분이 있는 전관'이 문제인 것이다. 다시 말해서 진짜 문젯거리는 전관예우가 아니라 연고주의다. 연고란 학교 동창이나 연수원 동기인 관계, 같은 재판부·부서 및 기타 근무처에서 동료로 일한 인연, 학회 같은 단체에서 같은 구성원으로 활동한 인연 등이다. 전관이라고 해서 모두 판사나 검사에게 '비공식적으로' 통하는 경로가 있는 것은 아니다. 전관이 그런 연고 관계로 휴대전화 번호라도 알고 있는, 친분이 있는 판사나 검사와 직접, 간접으로 접촉할 때가 위험한 것이다. 전관예우 문제가 법원이나 검찰 외부로 크게 불거져 나오는 것도 대부분 이런 경우다.

변호사가 전관예우의 존재를 긍정하는 통계 수치가 판사나 검사의 수치와 차이가 나는 것은 어떻게 보아야 할까. 먼저 전관인 변호사와 그렇지 않은 변호사의 차이가 있다. 전관이 아닌 변호사가 갓 개업한 전관 변호사와 맞서서 쟁송을 벌이다가 지게 되면, 오해든 아니든 이건 전관예우의 결과라고 생각할 것이다. 앞서의 2014년 설문조사 결과에서 전관예우의 존재를 인정한 변호사 전체의 비율이 89.5%인데 그중 전관인 변호사의 경우 인정 비율이 64.7%로 차이가 나는 것은 이런 사정 때문 아닐까.

또한 전관예우라는 게 있다는 의뢰인의 믿음을 변호사가 이용하기도 한다. 검찰 개혁과 사법 개혁에 관해 깊이 연구한 김인회 변호사는 전관예우가 사실은 범죄이며 사기죄와 구조가 비슷하다고 말한다. 사기는 사람을 속여서 이익을 취하는 범죄인데, 전관예우 역시 전관 변호사가 의뢰인을 상대로 수사와 재판 결과를 좌우할 수 있다고 말하거나 그렇게 믿게끔 행동한다. 이렇게 자기의 능력과 역량을 속여 의뢰인으로부터 과다한 수임료를 받는다는 것이다. 문제는 법원이나 검찰 역시 말과는 달리 실제로 전관예우를 해주기도 한다는 데 있다. 결국 전관예우는 양쪽의 합작품이라는 것이다. 그의 말대로라면, 사기와 전관예우의 차이점은 특수 계층만이 저지를 수 있다는 점과 잘 발각되지 않는다는 점뿐이다.

전관예우의 실상에 관한 설명으로는 이런 것도 있다. 전관예우는 판사나 검사가 해주는 것이 아니라 전관을 찾는 의뢰인이 해주는 것이라든지, 실력 있는 전관 변호사가 받아내는 판결이 아무래도 의뢰인의 만족도가 높을 텐데 그것이 전관예우로 오해된다는 것이다. 일리가 있을 것이다. 그러나 단 한 건이라도 전관예우가 존재하고 그것이 국민들의 눈에 보이는 순간, 사법 전체에 대한 신뢰가 떨어진다는 데 문제가 있다.

전관예우는 공직자가 사회에 끼치는 패악의 대명사다. 여기에 '유전무죄 무전유죄'라는 말귀가 더해져서 사법 불신은 점차 강도가 높아졌다. 게다가 대기업 회장 등이 수사나 재판을 받을 때 법원과 검찰의 고위직에 있던 변호사들이 몰려들어 변호인으로 선임되는 일이 종종 보도되는데, 우선 외관에서부터 전관예우의 위험이 보이니 이를 보는 일반 국민들의 시선이 고울 리 없다.

전관예우는 어찌해야 없앨 수 있나? 김인회 변호사는 전관예우의 바탕에 우리 사회의 온정주의 문화, 조직 이기주의, 제 식구 챙기기, 공직자들의 과도한 재량과 준법 의식 부재가 있지만 근본적 원인은 권한 독점과 관료주의에 있다고 지적하면서, 전관예우를 없애려면 권한의 견제와 관료주의 추방을 위한 제도 개혁이 선행되어야 한다고 주장한다.

변호사들은 전관예우가 검찰 수사 단계, 형사 하급심 재판 순으로 있다고 생각하는 듯싶다. 그러면 먼저 생각할 수 있는 방법은 일정 조건에서 사건 수임을 금지하는 것이다. 2012년 변호사법이 개정되어 판사나 검사가 개업 1년 전까지 재직하던 법원이나 검찰청의 사건은 1년 동안 수임하는 것이 금지되면서, 이른바 '따끈따끈한' 전관의 개념은 많이 희박해졌다고 할 수 있다. 내가 소속 변호사 200명 정도 규모의 법무법인에서 대표 노릇을 4년간 하면서 지켜본 바로는, 이 조치로 막 개업한 전관 변호사의 수임 사건 수는 예년에 비해 반 이상 줄어들었고 그 현상은 계속되어 왔다. 또한 변호사법에는 공직에서 퇴임한 변호사는 개업 후 2년간 매 6개월마다 수임한 사건과 그 처리 결과 자료를 법조윤리협의회에 보고하게 하는 제도가 있다. 더욱이 일정 직급 이상의 판사나 검사의 경우에는 일정 기간 대형 법무법인에 취업하는 것을 금지하는 조항도 있다. 조금 다른 방법으로, 대법관이나 검찰총장의 경우에는 아예 국회 청문회에서 개업하지 않겠다는 약속을 받는 일도 생겼다.

전관예우는 돈의 문제다. 법원은 변호사의 형사사건 성공 보수에 주목해 해결책을 강구했다. 판사가 아무리 아니라고 강조해도 언론이나 국회는 물론 일반인들마저 알아듣는 시늉을 하지 않으니 무언가 특단의 조치가 있어야 하지 않겠는가 생각했을 듯싶다. 2015년에 관련 전원합의체 판결이 나왔다. 과거 형사사건에서는 보통 두 번의 보수를 지급했는데, 우선 착수금으로 얼마를 주고 나중에 의뢰한 대로 일이 잘되면 성공 보수로 다시 얼마를 주는 것이다. 대법원은 그 성공 보수 약정이 사회 질서에 어긋난다고 하면서 무효라고 선언했다. 일종의 극약 처방이라고 할 수 있다.

전관에 대한 예우를 없애기 곤란하니, 아예 전관을 없애자는 방안도 있다. 판사직을 법률직의 마지막 경력으로 만드는 평생 법관제를 도입한다든지, 경력 있는 판사나 검사가 변호사가 되지 못하게 하기보다는 경력 있는 변호사 중에서 판사나 검사를 임명하자는 것 등이다. 후자의 방안은 법조일원화라고 하여 전부터 법조계의 과제로 생각되어 온 것이다. 판사의 경우는 이미 임용 제도가 바뀌어 법률직에 수년간 종사한 경력이 있어야 판사로 임용된다. 그러자 이번엔 '후관예우'라는 말이 생겨났다. 판사가 전에 근무하던 법무법인 등의 사건을 봐줄 위험이 있다는 것이다.

전관예우는 보통 법조 관료와 변호사의 유착으로 인식되는 병폐지만, 경찰·국세청·공정거래위원회 등 기관에서 퇴직한 사람이 법무법인에 입사하여 과거 근무하던 기관 등에 걸려 있는 사건에 연고를 빌미로 영향력을 행사하는 일도 있다. 전관예우는 복잡한 현상이다. 그리고 편법적 경로를 찾아가면서 변형하며 진화한다. 또한 전관예우는 음성적으로 이루어진다. 판결의 과정과 결과를 일반에 공개하자는 뜻의 판결문 공개에는 투명성을 높여 전관예우를 막자는 목적도 있다. 형사재판에서 일정 사건과 조건 아래 국민이 배심원으로 참여하여 평결을 내리는 국민참여재판도 원천적으로 전관예우를 없애는 효과를 낼 수 있다. 그 밖에 변호사를 하다가 주요 공직에 복귀하고 다시 변호사로 개업하는 '회전문 인사'를 막아야 한다는 주장도 있다.

전관예우는 질기다. 단기간 내에 없어지지 않을 것이다. 그래도 줄고 있는 것은 사실이다. 규제의 강도가 높아지고, 전관예우 문제로 총리직이나 감사원장직 임명에 실패한 경우에서 보듯이 일반 국민의 윤리적 기대치가 이미 높아져 있는 점도 법률가들을 압박할 것이다. 다만 전관예우 금지가 법조계가 주도하여 자율적인 자정 운동으로 이루어지기보다는 언론의 지적이나 국회의 입법 등 외부의 힘에 밀려 추진되어 온 점은 부끄러운 일이다.

# 법관들에게 바라는 몇 가지

## 법 기속성의 긍정

법관은 재판을 하면서 헌법과 법률에 따라야 한다. 그뿐만 아니라 법관은 법 체계의 기본적 이념과 원칙에 충실해야 한다. 이 점에 관해 법관들에게 바라는 부분이 있다. 예를 들어 오늘날 법관들의 조세법률주의\*에 대한 의식이 과연 헌법 이념에 따른 것인지 의심스러운 경우를 자주 본다. 나는 같이 일하게 될 신입 변호사들에게 조세법률주의는 조세법 책의 첫머리에 나오는 장식물이 아니라, 살아 있는 법이라고 가르친다. 형사법에서 죄형법정주의\*가 말로만 있는 것이 아니라 살아 있는 법인 것과 조금도 다르지 않다

---

**조세법률주의** 법률의 근거 없이는 국가가 조세를 부과하고 징수할 수 없으며 국민은 조세 납부를 강요받지 않는다는 원칙.
**죄형법정주의** 범죄와 형벌이 미리 법률로 규정되어야 한다는 원칙.

고 설명한다. 그런데 조세 소송을 해보면 조세 법규로 봤을 때 명확하지 않거나 그대로는 과세를 하지 못하도록 되어 있는 곳에서 법관이 과세 관청 편을 드는 모습을 많이 보게 된다. 이렇게도 보이고 저렇게도 보인다면, 조세법률주의의 원칙에 따라 납세자에게 유리하게 해석하는 것이 옳을 듯한데, 아니라는 것이다. 조세소송을 많이 하는 변호사들의 이야기로는, 그나마 1심 법원이 납세자의 말을 들어주는 비율이 가장 높고 고등법원으로 가면 기껏 이겨놓은 소송의 결과가 뒤집어지며 설령 1심 법원의 판결이 유지된다고 하더라도 대법원에 가면 파기되는 수가 비일비재하다고 한다. 조세심판원이라는 곳의 심리 과정은 법원에 비하면 별로 믿음을 주지 못하지만, 오늘날 쟁송을 하는 납세자들은 이상하게도 조세심판원에서 구제를 받는 경우가 많다. 과거에는 조세심판원이란 곳이 무조건 국세청 편을 드는 것 같았지만, 언제부터인지 그곳의 구제율이 높아지고 있고, 이곳에서 구제가 되지 않아 법원에 가는 사건은 그야말로 아예 봐줄 구석이라고는 없는 사건만 남는다는 것이다. 그러다 보니 납세자들은 법원에 가봤자 별희망이 없다는 생각을 하게 되어, 어떻게 해서든 조세심판원에서 승부를 내려고 한다. 권리 구제자로서 법원의 역할이 이 분야에서 상대적으로 축소된 것이다.

무죄 추정의 원칙 역시 혹시 그런 대접을 받는 것은 아닌지 걱정스럽다. 경찰이나 검찰에서도 증거가 없다거나 죄가 되지 않는다고 한 사건이, 재정 절차에서 법원의 결정으로 유죄 신세가 되거나, 검사 스스로도 자신 없던 사건이 법원에 가면 펑펑 유죄 판결을 받게 되는 것이 그런 예다. 나는 과거 배석판사 시절에 형사 사건 기록을 읽다가 증거로 보아 유죄인지 무죄인지 도저히 판단이 서지 않기에, 이걸 어쩌면 좋으냐고 선배 판사에게 물어본 일이 있었다. 그 자리에서 기가 막히는 명답을 들었다. "판사인 너도 유죄인지 무죄인지 모르겠다면, 그게 바로 무죄야." 교과서의 설명이 살아 있는 법으로 머리를 치는 순간이었다. 오늘날에도 형사 법정을 다녀온 변호사들 사이에서는 어느 재판부에 가면 무죄 판결은 아예 받을 생각을 하지 말아야 한다는, 평 아닌 평이 돈다.

이런 경험도 있다. 과거 한나라당의 불법 선거 자금이 문제 된 이른바 '차 떼기 사건'의 주역인 어느 변호사를 인사차 접견한 일이 있었다. 그의 경험담을 들었는데 어이가 없었다. 돈을 받아다가 전달하고 배분한 것은 사실이지만 그렇다고 그 돈을 착복한 일은 없는데, 1심 법정에서 어느 금융기관 종사자가 증언을 하면서 그 변호사가 돈을 착복했다며 아주 구체적인 내용을 진술하더라는 것이었다. 하도 허무맹랑한 이야기라서 무죄가 날 것이라고 생각은 했지만, 도대체 저 인간이 왜 저렇게 거짓말을 하는지 이해가 되지 않았다고 한다. 내 짐작으로는 수사기관에서 너 죽을래 아니면 그렇게 진술할래, 하며 다그쳤을 것 같았다. 문제는 법원이었다. 판결 선고 시 그는 그 부분에서 유죄 선고를 받았다. 선고를 듣는 순간 이런 생각이 떠올랐다고 한다. "나, 판사 노릇 하면서 생사람 많이 잡았겠구나……." 다행히 항소심에서 그 부분에 대해 무죄 판결을 받았지만, 1심에서 받은 충격은 이루 말할 수 없었다고 했다. 변호사로서 피고인을 한 4, 5개월 정도 만나면서 변론을 하다 보면, 사건의 진실을 알게 되는 경우가 많다. 문제는 그런 진실대로라면 분명 무죄인데 실제로는 유죄 판결이 나오는 수가 종종 있다는 것이다. 그럴 때마다 극심한 실망감이 들었다. 어떤 때는 법관이 판결을 선고하면서 공소사실에는 없지만 피고인이 공소사실과 같은 죄를 전에도 여러 번 지은 것 같고 그걸 고려하면 중형을 면할 수 없다는 이유 설명을 듣기도 한다. 그런데 만약 그 죄가 나중에 별도로 기소되면 어쩌려는 것인가? 실질적으로 이중 처벌을 받는 셈이 되지 않을까. 기소된 범죄사실만 판단하라는 원칙을 무시한 결과다.

이런 모든 일은, 법관이 교과서에 적힌 원칙을 살아 있는 법으로 삼으면 없어질 것이다. 하지만 현실에서 반대 현상이 나타나는 것을 보고 있자면 참으로 유감스럽다. 우선 법대로 해야 한다. 법전에 있는 법 조항과 법의 원칙을 지키지 않으면서 법정에서 제왕적 권한을 행사하고 판결에서 자의적 판단을 내리는 법관은 유해한 존재다.

## 법의 도구성에 대한 인식

법은 도구다. 시대에 따라 변하기도 한다. 불법이 합법이 되고 합법이 불법이 되는 것을 우리는 드물지 않게 목격한다. 법관은 이런 점도 배려하고 고민해야 한다. 법에 정해진 바와 다르니 잘못된 것이라는 등식으로 세상사를 보면서 우리가 알고 있는 사법 정의를 세울 수 있을지 의문이 든다. 법을 도구가 아닌 실체적 개념으로 알면서 물신적 사고에 빠지면 이런 함정에 드는 것이 아닐까.

어느 대법관이 사법연수원에서 한 강의 내용을 소개해보겠다. 아프리카의 어느 부족은 '뛰뛰'라는 어휘를 가지고 있는데 이렇게 쓴다고 한다. "뛰뛰를 가진 사람은 남에게 명령할 수 있고 남을 벌줄 수 있다. 추장은 뛰뛰를 가진다. 따라서 추장은 남에게 명령할 수 있고 남을 벌줄 수 있다." 그냥 추장은 남에게 명령할 수 있다고 하지 않고, 권력이라는 개념을 개입시켜 이를 실체화하는 것이다. 아마 그 뛰뛰라는 이름의 권력은 이상한 몽둥이나 돌멩이나 머리 장식이나 동물 가죽에 적은 문양으로 표상될지도 모른다. 어쩌면 그 부족은 누가 권력을 행사할 자격이 있는지, 그 행사가 어떠해야 정당한지를 탐구하는 게 아니라, 뛰뛰를 표상하는 물건을 쥐고 있는 사람이 누구인지, 그 물건을 손에 넣는 방법이 무엇인지를 탐구할지도 모른다. 법의 논리 또는 개념이라는 것도 때로 그런 부작용을 지니는 것은 아닐까. 무엇인가 옳은 결과를 얻기 위해 생각해낸 도구인 논리나 개념이 거꾸로 사람의 발목을 잡아 그 논리나 개념 밖의 것을 배척하거나 도그마 속에 사람을 옭매는 것은 아닐까 싶다는 것이다.

내가 배석판사 노릇을 할 때 모셨던 어느 부장판사는, 민사소송법상의 세세한 문제로 당사자에게 불편한 일이 생기거나 당사자의 요구를 받아들이지 못할 것 같은 애로 사항이 생겨 내가 질문하면 늘 이렇게 대답했다. "해줍시다. 소도 취하하는데, 뭐." 당사자가 소도 취하할 수 있는 것이 민사소송법의 기본 구도인데, 그보다 작은 일에 왜 그 사람들에게 안 된다고 하여 불편을 주냐는 말이었다. 비슷한 맥락의 사례로 이런 일도 있었다. 어느 법원에 전근을 갔더니 수석부장이라는 사람이 재판장들에게 단단히 일렀다. 소환받지 않고 나온 증인은 신문하지 말라는 것이었다. 이유인즉 그런 증인은 당사자가 여비를 납부하지 않은 일이 많고 그 때문에 그 증인이 여비를 달라고 했다가 못 받게 되면 가끔 민원을 일으킨다는 것이었다. 그러나 수면제를 먹지 않고 자는 환자를 간호사가 깨워, 왜 수면제도 먹지 않고 자느냐고 나무라는 것이 옳겠는가? 증인이 어렵사리 법정에 나왔으면 신문을 해야지, 법원의 소환을 받지 않고 나와 신문할 수 없으니 다음에 소환장을 받고 나오라고 하여 헛걸음을 시켜서야 되겠는가 말이다.

그리하여 법관들의 회의 없는 사고의 틀이 상식과 도리를 벗어난 결론을 내는 일이 있을까 나는 걱정한다. 사법권이 그야말로 '칼도 지갑도 없이' 제대로 기능하기 위해서는 설득력이 있어야 한다. 그 설득력은 결국 끊임없는 회의와 자기 검증을 거친 후에야 얻을 수 있을 것이다.

이왕에 상식 이야기가 나왔으니 말인데, 상식과 법리의 괴리는 정말로 피해야 할 일이다. 그런 예로 회의에 관한 법리 이야기를 해보겠다. 판례를 보면 단체 등의 회의에서 일어나는 의결의 성립과 유효에 관해 복잡한 요건을 설명해놓은 것이 많다. 회사 같은 영리단체에서는 사람들이 이악스럽게 행동하게 마련이니까 그런 엄격한 요건을 따지는 것이 옳을 것이다. 그러나 비영리단체만 해도 벌써 요건을 제대로 갖추어 가면서 회의를 하는 일이 드물다. 학교 법인이나 종교 단체가 대표적이다. 종중에 이르면 이건 그냥 모임 정도에 불과해지고, 가족회의 같은 것은 그야말로 가족끼리 만나서 하는 이야기 중 좀 심각한 것 정도다. 그런데 회사의 의결을 빼고 이야기하건대, 그 외의 단체에서 열린 회의에서 한 의결이 사건화되어 법정에 가면 법관이 무슨 자로 잰 듯한 회의의 절차적 요건 충족을 요구한다. 아니면 무효라는 것이다. 고등법원에서 배석판사로 근무하던 시절에 종중의 의결에 관한 사건을 담당해 합의를 하는데, 내가 판례가 어떻고 뭐가 어떻고 하면서 무효라는 의견을 내자, 듣고 있던 부장판사가 웃으며 말했다. "정판사, 종중이 뭔지 아나? 집안의 나이 많은 어르신들이 모여서 점심이나 자시고 이런저런 이야기나 나누는 것이네." 나중에 그분은 대법관이 되었는데, 제발 그런 혜안을 가진 법관이 높이 되었으면 좋겠다.

## 법리와 판례 맹종 문제

법관에게는 또한 법리와 판례를 맹종하는 문제가 있다. 물론 법리를 따르고 판례를 따르는 것은 일단 옳은 일이다. 그러나 법리에서는 얼마든지 견해의 대립이 있을 수 있고, 판례란 반드시 그 판례가 생겨난 사건의 사실 관계를 놓고 보아야 판시 범위나 사정거리를 알 수 있다. 합의부의 부장판사라면 사건 합의 중에, 사법연수원을 갓 수료하고 나온 젊은 법관이 자기가 알고 있는 판례를 자랑스럽게 들이대면서 한 발자국도 움직이려 하지 않는 모습을 가끔 보았을 것이다. 그런데 젊은 법관의 이런 모습이 어쩌면 법관 전체의 모습일지도 모른다는 생각을 해보았는가.

나 자신의 죄과를 하나 밝히겠다. 법관 재직 시절, 나는 어업권 침해와 관련된 보상 또는 배상에 관한 사건만 보면 도무지 갈피를 잡기가 어려웠다. 그러다가 어업권의 배후지에 관련된 사건을 맡게 되었는데, 한참을 고민하다가 관련 판례를 모조리 찾기 시작했다. 고생 끝에 그 사건에 적용하기에 맞춤한 것을 하나 찾았는데, 원고 청구 기각으로 결론이 난 판례였다. 문제는 판례가 나온 사건의 사실 관계가 내가 담당한 사건의 사실 관계와 거의 비슷하면서도 세부적인 면에서는 일부 달랐다는 점이다. 그때부터 내 고민은 그 사건의 사실 관계를 어떻게 판례가 나온 사건의 사실 관계와 같도록 짜 맞추는가에 집중되었다. 사실이 다르면 그 사실 관계에는 어떻게 법을 적용해야 옳을 것인지를 고민해야 할 텐데, 반대로 결론부터 내려놓고 사실 관계를 맞추려고 시도한 것이었으니, 지금 생각하면 기가 막히는 일이었다. 다행히 그 사건 결론을 내기 전에 인사 발령이 났는데, 만약 판결을 썼다면 보나마나 판례와 들어맞지 않는 부분의 사실은 "~에 부합하는 증거는 믿기 어렵고 달리 이를 인정할 만한 자료가 없어……"라는 이유를 들어 잘라냈을 것이다. 그래야 두부모 자르듯이 그 사실 관계가 판례와 같은 것으로 딱 떨어지게 되기 때문이다.

법관 윤리에 관한 미국의 논문을 보면 판례나 리스테이트먼트 (법리 요약)에 대한 맹종은 미국의 법조에서도 문제가 되고 있다. 확정된 사실을 놓고 거기에 어떤 법리를 적용해 어떤 결과를 낼지를 고민하는 것이 아니라, 이미 밝혀진 법리나 판례에 맞추어 결론을 내는 것으로 할 일을 다 했다고 생각하는 무정견을 키워 가는 법관들이 그 나라에도 있는 것이다.

이런 이론적 문제의 사례로 변호사 사이에 이야깃거리가 되는 것 중 하나가 공모공동정범(둘 이상이 공동으로 공모하여 일부가 범죄를 실행했을 때 실행을 담당하지 않은 공모자에게도 공범의 책임을 지우는 이론)이다. 본래 일본에서 조직 폭력을 다스리기 위해 생각해 냈다는 이 법리는, 범죄의 인정 여부가 문제 되는 어느 범죄에서나 수시로 등장하여 피고인과 변호인을 절망에 빠뜨린다. 전화를 받았으니, 전화를 해주었으니, 만나서 이야기한 일이 있으니, 같은 회사에서 일했으니, 같은 프로젝트에서 역할을 맡은 적 있으니 당연히 공범이라는 건데, 어떨 때 보면 어처구니가 없다. 연전에는 다단계 판매회사에서 사원인 피고인 각자가 공동피고인인 다른 사원들(100명이 넘었다)의 모든 행위에 공모공동정범으로 기소된 것을 본 일이 있다. 이런 것은 상식에 어긋난다고 변론했지만 결과인즉 기소된 대로 유죄 판결이 났다. 미필적 고의(자기의 행위로 인한 어떤 범죄 결과의 발생 가능성을 인식하거나 예견하고서도 그 결과의 발생을 용인하는 심리 상태)에도 비슷한 문제가 있다. 과실이 있어 보이긴 해도 결코 범의가 있다고 보기 어려운 경우에 법관이 진지한 검토 없이 미필적 고의라는 편리한 개념을 동원해 고의범의 죄책을 인정하는 것이다.

판례의 맹종이랄 것도 없이 아예 법관이 판례를 오해하면서 이것을 법정에서 들이댈 때처럼 답답한 경우가 또 있을까. 한번은 법정에서 보니 피고가 일으킨 사고로 원고가 발뒤꿈치를 다쳐서 장애 등이 남은 사건이 심리되고 있었다. 원고 대리인이 낸 감정서의 감정 사항 중에 추상(醜相)에 대한 성형 수술을 하는 데 필요한 비용이 얼마인지를 묻는 부분이 있었나 본데, 담당 판사는 "눈에 잘 띄지 않는 추상에 대하여는 노동능력 상실이 있을 수 없다."라는 판례를 들이대면서 성형외과 영역에 대한 감정 신청을 취하하라고 끊임없이 원고 대리인을 압박하는 것이었다. 그러자 변호사가 노동능력과는 무관하게 성형 수술이 필요하므로 감정으로 그 비용을 밝혀야 한다고 하는데도 법관은 아까의 판례만을 내세우며 감정 신청을 받아주지 못한다고 고집했다. 다른 건 다 그만두고 자기 자식 같으면 발뒤꿈치가 다쳐서 추하게 일그러졌을 때 성형 수술을 받지 말라고 할까 의심스러웠다. 법관이 판례에 집착하여 심리 방향을 잘못 잡은 예다. 설령 변호사의 주장이 틀렸다고 하더라도 자기가 잘못 생각했을 수도 있을 가능성이나 나중에 생각이 바뀔 가능성이 있음을 인정하고 우선 감정을 채택해주는 것이 그리도 어려운 일이었을까.

내가 직접 겪은 것으로는, 재건축 사업과 관련해 담보 관계로 각서를 써준 건설회사 이사의 대리권 또는 대표권이 문제 된 사건에서, 재판장이 엉뚱하게 건설공사 현장 소장의 대리권에 관한 어떤 판례를 들이대면서 당사자 중 누구도 주장하거나 언급하지 않은 그 사건 현장의 현장 소장과 회사 사이의 공사에 관한 비정형적 거래 관계에 관해서 변론을 하라고 한 일이었다. 그 판례의 사실 관계에 비슷한 일이 이 사건에도 있었는지 주장하고 입증하라는 것이었는데, 그것은 쟁점도 아니었을뿐더러 사건의 사실 관계에서 그런 따위의 문제가 있지도 않았고 따라서 증거가 있을

리도 없어서 애를 먹어야 했다.

## 법경제학적 시각의 필요성

어느 해 일간 신문에 과거 총리를 맡은 이가 법관들에게 한 강연에 관한 기사가 실렸다. 법관들도 사건을 정무적으로 판단할 필요가 있다고 말했다는 것이다. 정무적 판단이 무엇인지는 잘 모르겠으나, 만약 그것이 과거에 어느 대법원장이 누누이 강조한 '국가관' 같은 것이라면 그의 말은 받아들일 수 없을 터다. 그러나 내가 이해하기로 그의 발언은 법률적으로만 사건을 보지 말고 사건이 가져올 사회적 파급 효과와 작용에 대해 사고한 다음에 판결의 결론을 내려 달라는 취지가 아닌가 싶었다. 이것은 전통적인 법적 판단과는 다른 사고방식에 대한 주문이다. 법이 아닌 다른 것까지 고려하기 시작하면 여러 가지 부작용이 있을 수 있다. 예를 들어 정치적 사건, 사회적 비용의 증대를 가져올 가능성이 있는 사건, 어떠한 방향으로든 계층 간의 갈등과 대립을 해결 짓는 사건 등이 아마 그런 사고방식을 요하는 사건일 것이다. 이것을 법관에게 요구하기가 적절하지 않을 수도 있다. 법이 말하는 정의보다 판결의 사회적 파장 효과를 고려하다 보면 법을 무너뜨릴 수 있지 않나 싶어 걱정스러운 점이 있다는 것이다.

그의 발언은 조금 관점을 달리하여 긍정적으로 볼 수도 있다. 내가 관여한 사건을 들어 설명해보겠다. 나는 임진강의 범람을 막기 위해 축조한 댐이 무너져서 인근 지역 주민들이 손해를 입었다고 하여 그 배상을 구하는 소송에서 피고를 대리한 적이 있다.

내 의뢰인은 건설회사였는데, 이들의 주장으로는 댐이 무너질 당시의 단위 시간당 강수량은 우리나라에서 근대적 기상 관측이 시작된 이래 최대치였고, 과거의 기록을 대조해보더라도 천 년에 한번 있을까 말까 할 정도로 많았던 것이라고 했다. 그 주장의 사실적 기초가 옳다고 보았을 때, 댐을 건설하는 사업을 하면서 아직관측되고 기록되지 않은 정도의 강수량까지 고려하거나 심지어천 년에 한 번 있을 수 있는 강수량까지도 고려하여 댐의 규모와강도를 설계하고 시공해야 하는가라고 의문을 표시했다. 그런데항소심에서는 그저 무너지지 않도록 해야 하는데 무너졌으니 과실이 있다는 이유로 원고들인 주민들의 청구를 인용하는 결론이났다. 문제는 불법행위에 있어서 과실 판단이 시공사나 발주자의잘잘못을 넘어 사회적 비용과 직결된다는 데 있다. 불법행위는 사회의 각 영역에서 발생하는 손해의 감당이나 배분을 귀책성에 관련지어 어떤 기준과 사고방식으로 처리해야 옳을지 판단하는 문제다.

오래전 미국의 작가 스콧 터로가 쓴 소설《열정 속으로 하버드로스쿨》을 읽은 일이 있다. 하버드 로스쿨 학생들이 공부하는 내용이었는데, 그 학교에서 불법행위법 과목을 담당한 교수는 학생들에게 각종 사고(事故)에 관하여 알 듯 말 듯한 유형의 문제를던져놓고 그 부담의 기준과 방식에 대한 법적 사고를 키워 가는방식으로 학생들을 가르치고 있었다. 나는 그 댐 사건의 상고 이유로서, 비용 지출에 따른 손해를 불법행위 책임으로 배분하는 정책에서 어느 것을 혼자서 감수하여야 할 손해로 보고 어느 것을 남과 나누어야 할 손해를 보아야 하는가에 관한 문제를 제기했다. 천재지변으로 인한 손해는 각자가 감수하거나 정책적으로 해결하는 것이고 그 손해의 방지를 위한 비용의 지출은 법경제학적 고려로 결정해야 하는 것이며, 불법행위라는 미시적 조정의 법리로 다룰 것은 아니라는 주장이었다. 무슨 대답이 나올까 기대하고 기다렸으나, 대법원의 판결은 "원심의 사실 인정과 판단은 옳고……"라는 상투적인 것이었다.

　이런 유의 사건에서는 단순히 누가 이기도록 판결해주어야 할까 생각하는 것을 넘어, 어떤 판단이 경제 정책이나 사회 정책적 관점에서 볼 때 어떠한 효과가 있는지 검토하면서, 법원과 법관이 지도적 원리를 제시하는 역할을 할 수는 없을까. 물론 이를 위해서는 당사자가 충분한 주장과 자료를 내놓아야 하지만, 주장이나 입증이 어떻든 간에 물을 막아야 할 댐이 무너져서 그로 인해 손해가 발생했으면 당연히 과실이 있는 것이니 배상을 하라는 식이 되어버리면, 법률가는 그야말로 판례나 찾는 율사가 되어버리지 않을지 모르겠다. 이런 문제에 대해 법관이 진지한 검토를 해보고 그 결론으로 판결을 내려야, 당사자들도 일면적이고 단편적인 사고방식을 접고 법적 문제에 대한 변론을 전체적이고 거시적인 관점에서 하려고 노력할 것이다.

5장

우리 사법의 풍경

# 검찰 개혁은 왜 어려운가 1

추미애 법무장관과 윤석열 검찰총장의 갈등을 놓고 백가쟁명의 상황이 벌어지고 있다. 어느 쪽이든 지나친 비분강개는 다소 수상하고 문제의 해법도 못 된다.

법적인 시각으로는 이렇다. 법무부 장관의 권한 범위와 한계는 어디까지이고 검찰총장의 임기 보장과 징계의 관계는 어떤가, 징계위가 윤 총장의 비위로 인정한 사실은 정당한 징계 사유인가 등이 쟁점이다. 사태를 정치적 시각에서 보면 혼란스럽다. 법무부 장관과 여권이 내세우는 명분은 검찰 개혁이고, 심지어 검찰 자체도 말로는 개혁에 이의를 달지 않는다. 그런데 여권이 무소불위의 검찰권력에 대한 민주적 통제를 외치면, 검찰은 여권의 속내가 검찰 길들이기라고 반박한다. 검찰이 정치적 중립을 부르짖으면, 여권은 그 실질이 개혁에 대한 저항이며 조직 이기주의라고 비난한다.

직무 집행정지 처분 사건에 관한 서울행정법원의 결정문을 읽어보면 법원의 입장은 역시 원론적이다. 본안 소송이 제기되어 있는 마당에 당장 검찰총장의 직무 집행을 정지시키는 것은 적절치 않다는 것이다. 전국법관회의의 결정도 요컨대 현재 계속 중이거나 장차 제기될 소송에서 재판 공정성을 고려해야 하고 정치적 중립을 지키자는 것이었다. 사법권이란 것은 그렇다. 원칙론과 중립적 위치를 벗어나지 않으려 하고, 지나치다 싶으면 가끔 제동을 걸고, 기본적으로 이른바 '정치적 문제'에서는 사법 자제론으로 현상 유지를 택한다. 다툼의 성격이 이러한데, 법원의 결정으로 이 분란이 종결될 것이라고 믿는다면 오해다. 법적 절차에서 누가 이기든 정치적 의미의 싸움은 끝나지 않을 것이다.

어느 편이든 논자마다 상대 또는 쌍방의 잘못을 지적한다. 어찌 보아야 하나? 우선 논제가 검찰 개혁임을 분명히 해야 한다. 문재인 정부가 적폐 청산에 검찰권을 동원한 것, 윤 총장의 과도한 '측근 챙기기' 인사, 이를 뒤집는 추 장관의 '윤석열 라인 학살' 인사, 윤 총장의 수사 편향성, 추 장관의 기록적인 수사지휘권 행사와 윤 총장의 지휘권 박탈 시도 등 일련의 과정이 지적되지만, 그것은 싸움의 양태일 뿐 본질은 아니다. 어차피 검찰은 개혁에 스스로 몸을 맡길 만한 조직이 아니다. 분란의 실체는 정치권력과 검찰권력의 대립이다. 검찰이 살아 있는 권력을 수사하고 있으니 정치적 중립성을 찾는 것이라고 하는 주장은 그간 검찰권이 행사된 행태를 보면 논점을 벗어나 있다. 문제는 검찰권이 통제받지 않는 권력자가 되어 가려는 데 있기 때문이다. 검찰 인사에 청와대가 개입하지 말라는, 법에 어긋난 주장이나 헌법에도 검찰청법에도 없는 검찰권 독립 주장이 나오는 것을 보라.

부정적이든 긍정적이든 간에 윤석열이라는 개인의 성향, 능력, 자세 등이 오늘의 상황에 한 원인이 되기는 했지만, 설령 그가 임기 만료나 임기 중 어떤 사유로 퇴진한다고 하더라도 당장 검찰 조직 전체에는 큰 변화가 없을 것이다.* 제2, 제3의 검찰주의자는 얼마든지 있다. 반대로 윤 총장이 자리를 유지한다고 해서 기왕에 조직 논리에 따라 수사권과 기소권을 휘두르던 검찰이 어느 쪽으로든 갑작스레 행보를 바꾸지도 않을 것이다. 권위주의 정부가 들어서 있던 시절, 검찰은 집권 세력의 입맛에 맞추어 권한을 행사했지만 그렇다고 해서 권력의 시녀 노릇만 한 것도 아니었다. 때로 중요한 시점에서 검찰은 권한 행사를 조절하여 정치권력과의 거리를 유지하면서 조직 자체의 권력 유지에 만전을 기해 왔다.

제도 개혁 측면에서 볼 때 검찰과 경찰의 수사권 조정이나 공수처 설치가 과연 앞으로 검찰권 행사에 어떤 영향을 끼칠지는 미지수다. 공수처의 활동으로 검찰이 꼼짝 못하리라고 본다면 그 역시 성급한 추측이다. 공수처가 검찰에 밀리거나 그 눈치를 보는 상황, 아니면 공수처가 내부적으로 분열되는 상황, 심지어 공수처가 또 다른 검찰이 되는 상황은 생각해보지 않았는가. 만약 검찰이 공수처의 권한 행사가 직권남용이라면서 공수처를 수사한다

---

* 2021년 3월 4일 윤석열 검찰총장은 직을 사임했다.

면 어쩌겠는가. 장차 공수처의 구성과 운영에서 적정성을 유지하는 데 실패해 여론의 지지를 잃으면 또 다른 분란이 닥칠 것이다.

검찰 개혁은 숨이 짧은 이들이 해낼 수 있는 일이 아니다. 제도 개혁이 서서히 검찰을 변화시키도록 유도하고, 갈등과 잡음을 최소한으로 줄이면서, 조금 늦었지만 양식 있는 중도층 시민들의 지지를 회복하고 넓혀 가는 데 주력해야 한다. 개혁의 성공 여부는 그런 노력을 다한 후 차후 대선 결과가 나오면서 윤곽이라도 잡힐 것이다. (2020년 12월)

# 검찰 개혁은 왜 어려운가 2

　사법 개혁과 검찰 개혁은 과거 정부에서도 추진했던 과제다. 그중 피부로 느껴질 만한 변화는 로스쿨 제도의 도입 정도 아니었나 싶다. 그 외에는 매번 거의 같은 내용으로 개혁을 운운했으나 크게 달라진 것이 없었다. 그 개혁은 '선출되지 않은 권력'에 대한 민주적 통제와 정치적 중립성 확립을 목표로 하는 것이다. 그런데 왜 이것이 그렇게도 어려울까.

　검찰 개혁에 한정해서 보면, 개혁 좌절의 책임은 일차적으로 정치권력 자체에 있다. 검찰에 대한 편향적 인사나 검찰권 행사를 정권의 이해관계에 부합하는 쪽으로 이용하려는 시도가 개혁을 어렵게 하는 부메랑으로 돌아오는 것이다.

　그다음으로는 법조라는 직역의 체질이 개혁과 친하지 않다는 사정이 있다. 판사, 검사, 변호사의 세 직역을 통틀어 법조 삼륜이라고 이른다. 그 구성원들은 학생 시절 우등생과 모범생의 체험을 거쳐 인내력과 집중력을 요하는 사법시험을 통과한다. 그중 판사나 검사가 된 이들은 다시 도제식 훈련을 받고 조직의 논리와 코드를 몸으로 익힌다. 그러고는 동기생들 간의 경쟁에 부딪히고 인정 욕구에 시달리면서 조직에 헌신하는 사람으로 형성되어 간다. 조직은 이들을 보호한다. 늘 비난받는 '제 식구 감싸기'가 그 보호의 예다. 변호사가 된 이른바 전관(前官)까지 아울러 학력과 경력으로 끈끈한 인적 관계를 형성하고 있는, 이 규모는 작아도 강한 세력은 외부 세계가 건드리기 어려운 결속력과 응집력을 지니고 있다.

법조인들은 대개 남의 말을 듣기 싫어한다. 또 대부분의 판사와 검사들은 태생적으로 부지런하고 일에 지쳐 있다. 정치적 사건이나 사회의 이목을 끄는 사건을 일단 논외로 친다면, 여러 비난에도 불구하고 그들은 대체로 공정하고 양심적이며 업무 처리도 법에 기속되어 있다. 이러다 보니, 내가 이렇게 뼈 빠지게 그리고 양심적으로 일하는데 무슨 개혁이 필요하단 말인가라는 생각이 들 수도 있다. 아마 자신이 정치권과 무관하다고 생각하는 상당수 판사들이나 검사들은 정치권에서 들고 나오는 개혁에 부정적일 것이다.

여기에 더하여 법조인들에게 개혁을 주문하는 데 방해가 되는 것은 법조 직역이 지닌 전문성이다. 비전문가가 뭐라고 하다가는 자칫 모르는 소리 하지 말라는 반박과 반발에 부딪힌다. 물론 이런 전문성은 내부적으로 독선을 낳을 위험이 있고, 법조인들의 자의식을 키운다. 법학자 김두식은 《불멸의 신성가족》에서 이 세 직역을 '신성(神聖)가족'이라고 불렀다. 이들을 손보는 일은 지난한 작업이다.

그럼 조직 내의 인물이 개혁을 주도한다면 어떨까. 이것도 쉽지 않다. 우선 조직에 몸담고 있으면 그런 비판적 안목을 기르기 어렵다. 조직에서 출세할 가능성이 높을수록 비판적 마인드는 줄어들게 마련이다. 법원이나 검찰을 떠난 사람에게도 '친정'을 욕하는 짓은 일종의 금기 사항이다. 자칫하면 배신행위를 한다는 소리를 들을 위험이 있다. 조직의 힘을 축소하는 일에 대한 거부감이 그를 압박할 것이다.

왜 어느 정권도 검찰 개혁을 시도했으나 성공하지 못했을까. 주요한 이유 중 하나는 검찰이 지니는 이런 조직의 논리와 힘을 이겨내지 못했기 때문일 것이다. 거기에다 집권 여당과는 정치적 입지를 달리 하는 세력이 이해관계에 따라 검찰의 입장을 옹호한다. 그것이 다음 집권 시에 반작용으로 다가오더라도, 당장의 이해타산이 시급하기 때문이다. 한편 검찰은 민주화의 진행과 더불어 과거 권위주의 정부에서라면 공격할 엄두도 못 냈을 국가기관을 여러 차례 수사하고 기소한 경험을 축적해 왔다. 정보기관이나 대통령의 친인척은 물론이고 전직 대통령 등 권력의 정점마저 수사하여 기소했고 마지막으로는 전직 대법원장까지 구속 기소하는 장면을 연출했다. 이들을 견제할 경쟁자도 찾아보기 어렵다. 수사에 성역은 없어지고 이제 검찰은 참으로 무소불위의 조직이 되었다. 이런 데다가 검찰은 여러 차례 정권 교체를 겪으면서 정치권력의 한계와 약점을 알고 있다고 생각할 것이다. 일전의 법무부 장관 후보자에 대한 청문회에 앞서 벌어진 수사를 놓고 국무총리가 "검찰이 정치를 하겠다고 덤비는 것"이라고 한 말은, 발언의 당위성은 논외로 치더라도 실상을 정확히 지적한 것이다. 윤석열 검찰총장의 "사람에게 충성하지 않는다"라는 과거 발언은 긍정적이기는 하다. 그러나 그가 같은 자리에서 한 "조직을 대단히 사랑한다"라는 다른 발언에도 주목해야 한다. 그의 일차적 관심사는 검찰 조직의 위상과 권한 자체를 향하고 있는 것이 아닐까.

검찰 개혁은 쉽지 않을 것이다. 법무부 장관을 겨냥한 검찰의 수사는 일단 문재인 대통령 자신이 당부한 대로 '살아 있는 권력에 대하여도 똑같은 자세'를 취한 셈이며, 실질이야 어떻든 정치적 중립성이라는 외피를 쓰고 있다. 여권이 생각하는 검찰 개혁 중 제도를 고치는 일은 제한적이나마 효과가 있을 것이다. 검찰의 수사권 축소나 특수부의 축소가 그렇다. 대통령이 검찰에 대한 인사권을 내려놓는 것이 검찰 개혁이라는 일부 언론의 주장은 위헌적이다 못해 엉뚱하지만, 검찰에 대한 인사권 행사 역시 검찰 개혁에 실효를 거두려면 대다수 검사들이 수긍할 만한 탕평적 인사여야 한다. 아니면 조직적 반발을 살 것이다. 검찰은 단단한 바위와 같다. 검찰 개혁에는 그 필요성에 대한 국민의 깊은 이해와 폭넓은 지지를 얻는 것과 신중하고도 단호한 자세가 필요하다.
(2019년 9월)

# "검사님, 앉으세요."

유신 시절 깐깐하다고 소문난 어느 재판장이 검사를 혼낸 이야기다. 공판에 참여한 검사가 무료했던지 시도 때도 없이 볼펜을 손에 쥐고 촉을 내밀었다 들였다 하면서 딸깍 딸깍 소리를 냈다. 재판장이 정리(현재의 명칭은 법정 경위다)를 부르더니 검사를 가리키며 일렀다. "어이, 정리, 저기 저 볼펜 가지고 장난하는 사람 있잖아. 법정 밖으로 내보내게." 그 검사 얼굴이 벌게지더니 다시는 그 짓을 못했다고 한다.

얼마 전 정경심 교수의 표창장 위조 피고 사건의 심리에서 보기 드문 광경이 펼쳐졌다. 오해를 피하려고 미리 말해 두거니와, 내가 그 사건에서 주목하는 것은 검사의 항의나 주장, 판사의 대응과 판단의 정치적 함의 따위가 아니다. 형사 사법의 운영과 관련하여 보이는 새로운 모습을 말하고자 하는 것이다.

〈경향신문〉의 2019년 12월 21일자 사설은 공소장 변경이 허가되지 않은 후 검사들이 법정에서 벌인 항의를 "전대미문의 법정 활극"이라고 일컬었다. 그러나 그 장면에서 방점은 활극이 벌어진 사실이 아니라, 그 활극에서 재판장이 결코 검사의 주장에 동조하지 않았다는 데 찍어야 한다. 문제는 그간 형사 법정이라는 무대에서 당사자인 검사와 피고인이 누려 온 지위의 불균형성에 있다.

형사소송에서는 검사와 피고인(그리고 변호인)의 지위가 대등해야 한다는 원칙이 있다. 그러나 이 원칙은 제대로 지켜져 왔다고 할 수 없다. 피고인이 법정에서 재판장 앞에 좌정하다가, 이제는 재판장이 볼 때 왼쪽 의자에 변호인과 함께 앉게 된 것도 오래된 일은 아니다. 이 자리 배치는 피고인이 재판의 대상이라는 관념을 깨고, 검사와 피고인이 재판에서 대등한 당사자로 취급받는다는 것을 표시하는 것이다. 문제의 활극이 벌어진 날 공판에 참여한 검사는 "재판장이 검찰의 의견을 이렇게 받아주지 않는 것을 본 일이 없다."라고 했다는데, 아닌 게 아니라 검사의 그 발언은 틀리지 않다. 변호사를 해본 사람이라면 다 아는 이야기인데, 판사가 검사의 증거 신청을 기각하거나 검사의 의견을 딱 자르듯이 물리치는 모습은 보기 드물다. 반면에 피고인 측에서 하는 증거 신청에 대해서는 짜증스러운 표정을 짓거나 그게 아니더라도 이런저런 이유를 대면서 받아줄 생각을 하지 않는 모습을 자주 볼 수 있다. 검사가 법대 아래 오른쪽에 앉아 발언할 때 재판장이 짓는 표정은 적어도 무심한데, 변호인이 법대 아래 왼쪽에서 발언할 때 짓는 표정은 종종 짜증스러운 것도 아는 사람은 다 안다. 법정에서 재판장은 검사를 보통 "검사님"이라고 부르지만, 변호사는 "변호인"이라고 부른다. 그런 전형적인 모습과는 다른 것이 정경심 사건에서 보인 재판장의 소송 지휘였다. 신기하다.

한편으로 양승태 전 대법원장에 대한 사법 농단 사건 재판에서는 법원이 피고인 측의 온갖 증거 신청에 대해 일일이 증거 조사를 해주고 있다. 피고인 측의 그런 주장과 입증이 가지는 정당성 여부는 일단 접어 두고, 법원이 이에 대해 일단 진중한 심리를 해주는 모습은 솔직히 놀랍다고 할 수밖에 없다. 일반 사건에서 피고인이나 변호사가 검찰이 제시하는 증거에 대해 그렇게 하나하나 따지고 들었다면 판사가 뭔가 제동을 걸지 않는 모습을 보기 어려웠을 터라서 하는 말이다.

형사 사법 사무 중 수사와 공소 유지와 형의 집행을 검사가 맡고 있다면, 판사는 수사와 공판 단계에서 검찰권 행사를 통제하는 것이 제도의 기본 틀이다. 그러나 전 세계에서 유례없이 검찰의 권한이 큰 우리나라에서 과거 법원의 통제가 만족스러울 만큼 잘되었던 것은 아니다. 법원의 사건 처리에서 검사가 가장 싫어하는 것이 영장 신청 기각과 무죄 판결인데, 2018년 기준으로 구속영장 발부율은 81.3%이고 1심 형사 판결 중 무죄 판결 비율은 0.79%다. 무죄율이 이렇게 낮은 데서 알 수 있듯이 지금까지 판사의 일반적 성향은 이른바 '적법절차 모델'보다는 '범죄통제 모델'에 가까웠다. 진술 거부권(묵비권) 행사에 대한 판사들 일부의 정서적 거부감도 같은 맥락에 있다. 그러던 법원이 윤관 대법원장

(1993~1999년 재임)이 1993년 취임한 이래 형사 사법 절차에서 주도적으로 나서면서 영장실질심사제도*와 공판중심주의·구술심리주의의 실질화에 힘을 쏟았다. 그러나 변호사의 눈으로 볼 때 법정의 운영은 여전히 한쪽으로 기울어 있었다. 무슨 말인가 하면, 지금까지의 법정 운영에서 피고인 측의 의견 진술이나 입증은 상대적으로 홀대를 받았으나 검사의 의견 진술과 입증은 대체로 존중받는 것이 법정의 현실이었다는 것이다. 일종의 '기울어진 운동장'이다.

정경심 사건에서 검사가 항의의 근거로 내세운 것이 공판중심주의와 구술심리주의였다. 이것은 검찰이나 경찰에서 만든 조서가 맞는지 틀리는지 따지는 식의 재판이 아니라, 법정에서 피고인이나 증인 등 사건 관계인이 하는 말을 기본으로 삼아 유죄인지 무죄인지 판단하겠다는 것이다. 이 두 원칙은 원론적으로는 옳지만, 우리 형사 사법이 여기에 중점을 두기 시작한 것은 근래의 일이다. 이용훈 대법원장의 "수사 기록은 던져버려라."라고 한 발언이 충격적으로 들린 것도 이런 배경에서였다. 이번에 하필 검사에게서 공판중심주의라는 말이 나온 것을 보면 검찰의 처지가 어지간히 다급했던 듯하다.

위법하게 수집된 증거 배제 원칙의 적용 확대, 기소 후 증인에 대한 검찰 조사의 증거 능력 제한, 영장 청구에 대한 엄격한 심사 등 검찰권 행사에 대한 법원의 통제는 계속 강화되고 있다. 이와

---

**영장실질심사제도** 구속영장의 청구를 받은 판사가 그 청구를 기각하거나 구속영장을 발부하기에 앞서 피의자를 심문하여 구속 사유의 존부를 판단하는 제도.

더불어 법원은 문재인 정부가 들어서고 100명이 넘는 판사들이 피의자나 참고인으로 불려가서 검찰의 조사를 받는 미증유의 체험을 거친 후 종전과는 다른 경향을 보이는 듯하다.

　재판이란 것은 불가피하게 그 정치적 의미에 대한 해석을 낳지만, 판사는 그런 해석에 대한 두려움을 버려야 한다. 형사재판에서 이른바 정무적 판단이라는 태도를 취하지 않는 것, 이것이야말로 사법부에 대한 신뢰를 회복하는 지름길이며 정도다. 법정에서 검사든 변호사든 발언은 일어서서 하는 것이 만국 공통이지만, 우리나라 법정에서는 언제부터인지 재판장이 사건 관계인에게 앉아서 발언하라고 권하고 실제로 앉아서 발언하는 것이 관행화되었다. 그래도 사람이 흥분하면 일어서서 발언하게 된다. 이럴 때 그걸 가라앉히는 방법은 앉으라고 말하는 것이다. 그렇게 흥분해서 자꾸 일어서는 검사에게 담당 판사가 했다는 그 말, 그래서 신선하다. "검사님, 앉으세요." (2020년 1월)

# 사법 개혁, 어디까지 왔나

소송 제도 일부를 개선하자고 만든 위원회에 어느 법과대학 교수가 외부위원 자격으로 참석했다. 간사의 브리핑이 끝나자 그 교수가 물었다. "그래서 이 제도로 국민에게는 어떤 혜택이 돌아간다는 겁니까?" 딱히 대답할 말은 없었지만 그래도 그 발언이 좀 생뚱맞다 싶었고 솔직히 듣기 싫었다. 그 기억은 변호사로서 법정의 운영 실태를 보면서 미안함으로 바뀌었다. 개선이든 개혁이든 관청에서 하는 일은 그 신선함이 국민에게 피부로 느껴져야 하는 것이다.

지난 2019년 10월 초 〈한겨레〉 기사에는 판사들이 김명수 대법원장을 '어대'라고 부른다는 이야기가 실려 있었다. '어쩌다 대법원장'이라는 뜻이라고 한다. 정권이 바뀌면서 새로 공무원이 된 사람들 중 상당수는 선거 캠프 등에 있다가 어쩌다 공무원이 된 사람이라는 뜻으로 '어공'이라고 부른다더니, 거기에 빗댄 듯하다. 사법부 수장에 대한 호칭치고는 점잖지 못한데, 문제는 대법원장에 대한 판사들의 인식이 그 정도라는 데 있다. '어공'의 문제는 무능함과 도덕적 해이다.

2017년 김명수 대법원장은 취임사에서 "오늘 저의 대법원장 취임은 그 자체로 사법부의 변화와 개혁을 상징하는 것"이라고 말했다. 글쎄, 언사가 과했지만 법원이 달라지기를 바라는 마음이 간절해서 그래도 기대를 걸었다. 그 사법 개혁은 어디까지 왔나. "장차 사법 농단은 없을 것입니다."라고 말할 수 있다고 해서 사법 개혁이 이루어졌다고 할 수는 없을 게다. 사법부의 책무가 그저 '농단하지 않기'는 아니잖은가.

모든 조직, 특히 공적 조직이 수행하는 기능은 제도와 운영의 두 측면에서 보아야 한다. 운영은 잘되어도 제도가 발목을 잡기도 하고, 제도는 잘되어 있어도 운영이 시원치 않을 때도 있다. 개혁 중 운영의 변화를 말한다면 인적 구성의 변화는 개혁의 첫 신호다. 그런 의미에서라면 김 대법원장의 발언은 옳을 수도 있겠다. 그러나 그 후 조직 운영에 변화가 없다면, 인적 물갈이는 그저 권력 이동 이상의 의미가 없다. 김 대법원장 취임 후 법원은 어떻게 바뀌었을까. 다시 말해서 국민이 법원에 가서 받는 재판은 얼마나 좋아졌는가.

김 대법원장이 취임사에서 사법 신뢰 회복 방안으로 꼽은 네 가지 과제 중 상고심 제도의 개선을 보자. 상고사건은 2018년 통계로 48,000건에 조금 못 미친다. 대법관 중 재판에 관여하는 인원은 12인인데, 공휴일을 제한 1년의 근무일수를 250일로 보고 주심인 대법관 1인이 하루에 처리해야 할 건수를 계산하면 16건이다. 귀신이 아니고서야 이 정도 분량의 사건들을 심도 있고 국민이 만족할 만하게 처리하기는 불가능할 게다. 퇴직한 어느 재판연구관의 말로 대법원은 이미 '파산 중'이다. 민사, 가사, 행정사건의 대다수가 '상고 이유가 되지 않는다'는 요지의 네 줄짜리 이유를 단 심리불속행 판결을 받는다. 전체 상고사건 대비 심리불속행 판결을 받은 사건의 비율은 2016년 이래 모두 70%를 웃돌고 2018년에는 76.7%에 이르렀다. 심리불속행 판결은 대법원에 상고 기록이 접수된 날로부터 4개월 이내에 하게 되어 있다. 이때를 넘기도록 이 무시무시한 판결을 받지 않아야 비로소 내 상고가 받아들여질 작은 가능성이라도 생기는 것이다. 그러나 상고사건 중 상고가 받아들여지는 비율, 즉 원심 판결 파기율은 전체 사건 중 5%를 넘나드는 수준이다. 바늘구멍 통과하기인 것이다.

양승태 전 대법원장의 혐의 사실 중 하나인 '사법 거래'는 상고법원 신설을 추진하는 과정에서 그가 사법권 독립을 해치고 재판에 개입했다는 것이 요지다. 상고법원이란 상고사건 중 단순한 사건을 별도로 처리하는 법원을 말하는데, 이를테면 제2의 3심 법원이라 할 수 있다. 그런 법원이 만들어지면 대법원은 사회적 파장이 크거나 판례를 변경할 필요가 있는 중요한 상고사건만을 맡아서 처리하게 된다. 그럴 경우 지금처럼 사건을 심리불속행 판결로 마구 떼어내어 당사자의 원성을 사는 일이 줄어들고, 상고사건을 처리하는 인력이 늘어나서 사건 심리가 충실해지며, 대법원은 중요 사건에 집중하여 이를 제대로 처리할 수 있다는 것이 당시의 구상이었다. 이 구상에 대해서는 사실상의 4심제라는 논란이 제기되기도 했고 대법원의 위상 강화와 법원의 인사 적체 해소를 노린 것이라는 비판이 있기도 했다. 그러나 방법의 정당성을 차치하고 보면 적어도 양 전 대법원장이 상고심 개선을 위해 국회와 대통령실을 상대로 온갖 노력을 다한 것만은 틀림없는 사실이다. 그만큼 상고심 재판의 개선은 절박한 과제였다.

현임 대법원장은 어떤 문제의식을 지니고 있고 무엇을 하고 있는가? 과거에 시행했다가 실패한 상고허가제(항소심 재판이 끝난 후 상고를 희망할 때 대법원이 원심 판결 기록과 상고이유서를 토대로 삼아 허가 여부를 사전에 결정하는 제도)나 이미 오명을 뒤집어쓴 상고법원 설치는 더는 지지를 받을 수 없다. 일이 많으면 일하는 사람을 늘리는 것이 당연한 해법인데, 대법관 수를 대폭 늘리는 방안에 대해서는 전원합의체 운영이 어렵다는 핑계를 대며 외면한다.

김 대법원장이 제시한 다른 과제 중 국민 생활에 직접 영향이 있는 것으로는 재판의 충실화가 있다. 그의 취임 이래 재판은 얼마나 충실해졌을까. 재판의 충실화 같은 걸 정량화하기는 어렵다. 다만 사건 처리율에 관한 통계가 있다. 2019년에 발간된 〈사법연감〉을 보면, 전체 사건 중 처리된 사건이 접수된 사건에서 차지하는 비율을 말하는 처리율이 2009년 지수 기준으로 2017년의 100.6에서 2018년의 99.6으로 떨어졌다. 민사사건은 118.2에서 112.9로, 형사사건은 100.1에서 99.9로, 행정사건은 132.9에서

129.9로, 가사사건은 100.0에서 97.8로 떨어져 모조리 하향세다. 전년도 대비 전체 사건 접수 건수가 약 3% 줄었는데도 그렇다.

처리율 감소가 반드시 재판의 충실도를 의미하는 것은 아니다. 언제부터인가 상당수 재판부가 차회 재판 기일을 다음 다음 달로 건너뛰어 잡는다는 변호사들의 불만을 들으면서, 또 요즘엔 합의 재판부가 결성되면 매주 선고할 판결 건수부터 미리 합의해 둔다는 말을 판사들에게 들으면서 느끼던 불안감이 단순한 인상을 넘어 수치로 나타난 것이다. 예측컨대 2019년의 통계치는 더 나빠질 것이다. 〈법률신문〉의 2019년 8월 26일자 사설도 재판의 질이 점점 낮아지고 재판의 과정과 결과의 충실도가 떨어지고 있다고 지적했다.

사법발전위원회와 의견 대립이 있고 나서 김 대법원장이 만든 사법 행정자문회의가 3개 분과위원회를 구성했던 것은 취임 후 2년이 지난 2019년 10월이다. 그가 해 온 개혁이라는 것, 굼뜨고 어정쩡하다. 이래도 되는가. (2019년 12월)

# 대법원장의 거짓말

소액 사건을 담당하던 판사 시절에 빌려준 돈을 되돌려받지 못했다는 원고의 주장과 그 돈을 진즉에 갚았다는 피고의 주장이 맞서는 사건을 만났다. 차용증도 영수증도 없는 데다가, 혹시 누군가에게 돈을 전해 달라고 한 것 아닌가 물었지만 그런 것도 아니라고 했다. 생각다 못해 객기를 부렸다. 그럼 두 사람 중 거짓말한 사람이 천벌을 받아도 좋으냐고 물었다. 원고가 급히 "네, 축원합니다."라고 말하면서 두 손 모아 절을 하고, 피고는 얼굴이 붉으락푸르락해졌다. 족집게 도사가 아닌 다음에야 판사 노릇 하기는 정말 어렵다. 판사는 거짓말에 지쳐 있다.

법조인들이 하는 우스갯소리로 '재판은 거짓말 대회'라는 말이 있다. 사건의 양 당사자가 하는 말이 같으면 애초부터 재판을 할 이유가 없기는 하다. 또 행동과학이 밝혀낸 바로 사람의 기억은 선택적이고 기억의 저장과 재생 과정에서도 반드시 망각, 과장, 왜곡이 일어나게 되어 있다. 양심적인 사람들마저 어쩔 수 없다고 한다. 예를 들어 선박끼리 충돌한 사건에서 대부분의 승객들은 서로 상대 선박이 잘못하여 사고가 일어났다고 진술한다. 하지만 사건에 따라서는 한쪽 당사자가 거짓말을 하는 게 분명한 경우도 있다.

법조인들이 공적인 자리에서 난처한 질문에 내놓는 답변 중에는 "기억이 나지 않는다"가 가끔 등장한다. 2007년 청문회에서 삼성그룹의 임원과 자주 골프를 친 사실이 있느냐는 질문에 검찰총장 후보자는 기억이 안 난다고 대답했다. 그러자 1년에 골프를 몇 번 치느냐는 질문이 이어졌다. 후보자가 잘 모르겠다고 답하자, 질문을 하던 의원이 한 말은 "그런 기억력으로 어떻게 25년간 검사를 했느냐?"였다. 2009년에도 같은 의원이 다른 검찰총장 후보자에 대해 모 사업가와 함께 해외에 골프를 치러 나간 일이 있느냐고 물었다. 대답은 역시 "저랑 같이 간 기억은 없습니다."였다. 교과서의 설명으로 위증죄는 기억에 반하여 진술하는 행위다. 객관적으로 잘못된 진술도 기억에 어긋나지 않으면 위증죄가 되지 않는다. 그래서 법률을 설 배우면 여기에 묘수가 있다고 생각할 수 있다.

임성근 부장판사가 국회의 탄핵 논의를 이유로 김명수 대법원장이 자신의 사표를 받지 않았다고 주장하자, 대법원은 그런 취지의 말을 한 사실이 없다고 부인했다. 양쪽 주장이 맞선 시점에서, 얼핏 법정에서 양 당사자 중 한 사람은 거짓말을 하는 게 분명한 사건을 보는 듯한 느낌이 들었다. 증거가 없을 때 소송에서는 입증 책임에 따라 결론을 내릴 수밖에 없지만, 판사는 오판 가능성 때문에 찜찜하다. 그래서 판사는 늘 거짓말을 들으면서도 거짓말쟁이를 싫어한다.

임 부장판사가 음성 파일과 녹취록을 내놓았다. 그도 김 대법원장도 오랜 판사 생활에서 수없이 거짓말을 들었을 것이다. 녹음테이프나 녹취록이 법정에 증거로 제출되는 일도 드물지 않으니, 김 대법원장은 그런 것이 튀어나오면 거짓말이 탄로 날 수 있음을 알았을 것이다. 그런데도 그런 주장을 한 것을 보면 그는 자기 해명대로 기억을 못 했거나 아니면 설마 녹음이 되었을 리는 없다고 생각했을 듯싶다. 하필 법관들 사이에서 진실 공방이라니, 딱하다.

워터게이트 사건*에서 닉슨이 비난받은 가장 큰 이유는 그가 거짓말을 했다는 점이었다. 특별검사 아치볼드 콕스가 대통령 집무실의 녹음테이프 제출을 요구하자 닉슨은 이를 거부했다. 다급해진 닉슨이 콕스를 해임하고 나서 며칠 후 기자들 앞에서 한 말이 걸작이다. "나는 사기꾼이 아니다." 녹음테이프 제출 명

---

**워터게이트 사건**(Watergate scandal) 1972년 6월 미국의 리처드 닉슨 대통령의 재선을 위해 그의 참모들이 워터게이트 빌딩에 있던 민주당 전국위원회 본부 사무실에 침입하여 도청 장치를 설치하려다 발각되어 벌어진 사건. 당초 닉슨은 이 사건과 백악관의 관련성을 부인했으며 그해 11월에 대통령 선거에서 크게 승리하면서 이 사건은 잊히는 듯했다. 그러나 재판 과정에서 닉슨 측근의 관련성이 드러나고 닉슨이 사건의 조직적 은폐와 조작을 지시했다는 정황이 밝혀지면서 1974년 8월 닉슨은 대통령직을 사임했다.

령 신청 사건이 연방대법원으로 가서 제출 결정이 확정되자, 〈타임〉 시사만화는 닉슨의 가상 발언을 말장난으로 그려냈다. "나는 콕스가 테이프를 내놓으라기에 그를 잘랐는데, 테이프를 내놓게 된 것은 바로 내가 그를 잘랐기 때문이다(I fired Cox because he wanted me to give up the tapes that I had to give up because I fired Cox)." 김 대법원장은 임 부장판사가 탄핵되어야 한다는 생각을 하지 않는다는 말로 사표를 수리하지 않았다가 바로 그 사표 불수리 때문에 임 부장판사를 탄핵으로 내몬 셈이다.

사법부 수장이란 사람이 하루 만에 말을 뒤집으며 내놓은 기억운운 해명은 검찰총장 후보자들의 답변을 연상시킨다. 닉슨의 불행은 그 정도의 판단력과 도덕성을 가진 인물이 제 분수를 넘어 지나치게 높은 자리에 오른 데서 시작됐다. 모 일간지 칼럼에서도 김 대법원장은 다시 봐도 대법원장 감은 아니었다는 말이 나왔다. 비전도 능력도 없다는 것이다. 그는 취임 후 사법 개혁 과업에서는 성과를 못 내고 이상한 인사권 행사 등으로 비난받았다. 정작 문제는 김명수 개인의 자질 시비라기보다 사법 농단 사건의 운명이다. 한편에서는 사법 농단에 관여한 전현직 법관들의 형사 사건에서 무죄 판결이 잇따라 내려지고 있고, 다른 한편에서는 김 대법원장의 악수(惡手)로 탄핵 시도의 정당성이 의심받는 모양새가 되었다. 이런 상황 전개가 사법 농단에 면죄부를 주게 되면 어쩔 것인가. (2021년 2월)

# 광화문 태극기 집회는
# 허용되어야 했나

지난 광복절의 광화문 집회는 서울행정법원이 서울시의 집회 금지 명령에 대해 집행정지 결정을 내리면서 강행되었다. 청와대 국민청원에는 해당 재판부 판사의 해임이나 탄핵을 바라는 국민 청원 참여자가 2020년 8월 27일 기준 30만 명을 넘어섰다.

집행정지 사건을 다룬 신문기사의 인터넷 댓글을 보면 누리꾼들 중엔 집행정지 결정이 감염병을 확산시켜 지지율 하락 상황을 타개하려는 집권 세력 음모의 일환이라는 주장을 펴거나, 반대로 신청인 측 주장이 허구라는 것을 알고서도 판사가 자신의 우파적 성향에 따라 그런 결정을 내렸다는 주장을 하는 사람들이 있다. 우선 전자의 견해는 그 자체로 허황된 음모론이다. 다음으로 판사의 성향을 문제 삼는 견해는 어떤가.

판사는 아주 내밀한 사이가 아니면 자신의 정치적 성향이 어떻다는 말을 하는 경우가 없다. 의식 성향이 보수적인지 진보적인지를 따지는 질문에도 판사들은 답을 내놓지 않는다. 대법관 후보자들은 국회 인사청문회에서 그런 질문에 대해 언제나 "보수도 진보도 아니며 오직 법에 따라 판단할 뿐이다."라고 답한다. 내 보기에 이것은 가식이 아니다. 아마 대부분의 판사가 자신이 정치적으로 중립이라고 실제로 믿고 있을 것이다. 게다가 판결이나 결정에는 결론에 이르는 과정이 기재된 이유가 붙어 있다. 그래서 어느 판결이 판사 개인의 정치적 성향에 따라 내려진 것이라는 주장은 자칫 결론만으로 정치성을 문제 삼자는 것이 되어버린다. 한편 판사에게 정치적 책임을 물어 탄핵하는 방도 같은 것은 본래 없다. 우리나라의 헌법재판소법도 직무 집행에서 헌법이나 법률을 위반한 경우만을 탄핵 사유로 삼고 있다.

그럼 판결 등이 법에 맞는지 아닌지를 따지는 일은 어떨까. 이것도 어렵다. 기록과 변론 내용을 가져다 놓고 상급심에서 행하는 정도로 검토해보더라도 정답을 내기가 쉽지 않을 게다.

그렇다고 판사의 의사 결정 과정이 반드시 법에 따라 이루어지는 것이라고 믿는 것은 좀 순진한 견해다. 미국의 판사이자 법철학자인 제롬 프랭크가 내세운 법현실주의는 판결이 법규가 아니라 감정, 직관적 예감, 기질, 편견 같은 비이성적 요소에 근거해 사실 오인을 저지르는 사례가 많다고 주장한다. 사법 행태에 관한 경험주의적 연구도 여기에 상당 부분 동조한다. 문제는 판사 개인의 편향된 시각이 판사 본인도 의식하지 못하는 것일 수 있다는 점이다.

집회를 허가한 재판부가 내세운 표현의 자유 보장 원칙을 염두에 두고 보더라도 법원의 이번 결정엔 몇 가지 의문이 든다. 우선 지적하고 싶은 것은 그 결정을 내릴 무렵 서울행정법원의 다른 5개 재판부에서는 여러 보수 단체가 유사한 사안에서 제기한 집행정지 신청 8건이 모두 기각되거나 각하되었다는 사실이다. 유독 제11부에서만 2건의 집행정지 신청을 받아들인 것이다. 그 재판부도 집회에서 참가자들이 연설하고 행진하고 구호를 외칠 것을 예상하긴 어렵지 않았을 터다. 이런 행태는 감염병 확산에 큰 영향을 미칠 개연성이 있었다. 방역 당국은 이미 집회가 열리기 수일 전부터 "지금 수도권은 코로나19 대규모 집단 유행으로 이어질 수 있는 엄중한 상황"이라고 여러 차례 경고했다. 이런 상황에서 법원이 "집회 금지 명령이 감염병 전파를 예방하기 위한 사실상 유일한 수단이라고 주장할 명확한 자료가 없다."라며 집회를 허가한 것이 과연 타당했는지는 의문이 아닐 수 없다. 유일한 수단은 아니었더라도 유효한 수단 중 하나라는 점은 응당 고려했어야 할 것이다. 신청 당사자인 단체들이 주장한 집회의 규모는 결과적으로 경찰 추산만으로도 5,000명이 넘는 것으로 변질되었다. "집회 참가자들이 1미터 이상 떨어져 사회적 거리두기를 준수하는 데 어려움이 없을 것"이라는 주장이 현실적일 수 없다는 점도 상식에 가까울 것이다. 결정을 내릴 당시 집회와 감염병 확산의 상관관계에 관한 재판부의 인식은 적어도 집회가 실제로 있은 후의 상황과는 동떨어진 것이었다. 그 주장이 허언임을 간파할 수는 없었을까.

법률가의 교육 과정에서 편향된 시각을 지우거나 거짓말을 가려내게 하는 과목 같은 것은 없다. 증거법은 오판의 위험을 최소화하도록 고안된 장치이지만 거짓말을 모두 걸러내지는 못한다. 결국은 판사의 무의식적 편향을 포함한 편견을 배제한 자세와 혜안을 기대할 수밖에 없다. 혹시 어디 이런 문제를 해결할 방법은 없을까. 판사의 무의식적 선입견이나 직관을 다스리기 위해 심리 분석 절차를 도입해야 한다던 제롬 프랭크의 제안이 이제 보니 꼭 황당하지만은 않다. (2020년 8월)

# 우리에겐
# 왜 긴즈버그가 없냐고?

지난 2020년 9월 미국 연방대법관 루스 베이더 긴즈버그가 타계하자 우리나라의 언론도 일제히 그에 관한 기사를 실었다. 그에게 붙여진 '진보의 아이콘'이라는 호칭에도 불구하고 보수 성향 언론사들도 관련 기사를 크게 내는 게 좀 신기해 보였는데, 어떤 기사는 연방대법원 청사 앞에 모여든 추모객들의 사진을 실으면서 그 아래에 "우린 왜 이런 대법관이 없나"라고 썼다. 쓴웃음이 나온다.

그 질문이 왜 우리에겐 대중이 열광하는 대법관이 없느냐는 것이라면, 그 질문은 무의미하다. 판관은 본디 대중의 인기를 누리는 자리가 아니고, 그런 열광이 판관의 가치를 말해주는 것도 아니다. 그게 아니라, 여성과 소수자의 인권을 위해 변호사로서 싸우고 대법관으로 일하며 줄곧 그들 편에 섰던 사람, 그가 이끈 전선(戰線)이 넓고 그가 던진 메시지의 울림이 컸던 사람, 그런 긴즈버그가 왜 우리에겐 없는지 묻는 취지라면, 그 질문엔 답을 찾아볼 만한 가치가 있다. 미국의 대법관이 우리나라 대법관과 다른 점은 무엇인가.

미국의 판사는 젊은 나이에 관료로 직업적 경력을 시작하지 않는다. 우선 이 점이 우리와 다르다. 그들은 대부분 변호사로서 직업적 성공을 이룬 사람들이다. 소싯적에 전교 1등을 놓치지 않은 걸 평생의 자랑거리로 삼는 맹꽁이 수재가 아닌 것이다. 또 그들은 어떤 경로로든 공중의 눈에 띈 사람들이다. 연방대법관으로 지명되면 상원 인준위는 후보자의 판결, 논문, 저서부터 모은다. 사회적으로 의미 있는 업적의 유무와 사법 철학을 파악하기 위해서다. 대통령이 꼭 중립적인 사법 철학을 지닌 인물을 연방대법관으로 지명하진 않는다. 그러나 연방대법관은 법조계든 학계든 정계든 해당 분야에서 수월한 자질을 가지고 있음이 검증된 이들이다. 아직도 판사 노릇 오래 한 이른바 '서오남(서울대 출신 50대 남성)'들이 대법원 구성원의 주류인 우리와 다르다. 사회적 소수자를 배려하여 특수한 배경 출신을 연방대법관으로 뽑기도 하지만, 우리처럼 대법관 정원 13인을 3인 내지 5인씩으로 나누어 중부, 호남, 영남 지역 출신에 안배하는 따위의 관행도 없다.

긴즈버그는 변호사로서 연방대법원에서 구술변론 등으로 실력을 증명했다. 대법관이 된 더굿 마셜(1967~1991년 재임), 에이브 포타스도 이 과정을 거쳤다. 법무부는 그 과정에서 이들의 자질과 철학을 파악하고, 대통령의 법률 참모로서 대법관 선임 과정에 관여한다. 법원에서 내부 승진이 관례인 우리 풍토에서 이런 능력이 대법관 인선의 고려 사항일 리도 없다.

인물은 나오는 것이지만 만들어지기도 한다. 어느 나라나 결국 자기에게 걸맞은 정부를 가진다고 하지만, 훌륭한 대법관도 훌륭한 사회가 가질 수 있는 것이다. 최초로 여성을 연방대법관으로 임명한 대통령은 민주당 출신이 아니다. 공화당 출신 로널드 레이건이 법무부와 공화당 의원들의 반대를 무릅쓰고 샌드라 데이 오코너를 대법관으로 임명했다. 또한 미국에서는 연방대법원이 판결을 내리면 일단 승복하고 비판을 하더라도 절제한다. 자기 진영에 유리한 판결이 내리면 사법권 독립이 살아 있다고 추켜세우다가, 불리한 판결을 받으면 돌변해 정권의 시녀라고 막말을 하는 행태를 보이지 않는다. 우리처럼 판결을 뒤집으려고 법률을 바꾸다 못해, 나중엔 소수 의견을 낸 대법관들을 무더기로 사임으로 내몬 역사도 없다. 긴즈버그가 공개적으로 사기꾼이라고 부른 트럼프 대통령마저 긴즈버그가 타계하자 그의 공헌을 기리는 성명을 내고 백악관과 연방정부 건물에 조기 게양을 지시했다. 대통령 비서실장이 대법관인 법원행정처장을 자기 공관으로 불러 젖히는 우리와 다르다. 언론도 사법을 존중한다. 우리나라의 언론처럼 자기 성향에 맞지 않는 판결을 내리면 대법원이 정권을 수호한다느니 대통령에 아부한다느니 따위의 언사로 비난하지 않는다. 긴즈버그는 판결에 여론을 의식하느냐는 학생의 질문에 "판사는 그날의 날씨가 아닌 시대의 기후를 고려해야 한다."라고 답했다. 우리나라에서 그랬다간 왜 날씨를 고려하지 않느냐는 질

낮은 비난이 쏟아졌을 것이다. 긴즈버그는 남녀 임금 차별 금지와 동성 결혼 합법화를 다룬 사건의 판결을 주도했다. 그가 누구인지 몰랐던 것 같은 어느 누리꾼이 그런 업적을 알린 기사에 남긴 댓글은 이렇다. "이거, 좌빨이구먼."

　물론 긴즈버그 같은 대법관이 나오지 않는 것이 온전히 사회의 책임만은 아니다. 연대보다 경쟁에 친하고 사회적 불평등을 능력의 차이에 따른 결과로 여기며 내 손의 권력이 시험 성적에서 나온 것으로 믿는 전문가 집단에서, 기득권과 엘리트 의식을 떨치고 나설 용기 있는 인물이 먼저 있어야 하는 것이다. 우린 그렇지 못하다. 우리 사회가 긴즈버그를 가지지 못한 또 다른 이유다. (2020년 9월)

# 헌법재판관의 자질

문재인 대통령이 헌법재판관 후보자를 지명했다. 문재인 정부의 헌법재판관과 대법관에 대한 인사 정책이 파당적이라며 비판하는 견해와 헌재 구성의 다양성이라는 관점에서 긍정적이라는 견해가 맞서고 있다. 앞으로 있을 청문회에서 한바탕 설전이 벌어질 것이다. 아무려나 현 정부의 인사 패턴을 보면 이들이 재판관으로 임명될 것은 거의 확실하다.

훌륭한 판관을 뽑기는 쉽지 않다. 법률가로서 자격이나 경력 요건 외에 판관 될 사람이 갖추어야 할 자질에 관해서 법이 별도로 정한 바도 없다. 이 풍진 세상, 고위직 판관을 뽑는 데 기준으로 삼을 만한 자질은 무엇일까. 임명권자는 아무래도 자기편을 들어줄 것 같은 사람이 필요할 테고, 또 성별이나 출신 지역 안배도 생각해야 할 테지만, 이런 고려 사항이 일단 판관의 자리에 오른 이가 가져야 할 자세와 반드시 같지는 않다.

판관이 되는 데 필요한 자질에 관해서는 예로부터 논의가 적지 않다. 그중 눈에 띄는 것을 소개하자면 19세기 영국의 대법관이었던 존 싱글턴 코플리가 한 말이 있다. "(법관직에 뽑을 사람으로) 내가 찾는 것은 신사다. 법률을 조금이라도 알면 더 좋고." 이것 말고도 논자들이 공통적으로 꼽는 몇 가지 자질은 용기, 정직, 근면이다.

제일의 조건이 신사여야 한다는 이유는 뭘까. 신사란 우리 식으로 말해 선비쯤 되는 개념이 아닌가 싶은데, 요컨대 먼저 사람됨을 보자는 것이다. 코플리의 발언에 대한 해설을 보면 신사란 고결함과 공손함을 갖추어야 한다는 것이니, 달리 말해서 비루하거나 야비하거나 치사한 성품의 소유자는 판관으로 삼을 일이 아니다. 이번에 후보자로 지명된 이 중 한 사람이 여성이니, 여성의 경우엔 숙녀만이 판관으로 적합하다고 해야 하겠다.

그다음은 요구 사항이라기보다 희망 사항쯤 된다. 그런데 "법률을 조금이라도 알면 더 좋고."라니, 어째 좀 이상하지 않은가. 코플리는 판사를 뽑을 권한을 가졌던 사람이다. 고위직 판관의 법률 실력이 수월한지 아닌지를 놓고 여러 말을 하지만, 그는 그런 수월함이 능사가 아니라고 보았던 것 같다. 왜였을까. 법률직의 전문성이 지닌 어떤 함정을 알게 되면 그 말투의 심상함이 담고 있는 의미가 다가온다. 법이란 얼핏 아주 정치한 체계처럼 보이지만 실인즉 구체적 쟁송에 들어가면 딱 들어맞는 법 규정은 물론이고 선례를 찾기도 어렵기 다반사다. 분쟁이란 결국 이해관계를 놓고 벌이는 다툼인데, 판관의 관점에서 볼 때 이는 대립하는 정책적 고려 사항 중 어느 것을 택해야 할지의 문제다. 바로 이때 양심이니 가치관이니 하는 것이 작동한다. 그러니 전문성이 아니라 신사의 자질이 최우선이라는 것이 코플리 발언의 참뜻일 게다.

셋째로, 용기가 있어야 한다는 것이다. 용기는 사법권 독립을 지키기 위해 필요하다. 겁이 없어야 한다는 것인데, 기대하기가 만만치 않다. 과거 헌법재판소의 한 재판관은 행정수도 이전에 관한 헌법소원사건에서 주심을 맡아 위헌 결정을 냈다. 당시의 정권이 곱게 보았을 리가 없다. 오비이락인지 아닌지 모를 일이나, 그는 다음 해 임대소득의 세금 탈루 의혹에 관한 언론 보도로 곤욕을 치르고 결국 사퇴했다. 신상의 불이익 따위를 겁내지 않을 수 있겠는가.

넷째는 정직의 덕목이다. 사법사상 판관이 부패했던 이야기를 하자면 한이 없다. 하지만 실제로 중요한 것은 지적 정직성이다. 모르면서 재판하지 말라는 것인데, 다 알고 재판하자면 집에 기록 보따리 싸 가지고 가는 것은 일상사고, 칼퇴근하는 것은 어림도 없으며, 주말에 일하는 것도 피할 수 없다.

마지막으로, 부지런해야 한다. 게으르면 판관 노릇 하기 어렵다. 몸이 약해도 곤란하다. 살인적 업무량에 몇 해를 뼈가 녹도록 일하다 보면 몸이 견뎌내지 못한다.

그러나저러나 정치적 성향은 제치고라도, 법조계에서 보통의 양식을 가진 사람들의 입장은 대략 이번 지명이 다소 지나치다고 보는 것이 아닌가 짐작된다. 즉 새 정부 집권 초기에는 그렇다 쳐도, 이제는 균형 잡힌 인사를 할 때가 되지 않았나 싶은데 별다른 변화가 없다는 것이다. 이번 인사 발표에서 청와대가 강조한 헌재 구성의 다양성 추구는 그나마 긍정적이지만, 다양성을 추구한다 하면서도 객관적으로 보아 정치적 고려가 주된 기준인 티가 난다. 지명된 후보자의 자질이 의심스럽다는 것은 아니다. 다만 그간 지명된 사람 대부분이 하필 특정 단체 출신이라는 점이 일반인의 눈으로 보아 의아스럽다는 것이다.

물론 헌재의 인선에서 국정 철학을 관철하려는 것은 헌법이 헌재 구성의 구도에서 대통령·국회·대법원장이 각자의 몫대로 지명하는 방식을 택하고 있으니 이해하지 못할 바 아니다. 이왕 이렇게 된 거, 이들이 훌륭한 헌법재판관으로 봉직하기를 바라는 수밖에 없을 듯하다. 그러나 일단 임명되면 헌법재판관의 임무는 오로지 양심에 따라 헌법적으로 판단하는 데 있다. 후보자들이 신사이며 숙녀라면 큰 탈이 없지 않을까.

그런데 양심이라는, 헌법 조항에 나와 있는 낱말을 인용하다 보니 한마디 꼭 덧붙이고 싶다. 혹시라도 양심을 이른바 '정무적 판단'이라는 아리송하고 위험천만한 기준으로 이해하지 않기를 바란다. 너무 '정무적'이다가 그만 법대 아래에서 재판받는 신세가 되고 심지어 쇠고랑까지 찬 고위직 법관들을 이미 여럿 보고 있지 않은가. 그 재미없는 희극에 어이없어하는 마음에서 이 고언을 드린다. (2019년 3월)

# 당신의 피눈물을 무겁게 아는

## 변호사 고르기

좋은 판사를 만나는 방법은? "기도하라." 좋은 변호사를 만나는 방법은? "찾으라." 누군가의 우스갯소리인데 사건을 해결해야 하는 당사자에게는 웃을 일이 아니다.

판사로 일하던 시절, 한번은 교수인 고등학교 동창이 찾아온 일이 있다. 변호사를 소개해 달라는 부탁을 하는데, 자기 장인이 사해행위취소 소송의 피고로 피소되었다는 것이었다. 사해행위취소 소송이란 채무자가 자기 재산을 남에게 넘겨서 빚을 갚을 능력이 없어졌을 때 채권자가 그 재산을 채무자에게 되돌려놓는 소송이다. 늘상 취급해보아서 잘 알고 더욱이 외환 위기 이후 급격히 사건 수가 증가하여 나 자신도 수많은 판결을 해보았지만, 원고에게 패소 판결을 한 예는 손가락으로 꼽을 정도로 결론이 뻔한 유형의 사건이고 동창이 말하는 사건도 사실 관계가 별반 달라 보이지 않은 터라 그의 부탁에 난감해졌다. 그래서 해준 조언은 이랬다. 변호사가 이 사건을 당연히 이길 수 있다고 말한다면 둘 중 하나인데, 사해행위취소 소송이 실무에서 어떻게 취급되는지 잘 모르고 덤벼드는 것이거나 아니면 거짓말을 하는 것이다. 그러니 방어할 가능성이 희박해서 맡지 않겠다고 거절하는 변호사를 만나면 그에게 사건을 의뢰하라는 것이었다. 그렇게 돌려보내고 나서 내심으로는 결국 저 사건 안 되겠지 했는데, 웬걸 다음해 연말 동창회에서 만나 물어보니 장인이 재판에서 이겼다는 것이었다. 내 말대로 여기저기 찾아다니다가 사건을 맡지 않겠다고 하는 변호사가 있기에 간곡히 사정을 해서 맡겼다고 했다. 그렇구나! 나 스스로 놀라면서도, 세상사 뒤죽박죽인 듯하지만 또한 그 이치가 엄정함에 잠시 숙연해졌다.

어떤 변호사는 의뢰인이 부탁하는 모든 사건을 맡는다고 한다. 의뢰인의 고통에 공감하고 희망을 주는 것이 요령이다. 허, 나쁜 놈들, 고생 많으셨습니다. 제가 반드시 이겨 드리지요. 반대로 사건을 골라서 맡는 변호사도 있다. 때로는 이렇게 말한다. 안 됩니다. 괜히 고생하지 마시고 그만 포기하시지요. 의뢰인은 대개 앞의 유형을 좋아한다. 뒤의 유형에게 어떤 의뢰인은 화를 낸다. 아니, 변호사님, 내가 억울하잖아요. 그런데 왜 사건을 안 하시겠다는 겁니까?

사람들은 자기 말을 믿어주고 자기가 이길 것이라고 말해주어야 사건을 맡긴다. 성실하기에 대개는 정직한(가엽게도!) 변호사의 고민은 여기에서부터 시작된다. 모든 당사자가 소송에서 이길 수는 없다. 또 사건이란 것은 '생물과 같아서'(사건의 동태성) 살아 꿈틀거린다. 사람들은 진실이 화석 같다고 믿지만, 법정에서 진실은 증거로 나타난 사실일 뿐이다. 애석하지만 증거 없는 진실은 진실로 인정받지 못한다. 법이란 것이 모든 경우에 구제책을 가지고 있는 것도 아니다. 더욱이 판사들은 그 나름의 사법 철학을 지니고 있다. 꼭 이길 것 같아 보이는 사건마저도 승소를 장담할 수 없는 법이다. 그래서 변호사 윤리가 요구하는 대로 성실하게 설명을 해주는데, 이러고 나면 도무지 사건을 맡기려 하지 않는 것이다. 사건을 맡지 못하면 돈을 벌지 못하고, 돈을 벌지 못하면 성공한 변호사라고 하지는 않으며, 성공하지 못한 변호사는 아무래도 행복하지 않을 게다. 정직한 변호사의 딜레마라고나 할까.

병이 든 환자가 병을 고치는 방법은 좋은 의사를 만나는 것이다. 그런데 좋은 의사가 반드시 큰 병원 건물 안에 있지는 않다. 속을 터놓고 지내는 의사 친구들 말로는, 방송에 잘 나오는 의사가 병을 잘 고치는 것은 아니라고 한다. 직업마다 허명이란 게 있는 법이다. 이름만 대면 누군지 다 아는 장안의 어떤 유명 성형의는 환자들이 수술대 위에 누워 있을 때 얼굴을 보이며 자기가 누구라고 이름을 말해주기는 해도 결코 집도하는 경우가 없다는 이야기를 듣기도 했다. 편견일 수 있겠지만, 나 자신도 텔레비전에서 자주 보는 변호사들에겐 별로 믿음이 가지 않던 것이 판사 노릇 하던 때의 시각이었다.

어떤 변호사를 골라야 할까. 먼저 중요한 것은, 의뢰인이나 당사자의 입장에서 볼 때 사건마다 거기에 적합한 변호사가 있다는 점을 인식하는 것이다. 흔하고 유형화되어 있는 사건이라면 소송물 액수의 많고 적음에 관계없이 성실성과 책임감이 우선이다. 크고 중요한 사건이라도 제일의 요건은 성실성과 책임감이지만 그와 함께 전문성을 살펴보아야 한다. 물론 전문성이 이미지로만 존재하는 것이 아니어야 한다. 판사의 '법적 사고(legal mind)'를 읽어낼 수 있는 혜안이 있으면 더 좋은데, 이건 만나서 이야기를 들어봐야 안다.

당연한 이야기지만 변호사는 성실하고 양심적이고 실력을 갖추어야 한다. 그런데 이런 자질은 사무실의 크기나 과거의 경력이나 신문지상에 이름이 오르내리는 빈도와 반드시 비례하지는 않는다. 심지어는 평판과도 다를 때가 있다. 일반인 사이의 평판은 전문직 종사자들 사이의 평판과 종종 일치하지 않는다. 경제학적 시각으로는 의심스러울지 모르나, 그가 벌어들이는 돈이나 요구하는 보수의 액수와도 꼭 비례하지는 않을 것이다. 또 중요한 사건이 있으면 재판부와 친분 관계를 따지거나 사건을 맡은 변호사가 이른바 거물이거나 전관예우를 받을 만한 사람인지 아닌지 따지는 경우를 늘상 본다. 가장 고약한 경우는 실무자가 무조건 큰 사무실을 찾는 현실이다. 그렇게 하면, 이기면 다행이고 패소하더라도 윗사람 앞에서 면책된다는 것이다. 심지어는 보수를 받으면 적절한 인사를 할 줄 아는 예의 바른 변호사를 점지하기도 한다는데, 글쎄, 법률 문화가 후진이라고 하여 비즈니스마저 후지면 안 될 일이라서 좀 걱정이다.

믿거나 말거나, 판사들은 친분이 있는 변호사가 법정에 나타난다고 해서 안 될 사건을 되게 해주거나 될 사건을 안 되게 하지는 않는다. 공사다망하신 거물 변호사지만 그래도 내 사건은 꼼꼼하게 봐주리라고 기대하는 것도 썩 현명하지는 않을 것이다. 사무실의 내부 장식이나 집기는 제 아무리 단아하거나 고급스럽더라도 기껏 무생물이니 말할 나위도 없다.

당신이 찾아야 할 변호사는 우선 당장 당신의 기분을 좋게 해줄 말을 하는 사람이기보다는, 당신의 피눈물이 묻은 권리와 이익을 무겁게 알고 지켜주는 사람이어야 한다. 그리고 그 일로 자기 밥을 벌게 되는 데 감사하면서, 그 밥을 가져다준 당신을 마음으로부터, 진정 마음으로부터 은인으로 여기고, 은인에게 감사한 마음에서 처음부터 마지막까지 당신의 이익을 자기 자신의 이익보다 앞세우는 변호사, 적어도 그 둘을 같은 무게로 잴 줄 아는 변호사여야 한다.

# 소송 의뢰에서 보수 지급까지

변호사 사용법

변호사인 내게 친구들이 상담차 찾아와서 운을 떼는 첫마디는 대개 이렇다. "이런 걸 물어봐도 되는지 모르겠는데……." 이야기 중 상당수는 법률 문제이기는 해도 법적 구제책이 없거나 어떤 것은 인생상담 비슷하지만, 상담 후에 대체로 속은 시원해한다.

일반인들이 변호사에 대해 품는 궁금증의 내용이 정작 변호사에겐 의외인 경우가 많다. 사람들에게 다가가는 노력이 부족한 탓일 게다. 소송을 할 일인지 아닌지 모르면서도 변호사를 찾아갈 수 있나? 물론이다. 우선 찾아가서 물어보아야 한다. 법률 문제인지 아닌지, 소송을 할 일인지 아닌지를 판별하는 것부터가 변호사의 일이다. 예를 들어 노후에 자식들이 부모를 돌보지 않는데 어쩌나 하는 질문에서, 그것이 단순한 불효의 문제인지 아니면 법적인 부양 의무 불이행의 문제인지를 대답할 수 있는 사람은 변호사다. 법률사무소에 가서 변호사와 대면하기 전에 관련 서류가 있으면 미리 이메일이나 팩스로 보내는 것이 시간을 절약하고 사안을 정확하게 설명하는 데 도움이 된다. 사건 내용도 서면으로 만들어 변호사에게 가져다주면 좋다. 상담한 후에 사건을 맡기지 않으면 변호사가 기분 나빠하는 것은 아닐까? 그렇지 않다. 상담하고서 사건을 위임하지 않는 경우도 비일비재하다. 그 경우 상담료를 내야 하는가? 받기도 하지만 받지 않는 곳도 많을 것이다. 궁금하면 미리 물어서 확실하게 해 두면 된다.

우리나라의 등록된 변호사 수는 2020년 현재 대략 3만 명에 가깝다. 변호사를 만나기 어렵던 시대는 지났다. 그런데도 주위에 아는 변호사가 없는데 도움이 필요할 때는 어떻게 하나? 요즘엔 어지간하면 우선 인터넷을 이용하니까, 궁금한 문제를 검색어로 넣고 변호사를 찾으면 될 것이다. 예를 들어 "재건축조합 조합원 자격 상담 변호사"라고 치는 식이다. 인터넷에 변호사가 너무 많이 나와 있어 누구를 선택해야 할지 곤란하지만, 원래 인터넷은 그런 곳이니까 하나하나 들어가볼 수밖에 없다. 인터넷으로 받는 법률 상담 중 가입 변호사의 수가 가장 큰 것으로는 '로톡'(www.lawtalk.co.kr)이 있다. 3,800여 명이 가입되어 있다. 게시판에 문의 사항을 질의하여 답변을 받는 무료 법률 상담을 이용할 수도 있고, 15분 전화 상담에 2~5만 원, 30분 방문 상담에 5~20만 원 정도의 유료 상담을 이용할 수도 있다. 네이버에서 운영하는 '네이버 엑스퍼트'(expert.naver.com)도 있다. 이용자는 네이버 엑스퍼트 화면에서 분야별로 엑스퍼트로 등록되어 있는 변호사들을 검색할 수 있고, 이용 후기 별점을 보고 선택할 수도 있다. 변호사들이 올려 둔 상담 상품(카카오톡 상담, 전화 상담 등이 있고 10분에 1만 원, 20분에 3만 원 등으로 가격이 정해져 있다)을 선택하여 결제한 후 실제로 변호사와 상담하는 방식으로 진행된다. 이 외에 '로앤굿'(www.lawandgood.com)이라는 사이트도 있다. 다만 대한변호사협회는 이러한 방식에 의한 법률 상담에 변호사법 위반 소지가 있다는 입장이다.

또 각 지방 변호사회(가령 서울은 '서울지방변호사회')의 홈페이지에 들어가서 '변호사 안내'를 찾아 들어가면 사건을 의뢰하거나 변호사를 안내받는 길을 알려준다. 다만 대한변호사협회가 2017년에 만든 '변호사중개센터'는 이용 실적이 저조하여 2년여 만에 문을 닫았다. 혹시 법률사무소 이름을 알면 그냥 대표 전화번호로 전화를 걸어도 된다. 법률사무소에 전화만 해도 비용이 청구되는지 역시 자주 접하는 질문이다. 어떤 사무소에서는 변호사와 통화하는 시간에 대해 분 단위로 비용이 청구된다고 알리는 경우도 있다. 예를 들어 국적이나 유학 등 특수한 분야의 자문을 전문으로 다루는 사무소가 그렇다. 그러나 대부분의 사무소는 전화통화 자체에 비용을 청구하지는 않는다. 다만 법률 문제는 아주 간단한 것이 아닌 이상 전화만으로 제대로 답변하기 어려운 경우가 많으니, 변호사를 직접 만나는 것이 효과적이다.

사건이나 사무를 위임할 경우 보수는 얼마나 되는가? 일의 내용에 따라 다르고 변호사나 법률사무소에 따라 달라, 이것이야말로 천차만별이다. 다만 말하기 조심스럽긴 하나 듣기로 비교적 간단한 소송 사건의 경우 300만 원 이하의 수임료를 받고 일을 처리해주는 곳도 흔해졌다고 한다. 고문 변호사를 두려는데 보수는 얼마나 주어야 하나? 이것도 함부로 말하기 어렵지만, 중소기업의 경우엔 한 달에 100만 원 이하의 고문료를 받는 경우도 많다고 한다.

아예 변호사를 회사나 단체의 사내변호사로 채용하려면 어떻게 해야 하나? 인터넷 홈페이지에 공고를 내면 된다. 취업난이라 변호사들이 열심히 찾아본다. 변협이나 지방 변호사회에 의뢰할 수도 있다. 대우는 어떤가? 일률적으로 말하기 어렵지만, 대기업의 경우 갓 자격을 취득한 변호사에게 대리 직급을 주고 그에 상응하는 급여를 지급하는 곳이 생겨난 지 오래됐다. 사내변호사는 소속한 회사나 단체의 소송을 수행할 수 있는가? 그렇다. 다만 연간 수행할 수 있는 사건의 수에 제한이 있다.

사건이나 사무를 맡길 때는 서면으로 된 계약서를 받아 두어야 한다. 계약서를 작성하려 하지 않는 변호사에게는 사건을 맡기지 않는 게 좋다. 계약서는 변협에서 만든 표준 약관을 그대로 옮긴 것도 있지만 아닌 경우도 있다. 미안해할 필요 없이 서명하기 전에 꼼꼼히 읽어보아야 한다. 특히 비용에 관한 부분이 그렇다. 변호사의 보수는 사건 수행에 필요한 인지대, 감정료 등과는 별개다. 다시 말해서 인지대 등은 의뢰인의 부담이다. 비용 항목도 잘 보아야 한다. 예를 들어, 수도권에 사무실을 둔 변호사에게 지방에 있는 법원이나 검찰청에 걸린 사건을 위임할 경우에는 약정에 따라 출장비, 여행 경비 등을 따로 지급해야 할 수도 있는데 이런 것도 계약서에 있는지 확인해야 한다. 법무법인 소속 변호사에게 보수를 송금할 경우에는 그 예금 계좌가 법인의 계좌여야 한다. 변호사의 개인 계좌로 돈을 부치라는 요구를 받으면 거절하는 것이 좋다. 수임료 외에 명목이 수상한 돈을 따로 요구받으면 합당한 곳에 지출하는 것이 아닐 경우 거절해야 한다. 나중에 자칫하면 '교제비'가 되어 돌려받기도 어렵고 형사 문제로 비화할 수도 있다.

사건이나 사무를 맡긴 후에는 어떤가? 변호사의 입장에서 보면, 지나치게 간섭하는 의뢰인은 곤란하고 너무 변호사를 믿는 듯한 태도를 보이는 의뢰인은 좀 불안하다. 변호사가 사건에 관해 뭐든지 다 알아서 해줄 것으로 믿어서는 안 된다. 변호사에게 사안을 설명해주어야 하고, 증거 자료를 찾아서 가져다주어야 한다. 어떤 때는 문제 해결에 관한 아이디어를 낼 수도 있다. 아무튼 우는 아이 젖 주는 법이다. 기분 나쁘지 않게 채근하는 의뢰인이 적당한 긴장감을 주어, 변호사로서는 일에 신경을 쓰게 된다. 그러나 기분이 상할 정도로 변호사가 하는 일에 일일이 간섭하면서 이래라저래라 하는 의뢰인의 경우엔, 내 경험상 이상스럽게도 사건의 결과가 좋지 않은 때가 많았다. 의뢰인의 요구에 맞추다 보면 정작 사건 수행에 꼭 필요한 사항에 신경을 쓰지 못하는 수가 있어서 그런가 싶다.

사건을 맡기면 어느 정도 자주 변호사를 만나야 하나? 처음엔 사안 설명과 자료 전달을 위해 여러 차례 만나야 한다. 그러고 나면 법원이나 검찰에 최초의 서류를 내기 전에 대개 연락을 해올 것이다. 그다음엔 재판 기일이나 조사 기일이 지난 후 만나는 것이 좋다. 성실한 변호사는 대개 연락하고 소통하는 것을 중시한다. 재판 기일이나 조사 기일이 계속될 경우에는, 매 기일 사이에 최소 한 번 정도는 만나서 진행 상황을 듣고 준비할 사항이 있는지 확인하기를 권한다. 변호사 본인을 만나기 어렵고 그 직원만 만날 수 있는 곳은 피하는 것이 좋다.

　법원의 재판이든 검찰의 처분이든 간에, 사건에서 결과가 나올 때 변호사와 의뢰인의 관계가 가장 어렵다. 성공하면 보수를 지급해야 하고, 상대방 당사자가 불복하여 여기에 대응해야 하거나 결과가 그대로 확정되더라도 강제집행 같은 후속 절차를 이어 가야 할 때도 있다. 보수를 지급할 능력이 없거나 다 주고 싶은 마음이 없더라도 변호사와 연락을 끊거나 피하면 좋지 않다. 당장은 몰라도 나중에 사건과 관련해서 당연히 또는 느닷없이 생길 수 있는 문제에 도움을 받기 어려워질 수 있다. 아무튼 변호사든 의뢰인이든 이 단계에서 투명하지 않거나 신의를 지키지 않으면 관계가 파탄나기 쉽다. 좀 독한 변호사들은 의뢰인을 상대로 보수 청구 소송을 걸기도 한다. 반대로 사건 결과가 만족스럽지 않은 때도 있다. 이때는 시일을 놓치지 말고 불복 절차를 시작해야 하고 절차상 불복할 수 없는 경우에도 향후 전망이나 해야 할 조치가 무엇인지에 대한 의견을 들어야 한다. 불복 절차의 시작 부분은 당초 사건을 맡은 변호사가 해주어야 할 의무가 있다. 변호사가 이 단계에서 성실하게 행동하지 않으면 망설이지 말고 변호사를 바꾸는 게 좋을 것이다. 위임 관계를 끊게 되면 사건 기록도 변호사에게 달라고 요구해야 한다. 변호사는 기록을 내줄 의무가 있다.

의뢰한 일이 다 끝난 후에도 좋은 의뢰인은 변호사에게 큰 자산이고, 좋은 변호사는 의뢰인에게 자주는 아니더라도 꼭 필요할 때 도움을 받을 수 있는 존재다. 믿을 만한 변호사를 알아 두면, 이 풍진 세상을 사는 데 닥칠 위험과 불안을 조금이라도 덜 수 있다.

# 웃기는 사람, 웃는 사람

어느 유수한 대학의 교수가 아내와 딸에게 자랑을 했다. 자기가 우스운 이야기를 하면 그때마다 학생들이 포복절도를 한다고. 평소 아빠에게 유머 감각이 없다고 생각하던 딸이 이상하다 싶어 말했다. "아닐 거예요. 아빠가 교수라서 웃어줄 것 같은데." 그 교수가 다음 날 학생들에게 물었다. "너희들, 그동안 내가 우스갯소리를 하면 별로 우습지도 않은데 웃어준 것 아니야?" 학생들이 기겁을 하면서 말했다. "그럴 리가 있나요. 교수님 농담은 정말 웃깁니다. 정말이에요." 그 교수가 집에 돌아와 다시 딸에게 말했다. "아니야, 나 정말 웃긴대." 음…… 그렇다. 아닌 게 아니라 웃긴다.

법무법인에 입사한 지 한 달도 안 되어, 사내 생월자 파티를 한다기에 가보았다. 입을 모아 "해피 버쓰데이 투 유……" 하며 정답게 노래를 불러주고 나서 케익을 노나 먹는데, 가만 보니 누군지 몰라도 젊어 보이는 변호사 한 사람이 계속해서 다소 객쩍은 농담을 하고 그때마다 좌중이 뒤집어지는 시늉을 하는 것이었다. 이상하다 싶어 방에 돌아와 알 만한 사람에게 그가 누군가고 물었다. 법인 창업자 중 한 사람이며 법인 내 실력자라는 게 아닌가. 아차, 눈치 없긴, 나도 좀 웃어줄걸 그랬나 싶었다.

우습지 않은데도 웃어주어야 하는 일이 심각한 것은 그것이 권력 관계에서 벌어질 때다. 전임 대통령이 신년 기자회견 자리에서 장관들의 대면 보고가 부족하다는 기자의 지적에 대해 배석한 장관들 쪽으로 고개를 돌리며 한 말은 "그게(대면 보고) 필요하다고 생각하세요?"였다. 그 자리에서 장관들이 지어냈던 어색한 웃음을 생각하면, 끔찍하다.

소통 부재가 낳은 웃음 이야기를 하나 더 하자. 법원에는 '벙커'라고 불리는 유형의 인물들이 있다. 본래 골프장의 벙커에 빗대어 나온 말인데, 재판부의 배석판사들을 곤란하게 만드는 부장판사를 이르는 말이다. 예를 들면 배석판사가 써 온 판결문 초안을 지나치게 까다롭게 본다거나 퇴근 후 자꾸 식사를 같이 하자고 하여 배석판사들을 난처하게 만드는 이들이다. 음치는 우선 자기가 음치인 줄 모르면서 노래 부르기를 즐겨야 음치라고들 하는데, 벙커의 특징 중 하나도 자기가 벙커라는 사실을 모르는 것이다. 어느 유명한 벙커가 높은 자리로 옮기게 되자, 친구가 그에게 "네가 벙커라는 걸 알고 있냐. 새로 갈 자리에서는 그러지 마라."라고 충고했다. 그러자 그는 과거 함께 근무했던 배석판사들에게 일일이 전화를 해서 물었다고 한다. "내가 벙커라는데 그게 사실인가?" 모두들 펄쩍 뛰며 하는 대답인즉 "아이, 무슨 말씀입니까. 부장님이 얼마나 좋으신 분인데요."였다. 본인은 몰랐겠지만 이 벙커도 웃긴다.

웃음의 본질은 무엇인가. 여러 이론이 있다. 웃음의 대상 속에 있는 부조화를 지각하는 것이라는 부조화 이론, 심리적 긴장이 해소되면서 나오는 것이라는 해소 이론, 웃음의 대상에 대한 우월감의 인식으로부터 파생된다는 우월성 이론 등이다. 아무려나 웃음은 남이 기대했던 바와 다른 상황을 만들어냈을 때 유발된다고 보는 점에서는 입론의 요점이 얼추 비슷하다. 내가 웃기는 줄 알고 있는데 사실은 웃기지 못하는 것, 그런데도 내가 입만 열면 남을 포복절도하게 만든다고 믿는 것은 딱한 일이다. 그러나 정말 큰 문제는 자기가 한 말이 남을 웃기는데도 그것을 모르는 게 아닐까. 이것은 상황에 대한 오판 내지 무지를 말하기 때문이다. 왜 그런 일이 벌어질까. 아무도 그 상황이 가져오는 위험을 지적해주지 않아서 그럴 것이다. 그 오판의 주체가 권력자라면 일은 심각할 수밖에 없다.

좀 오래된 이야기인데, 5공 시절 시중에 떠돌아다니던 우스갯소리 중 하나는 당시 대통령과 어느 코미디언의 같은 점과 다른 점이 무엇일까라는 것이었다. 같은 점은 두 사람 모두 웃긴다는 것이고, 다른 점은 한 사람은 자기가 웃기는 줄 알면서 웃기고 또 한 사람은 모르면서 웃긴다는 것이었다. 하필 그 전직 대통령의 부인이 2019년 새해 자기 남편은 민주주의의 아버지라고 말했다는 보도가 있었다. 그분의 남편이 재임 시 늘 짓고 있던 엄숙한 표정을 생각하면 부인 역시 조크를 던진 것은 아닐 것 같다. 더구나 그분은 일전에 "내 남편은 링컨 대통령 같은 사람"이라고 말한 일도 있었다 하니, 이번 발언도 절대로 우스갯소리가 아닐 게다. 그런데 웃음의 본질에 관한 이론 중 하나는, 웃음이란 그것을 유발한 사람에게 사람들이 느끼는 공격성을 우회적으로 표출하는 문화적 행위라는 것이다. 두렵지 않은가. (2019년 1월)

# 틀린 말, 이상한 말, 막말

연주에 해설을 곁들이는 음악회에서 사회자인 전직 아나운서가 인사말을 한다. "바쁘신 와중에 이렇게 와주셔서 감사합니다." 바쁜 것은 맞는데, 와중이라니? 와중(渦中)은 '물이 소용돌이치듯 복잡한 일이 벌어진 가운데'라는 뜻이다. 그냥 '바쁘신 중에도'라고 했으면 좋았을 텐데. 곡 해설이 이어진다. "이제 말러의 교향곡을 들으시겠습니다. 말러는 교향악단을 지휘하면서도 호시탐탐 작곡을 했던 음악가였습니다." 말러가 호시탐탐(虎視眈眈) 작곡을 할 때 그는 정말 호랑이같이 눈을 부릅뜨고 먹이(아니면 악보)를 노려보고 있었을까. 그러다가 사회자는 '이율곡 씨'의 어머니 신사임당의 자녀 교육 방법을 찬양한다. 나만 그렇게 느끼나? 역사적 인물에 대한 이런 지칭법은 아무래도 기이하다.

변호사가 법원에 내는 준비서면에 과거 어떤 문서를 낸 일이 있다는 주장을 하면서 '접수'했다고 기재하는 일이 종종 있다. 접수는 법원이 하는 행위라고 이르면서 '제출'로 고쳐놓으면 의아하다는 표정을 짓는다. '자문해드립니다'라는 표현도 가끔 본다. 누군가 물어보는 행위가 자문(諮問)이고 변호사는 자문에 응하거나 답하는 것이라고 가르쳐도 역시 수긍하지 않을 때가 많다. 한자 교육이 잘되지 않아서인지 '피고도 주지하다시피'라는 말도 준비서면에 심심치 않게 보인다. 주지(周知)는 여러 사람이 두루 안다는 뜻이니, 피고가 주지하는 것도 틀린 건 아니라고 봐야 할까. "(우리 측이) 종전 준비서면에서 이미 강변했지만, 이 부동산은 피고의 소유입니다."라는 말도 잘못되었다. 강변(強辯)을 강하게 주장한다는 뜻으로 안 듯한데, 이는 억지 주장을 말한다. 국회에서 어느 장관이 의원의 질문에 "질의에도 금도가 있다."라고 일갈했다는 기사가 실렸다. 그 장관이 한 발언의 맥락이나 요즘 문제 된 그의 언사로 보면, 질문을 하더라도 넘어서는 안 되는 선이 있다는 정도의 뜻 같은데, 실상 금도(襟度)는 '다른 사람을 포용할 만한 도량'이라는 뜻이다.

대화 중 누군가 영어로 뭐라고 하자, 고위직 법관 경력을 지닌 이가 나무라듯 한마디 한다. "한글로 합시다." 우리말로 하자는 뜻 같은데, 말과 글이 다름을 아는 게 그리 어려운 일일까. '난이도가 높은' 문제, '대인배' 같은 아량, '역대급 오랜' 장마 등 이런 식의 이상한 말투를 들자면 끝이 없다. 그냥 '하겠습니다'라고 해야 할 상황에서 '~도록 하겠습니다'라고 말하는 것도 어디서나 들을 수 있다. "이 부동산의 시세에 관해서는 이미 전문가의 의견을 받은 부분입니다." 이것도 '의견을 받았습니다'라고 해야 할 텐데, 요즘엔 걸핏하면 까닭 없이 '부분입니다'로 문장 끝을 맺는다. 한번은 '천년의 세월이 지나도록'이라는 문구가 담긴 글을 신문사에 보냈더니 그게 '1,000년의 세월'로 둔갑해서 실린 일이 있었다. 이러니 '2중으로', '3분이 왔다', '4가족' 등은 이제 시빗거리도 못 된다. 주문한 커피가 곧 '나오실' 것이니 저기 '보이시는' 의자에 앉아 기다리다가 혹시 너무 늦으면 왜 그런지 그쪽 직원에게 '여쭈어' 보라는 커피숍 종업원의 말을 듣다 보면 이걸 어쩌나 싶다. 어문 교육이 부실한 탓일까, 아니면 우리말이 총체적으로 변하는 과정에 놓여 있고 언젠가는 그 이상한 말들이 주된 세력을 얻는 날이 오는 것일까.

그나마 이런 것은 몰라서 그러니, 가르치면 될 일로 치자. 하지만 막말은 어쩌나. 대통령을 지칭하면서 성(姓)에 '재앙'이나 '죄인'이란 말을 붙이는 짓거리는 소셜미디어에서 늘상 본다. 하긴, 목사라는 사람의 입에서 "하나님, 나한테 까불면 죽어."라는 말이 나오는 세상이다. 일전엔 법조인 사이에 '대한문국(大韓文國) 법률 용어집'이라는 글이 돈다며 소개하는 기사가 군소 인터넷 매체도 아닌 일간 신문에 버젓이 실렸다. 판결을 '判缺', 법관을 '法棺', 법무부를 '法無腐'로 표기하고는 대단한 풍자 감각이라도 지닌 양 재는 모습이라니, 딱하다. 더 큰일은 '토착왜구'니 '병신'이니 하는 거친 말본새가 공론장에서 횡행하는 정치계다. '왕조 시대 폭군의 논리 구조'와 '사기 정당'이 맞선다. 선거 때마다 엉덩이 높이 치켜들고 올리는 엉터리 큰절의 과공 따윈 그만두고, "의원은 의원으로서의 품위를 유지하여야 한다."라는 국회법 제25조나 새겨봤으면 좋겠다. 의원이 국회에서 막말하면 엄하게 제재하는 법을 만들면 어떨까. 생각나는 대로 해보는 말이 아니다. 영국에는 실제 그런 법이 있다.

언어가 품위를 잃을 때 강자의 언어는 폭력이 되고 약자의 언어는 자칫 재갈을 쓰고 표현의 자유마저 잃을 위험에 놓인다. 그에 앞서 막말은 비윤리적이다. "삶은 소대가리도 앙천대소……" 따위 언사를 보통으로 내뱉는 북한의 언론 매체를 보라. 언어의 품위를 지키는 일은 바른 정치학의 첫걸음이다. (2020년 11월)

# 내가 아는 노무현

　내가 고 노무현 대통령을 처음 만난 것은 1975년 가을 사법연수원에서였다. 7기생 전원 58명이 교실 하나에 모여 앉아 2년을 보냈으니, 나도 그를 조금은 안다고 할 만하다. 동기생 중 유일한 고졸 학력이고, 늘 웃는 얼굴의 촌사람풍이었다. 경상도 사투리 억양이 거셌다.

　맨 처음 기억나는 일은 연수원에서 소풍을 갔을 때였다. 연수생들이 나와서 각종 장사치 흉내를 내는데, 뱀장수 속옷장수 다음에 그가 나와서 면도날장수 흉내를 냈다. "그럼 이 돈을 다 받느냐?"라며 물건 값을 이야기하는 대목에서 사람들이 예상한 다음 대사는 "아니에요. 절반 뚝 잘라서 단돈 천 원 한 장!"이었다. 그런데 그가 한 말은 "네, 다 받습니다. 받고요."였다. 모두들 포복절도했다. 돌아오는 버스 안에서 그가 마이크를 잡고 노래자랑

사회를 봤다. 〈무너진 사랑탑〉이라는 노래를 한 곡조 하더니만 돌아가며 노래를 시키는데, 그는 "심리미진(審理未盡)의 위법이 없어야 한다."라고 법률 용어를 써 가며 단 한 사람도 빼놓지 않았다.

연수원 수료 후 그는 판사가 되었다. 한 1년이나 지났을까, 사직하고는 부산에서 변호사로 개업했다는 소문이 들려왔다. 언젠가 잡지에서 읽은 인터뷰 기사엔 그가 중학생 시절 고향을 떠나유학을 하느라고 잘 곳이 마땅치 않아 다니던 학교 교실에서 자는데, 추워서 떠느라고 이를 하도 부딪혀서 아침이면 이가 아파견딜 수 없었다는 일화가 실려 있었다. 개업 후 돈을 잘 번다기에다행이라고 생각했다. 그 후 들은 소식 중 나를 놀라게 한 것은그가 시위 사건으로 구속될 뻔했다는 것이었다. 당직 판사가 영장청구를 기각했더니, 당일에 재청구가 들어와 판사 세 명이 차례로 사건 처리를 회피했다고 했다. 몇 달 후 그는 다른 시위 사건으로 그예 구속되었다. 어려운 길 가는구나. 가슴이 저려 왔다.

그해 그가 서울로 올라와 동기생들 예닐곱 명이 모였는데 그자리에 내가 끼었다. 그가 생각하는 운동이란 뭔지 물어보았다. 어느 시골 할머니가 급환이 생겨 할아버지가 소달구지에 싣고 가다가 마침 자가용 승용차가 지나가기에 세웠다. 동승자는 없고개 한 마리가 타고 있었다. 읍내 병원까지 데려다 달라고 간청했더니 승용차 운전자가 할머니를 힐끗 보곤 그대로 가버렸다. 이야기 끝에 그가 한 말은 이랬다. 사람이 개보다 못한 대접을 받아서야 되겠는가. 사람답게 사는 세상, 그런 세상을 만들려는 소망에서 운동을 한다는 것이었다.

나는 그와 가까운 사이가 아니었다. 그가 인권변호사 노릇을 하던 시절, 법정에서 하도 집요하게 변론을 하여 판사들이 늘상 고개를 절레절레 젓는다는 이야기를 듣고는, 한편 미안하고 한편 안됐다는 생각이 들었을 뿐이다. 국회의원 선거에 나가서 자주 떨어지기에 딱하다고 생각했으나 그뿐이었다. 누가 그를 욕하면 듣기 싫었지만 칭찬해도 그저 그런가 싶었다. 그러다가 그가 대통령 선거에 출마했다. 하루는 동기생 변호사가 판사실에 들어와서 이런저런 이야기를 하다가 뜬금없이 물었다. "야, 노무현이 빨갱이 아니야? 그 사람 대통령 돼도 괜찮을까?" 나도 모르게 이런 말이 튀어나왔다. "빨갱이는 무슨…… 쓸데없는 소리 하지 말고, 도와줄 생각이나 하세요." 그가 대통령에 당선되자 어느 법조계 인사가 내게 이렇게 평했다. "진주민란, 동학농민운동, 3·1운동, 4·19혁명, 6·10민주항쟁, 광주항쟁이 모두 쌓여서 이제야 그 원이 이루어진 거다." 대통령 취임식 초청장이 왔는데, 하필 딸 졸업식 날과 겹쳤다. "아빠는 딸이 좋아, 대통령이 좋아?"라고 묻는 말에, 영광의 날 그를 한번 볼 기회를 놓쳤다.

대통령이 된 지 얼마 되지 않아 그가 텔레비전에 나와 '전국 검사들과의 대화'를 하는 모습을 보고, 나는 그의 앞날이 험난할 것임을 알았다. 사람답게 사는 세상을 만들겠다는 소망이 그의 정치에서 과연 얼마나 구현될 것인가. 마음이 어두워졌다. 나와 가까운 이 중에 노무현 정부의 첫 내각에서 장관이 된 사람이 있어, 노 대통령이 어떻더냐고 물어보았다. 그의 대답은 "사람 참 선질(善質)이더구만."이었다. 본래 보수적 성향인 사람을 장관으로 데

려가기에 좀 의아했고, 그도 노 대통령을 썩 긍정적으로 평할 것 같지 않았는데 의외였다.

그는 대통령이 되고 몇 해 지나 동기생 부부들을 청와대에 초대했다. 이 다정한 남자는 한 사람 한 사람 악수를 하며 반갑게 인사를 나누다가, 판사 재직 중 작고한 동기생의 부인 앞에 서더니 "아……"라는 말만 되풀이하며 발걸음을 떼지 못했다. 만찬 자리에서 몇몇이 마이크를 쥐고 덕담을 하는데 과거 부산에서 공안검사를 했던 이가 이런 일화를 소개했다. "하루는 노 변호사가 나를 찾아와서는, 운동권 학생 하나가 잡혀간 것 같으니 행방을 좀 알아봐 달라고 합디다. 그 학생의 어머니가 찾다 찾다 못 찾아 마지막으로 내게 와서 우는데, 사람 사는 세상에 어머니가 아들이 어디 있는지조차 몰라서야 되겠느냐는 것이었습니다." 학생이 어디 붙들려 있는지 알아내어 노 변호사에게 일러 주며 그는 이렇게 생각했다고 한다. 이 사람, 참 따뜻하구나.

그가 검찰에 소환되었다. 검찰청사 앞에 닿은 버스에서 내려 먼 곳을 바라보는 그의 모습을 뉴스 화면에서 보는 순간 섬찟했다. 더 깊어진 눈매, 모든 것을 내려놓은 듯한 맑은 눈빛에서 왠지 불길한 느낌이 닥쳐왔다. 괜찮으려나.

마침내 운명의 날이 왔다. 무슨 멍울이 지는 것 같은 서러움에 잠겨 나는 울었다. 그러다가 몇 며칠 그의 죽음에 관한 기사가 난 모든 신문을 모았다. 그게 내가 할 수 있는 전부였다. 어느덧 10주기다. 아무것도 할 수 없었던 내가 오늘 할 수 있는 일은 겨우 이 글을 쓰는 것, 그리하여 이제껏 가슴에 담아 두기만 했던 이

말을 전하는 것뿐이다. 이 시대에 우리는 다시는 당신 같은 사람을 만날 수 없을 것이다. 그립다. (2019년 5월)

# 정귀호 선생을 그리며

　내가 서울고등법원 판사로 근무하던 시절인 1990년, 〈동아일보〉에 서강대학교 이태동 교수의 칼럼이 실렸다. 이름을 밝히지 않은 어느 공직자에 관한 글이었다. 늘 비둘기색 양복 한 벌만 입고 다니는 신사, 개업하여 변호사가 되면 큰돈을 벌 수 있다던데 어려운 형편을 마다하지 않고 판사의 길을 가는 이, 조용하고 따듯한 성품으로 성실하게 재판에만 전념하며 늘 집으로 사건 기록을 가져가던 사람, 딸 둘을 서울대학교에 넣고 난 뒤 "이제 난 빈 털터리네." 하며 웃어 보이고 돌아서는데 흰머리가 빛나던 친구가 있는데, 그런 공직자가 있어 이 나라가 이만큼 되어 있는 것이 아닌가라는 내용이었다. 아무리 보아도 지난해 합의부의 부장판사로 모셨던 정귀호 선생에 관한 글이었다.

　다음 날 아침 근무하는 판사실의 직원에게 그 글을 읽히고 뉘

신지 짐작되는 분이 있는가 묻자, 자신 있게 "정귀호 부장님이시네요."라는 대답이 돌아왔다. 옳다 싶어, 선생께 혹시 그 글의 주인공이 아닌가 여쭈었다. 선생은 이렇게 답하셨다. "이태동 교수가 내 친구인 것은 맞는데, 그 친구가 쓴 글은 상상 속의 공직자를 그려본 것이지 나는 아닙니다." 1993년에 대법관 직에 오르시기 전에 재산이 공개되었을 때, 선생이 무주택자라는 기사가 신문에 실렸다. 단연 화제가 되었다. 얼마 후 만나뵙게 되어 내가 당돌하게도 "아니, 어쩌다가 집 한 칸이 없으십니까?"라고 여쭈자, 선생은 이렇게 말씀하셨다. "그런 걸 왜 신문에 내는지 몰라. 곧 집을 살 텐데." 그렇게 선생은 늘 겸손한 분이셨다.

선생은 생전에 성을 내거나 목소리를 높이거나 상을 찌푸리거나 남의 좋지 않은 점을 이야기하거나 남에게 싫은 소리를 한 일이 없으셨다. 선생을 합의부의 부장으로 모시고 있던 시절, 한번은 누군가 선생의 부친이라고 자처하면서 전화를 했기에 바꾸어 드렸더니 말없이 전화를 끊으시는 것이어서 왜 그러신가 여쭈었다. 부친은 이미 돌아가셨고, 누군가가 법률 문제로 답답해진 사람을 옆에 앉히고는 선생의 부친인 양 행세하면서 그런 전화로 협잡질을 하는 것 같은데 벌써 여러 차례라고 설명하시는 것이었다. 다음에 그따위 전화를 한 번 더 해 오면 그땐 한바탕 해주어 다시는 그런 짓을 못하도록 하겠다며 내가 분개하자, 선생이 하시는 말씀은 이랬다. "그렇게 해서 라면이라도 한 그릇 얻어먹는가 보지. 불쌍한 사람 같으니 전화만 끊으시오."

내가 주심판사로 써다 드린 판결에 무슨 실수가 있으면, 당신

방으로 부르는 일 없이 늘 우리가 있는 방으로 들어오셔서, 이거 혹시 이러이러하게 써야 하는 것 아닌가 하고 물으셨다. 재판을 끝내고 판사실로 들어가려는데 패소 판결을 받은 당사자가 쫓아와서 "총으로 쏴 죽이겠다."라고 소리를 지르기에 내가 그 사람을 나무라자, 선생은 안색을 바꾸는 일 없이 이렇게 말씀하셨다. "우리는 법으로 보아 그렇게 판결하는 수밖에 없었지만, 저 사람은 저 사람대로 억울해서 그러는 것이니, 그냥 갑시다." 법정에서 선생은 늘 부드러우셨다. 기록상 쌍불이 한 번 있는 변호사에게 그걸 알리면서 하시는 말씀은 두 번째 쌍불이 없도록 주의하라는 것이 아니라, "쌍불이 한 번 있었으니 제가 유념해 두겠습니다." 였다.

도대체 이분은 성인이신가? 이런 일화를 소개하자면 끝이 없다. 한번은 내가 법관 윤리에 관한 논문을 써서 한 부를 드리자, 그걸 훑어보고 이것저것 물으시더니 갑자기 일어서시는 것이었다. 그러고는 내게 정중하게 고개를 숙이며 "정 판사, 존경합니다."라고 말씀하셔서 황송했던 일도 있다.

정말로 나는 그분을 닮고 싶었다. 어림도 없는 일이었지만. 선생의 언행이 일치하지 않는 일을 나는 한 번도, 정말이지 단 한 번도 볼 수가 없었다. 인사 발령이 날 때 신문에 난 선생의 인물평은 한결같이 "온화하고 겸손한 성품", "인화의 표본"이었다. 허나 그 말로는 부족하다. 선생은 내가 지금껏 살아오면서 본 사람 중 가장 훌륭한 분이셨다. 잘못으로 보이는 일이나, 섭섭하게 느껴지는 일이나, 인간적으로 이해할 수밖에 없다고 해야 할 흠이 이분에게는 도무지 없었다. 이 세상엔 이런 분이 계셨다. 나는 인류 역사상 실재했다는 전설적인 인물들의 훌륭한 행적을 읽으면서도, 그들이 과연 선(善) 자체를 위하여 진정으로 그리 살았을지 확신할 수 없다. 그러나 선생께 이르면, 나는 세상과 사람에 대한 사랑과 믿음을 이어갈 마지막 끈을 발견한다. 그리고 안도한다. 진정한 선이란 존재할 것이다. 선생이 그 증거이시다.

훌륭하지만 재미없는 성품을 가지고 있어 가까이 가고 싶지 않은 이도 있다. 선생은 그렇지 않으셨다. 열을 올리며 증인을 신문하던 어느 노 변호사가 귀가 먹었는지, 증인이 질문마다 그게 아니라고 대답하는데도, 연신 만족한 표정으로 "네, 그렇지요. 좋~습니다."를 연발한 사건이 있었다. 나중에 조서에 이의라도 제기하면 어쩌나 싶어 걱정스러워 법정을 나오자마자 선생께 여쭈었다. "부장님, 아까 그 사건 어쩌지요. 그 변호사, 나중에 문제를 일으킬지 모르겠습니다." 선생은 그 순간 그 변호사의 말투를 흉내 내어 이러시는 것이었다. "네, 그렇지요. 좋~습니다." 그 자리에서 포복절도하는데, 선생이 보여주시던 장난기 어린 웃음이라니. 동안이셨고 늘 부드러운 웃음을 띠고 계셨던 선생이 그립다. 선생은 술을 전혀 자시지 않으셔서 그 흔한 술자리조차 같이 해본 일이 없었지만, 선생을 모시고 일하던 시절은 그 유쾌하신 성품으로 하여 즐거웠던 기억으로 가득 차 있다.

성품이나 자세는 훌륭하더라도 법관으로서 능력이 수월하다고 할 수 없는 이도 물론 있는 법이다. 선생은 두 가지를 다 갖추셨다. 선생의 따님이 어렸을 때, 댁을 찾아온 손님이 물었다. 아빠는 뭐 하는 분이신가고. 판사라는 대답이 돌아오자, 그가 다시 물었다. 판사가 뭐 하는 사람이지? 따님의 대답은 이랬다. "숙제하는 사람이요." 퇴근 후 댁에서도 늘 기록을 보시던 것을 보고 그리 생각한 모양이었다. 선생은 학문적으로도 업적이 높으셨다. 처음으로 쓰신 논문은 영어로 된 것이었는데, 나중에는 재직 중 서울대학교에서 법학박사 학위를 받으셨다. 법관으로 근무하면서 학위 논문을 쓰기가 너무 힘들어서 어느 날 논문 초안을 찢고 지도교수에게 그만두겠다고 하자, 지도교수가 신신당부하면서 조금만 더 해보자고 권하여, 마지못해 연구를 더한 결과로 얻으신 학위였다. 그리하여 우리 상속법 분야에서 큰 학문적 업적을 남기게 되신 것이었다. 선생을 부장으로 모시던 날들에, 사건 기록을 보고 합의를 하는 과정에서 선생은 늘 유머러스한 질문으로 나를 쩔쩔매게 하셨다. 문답이 끝날 즈음에 나는 그 질문이 결국은 판결의 어느 한쪽 결론에 담기기 마련인 약점을 해명하고 또 보완하게 하는 작업이었음을 깨닫곤 했다. 말하자면 나는 부처님 손바닥 위를 날던 손오공이었던 셈이다. 그래서 믿기 어렵게도, 선생과 보낸 시간은 합의 시간마저 변함없이 재미있고 즐거웠다.

내 평생 가장 힘들게 그리고 과로하면서 판사 노릇을 한 시절은 선생과 같은 재판부에서 일할 때였다. 이런 분을 모시면서 혼신의 힘을 다하지 않으면 도리가 아니라고 다짐하며, 나는 쓰고 또 썼다. 사건의 통계표가 회람되는데 우리 부의 미제 사건 수가 늘어 내가 초조해하면, 선생은 늘 그런 걱정 하지 말고 사건마다 옳은 결론을 내도록 애쓰는 것이 중요하다고 이르셨다. 판결의 결론을 어느 쪽으로 낼지 판단하기 어려운 사건에서, 내가 대법원에 상고하지 않을 가능성이 높은 결론을 택하겠다고 말씀드리면, 선생은 이렇게 이르셨다. 파기되는 한이 있더라도 상고되게 하여 선례를 남길 수 있는 쪽의 결론을 택해야 후일에 판사들이 제대로 된 결론을 낼 수 있으니 그쪽으로 쓰라고 하시는 것이었다. 파기를 걱정하여, 상고하지 않을 쪽으로 결론을 내는 꾀를 부리는 이들도 있지 않던가. 아아, 세상엔 이런 스승이 계셨다. 다만 제대로 닮지 못했음이 한스러울 뿐이다.

선생이 1993년에 대법관의 자리에 오르셨을 때, 나는 하늘에 감사했다. 하늘이 우리 사법부를 귀하게 여기시는구나 싶었다. 그런데 나중에 말씀하시기론, 대법관 재직 중 첫 2년 동안은 퇴근 후에도 매일 새벽 1시까지 일하고, 그다음 2년은 매일 밤 11시까지 일하고, 마지막 2년은 매일 밤 9시까지 일하셨다는 것이었다. 또 임기 6년간 남의 조사(弔事)에는 갔으나 경사(慶事)에는 가지 않았다고 하셨는데, 일할 시간을 뺏기지 않으려는 뜻에서 고육지책을 내신 것이었다. 대법관 재임 시절 중 걱정은, 언제 임기를 무사히 마치고 이 무거운 짐을 벗을 것인가 뿐이었다고 하셨으니, 우리 같은 범인으로는 가까이 갈 수 없는 지성스런 마음으로 대법관직을 수행하신 것이다. 1998년 서울중앙지방법원에 재판 감사를 나오셨기에 먼발치에서 뵐 수 있었는데, 그날 강평 시 판사들에게 하신 말씀에는 그분의 성품이 잘 드러나 있다. "여러분, 일하시느라고 참으로 고생이 많으십니다. 그런데 국민들은 재판이 늦어진다고 항상 불만입니다. 내가 여러분께 일을 열심히 하라고 할 수도 없고, 열심히 하지 말라고 할 수도 없고, 참 딱한 일입니다."

사람의 본바탕은 높은 자리에 있을 때엔 알기 어렵다. 법관 노릇을 하던 사람이 법복을 벗고 나면 점잖던 모습을 다 팽개치고 낮은 품성을 드러내어 환멸을 주는 일이 종종 있다. 선생은 변호사를 하면서 그런 모습을 보인 일이 없으셨다. 수임료가 적다고 사건을 마다하신 일이 없었고, 아랫사람에게 일을 시키고 상고 이유서에 이름만 적는 일도 하지 않으셨다. 연로하셔도 늘 손수 기록을 보시고 손수 상고 이유서를 쓰셨다. 하급심 사건을 수임하게 되면 다른 변호사에게 맡기셨는데, 수익 배분을 바라신 일이 없었다. 사내의 젊은 변호사들과도 격의 없이 어울리셨고, 어렵거나 속상한 일이 있어 찾아뵙고 말씀드리면 부드럽고 자상하게 지도하고 위로해주셨다.

선생은 1939년생이시다. 경북사대부고를 거쳐 서울대학교 법과대학을 나오셨다. 1962년 제15회 고등고시 사법과에 합격하셨고, 1966년 서울민사지방법원 판사로 임관하셨다. 이태동 교수의 글로는 선생께서 젊은 시절 폐 하나를 잘라내신 것으로 되어 있다. 그런데도 선생은 임관 전 육군법무관으로 현역 복무를 마치셨다. 부인 유정해 여사와 결혼하셔서 슬하에 수안, 영안의 두 따님을 두셨다. 1999년 대법관직에서 퇴임하신 후 법무법인 바른에서 일하셨다. 2006년 법무법인 바른을 떠나 단독 사무소를 차리셨는데, 그 뜻은 동료 변호사들에게 폐를 끼치지 않으시겠다는

데 있었다. 2011년 중병에 든 것을 알자 지인들의 문병을 사양하셨다. 그 또한 폐를 끼치지 않으려는 배려이셨을 것이다. 그해 12월에 타계하셨을 때, 이 나라 법조인들은 참 스승을 잃고 애통해했다. 경북 상주인, 향년 72세셨다. (2013년 3월)

이상한 재판의 나라에서 — 우리 사법의 우울한 풍경

2021년  5월  7일 초판  1쇄 발행
2021년 12월 24일 초판  3쇄 발행

■ 지은이 ─────── 정인진
■ 펴낸이 ─────── 한예원
■ 편집 ─────── 이승희, 윤슬기, 양경아, 김지희, 유가람
■ 펴낸곳   교양인
　　　　　 우 04020 서울 마포구 포은로 29 202호
　　　　　 전화 : 02)2266-2776 팩스 : 02)2266-2771
　　　　　 e-mail : gyoyangin@naver.com
　　　　　 출판등록 : 2003년 10월 13일 제2003-0060